Venta técnica

Paraninfo

COMERCIO Y MARKETING

Venta técnica

David Pérez Fernández y Rafael González Tabares

Paraninfo

Venta técnica

Gerente Editorial
María José López Raso

Equipo Técnico Editorial
Alicia Cerviño González
Paola Paz Otero

Editora de Adquisiciones
Carmen Lara Carmona

Producción
Nacho Cabal Ramos

Preimpresión
Montytexto

Diseño de cubierta
Ediciones Nobel

1.° edición, 2017

C/ Velázquez 31, 3.° Dcha. / 28001 Madrid, ESPAÑA
Teléfono: 902 995 240 / Fax: 914 456 218
clientes@paraninfo.es / www.paraninfo.es

ISBN: 978-84-283-3941-4
Depósito legal: M-10928-2017

(15.107)

Impreso en España / *Printed in Spain*

Gráficas Eujoa (Meres, Asturias)

«La profunda aversión que sentimos desde pequeños hacia nuestras limitaciones personales, explica la tendencia que todos tenemos de atribuir nuestros éxitos a nuestra propia inteligencia, y nuestros fracasos a la mala fortuna o a la inquina de los demás. O la propensión a pensar que nuestros competidores triunfan por su buena suerte y que se hunden por su incompetencia.»

Luis Rojas Marcos

Índice

Presentación

Este libro desarrolla los contenidos del módulo profesional de Venta Técnica, del Título Profesional de Técnico en Actividades Comerciales, perteneciente a la familia profesional de Comercio y Marketing, según el Real Decreto 1688/2011, de 18 de noviembre, así como los añadidos con posterioridad por las distintas comunidades autónomas en sus respectivos currículos.

Según explica el legislador en el preámbulo aclaratorio de los motivos de esta ley en la que se establece el título de Técnico en Actividades Comerciales y se fijan sus enseñanzas mínimas, la evolución sufrida por el comercio en España en las últimas décadas del siglo XX y en los primeros años del siglo XXI, la implantación efectiva de grandes empresas internacionales de distribución, y la creación de cadenas de franquicias en todos los ámbitos del comercio, son las causas que han provocado, por una parte, una fuerte concentración en grandes centros comerciales y, por otra, una progresiva modernización y especialización de la gran distribución y del pequeño comercio minorista.

Es importante resaltar que este real decreto ley concreta tanto los diferentes perfiles profesionales como la competencia general y las competencias personales y sociales, y establece también las cualificaciones requeridas a los alumnos, con el fin de lograr el objetivo general de que los títulos de formación profesional respondan de forma efectiva a las actuales necesidades demandadas por el sistema productivo, y a los valores personales y sociales que permiten ejercer una ciudadanía democrática.

Su contenido, en este sentido, se ciñe a lo requerido por la titulación técnica de grado medio en el módulo Actividades Comerciales, integrado en la familia profesional de Comercio y Marketing y permite el acceso directo para cursar otros ciclos formativos de grado medio (también para cursar ciclos formativos de grado superior o de bachillerato, tras pasar las pruebas específicas necesarias), y marca una evolución clara hacia aquellas competencias que no solo aportan al sector eficiencia técnica y económica, sino que también logran la incorporación y el aprovechamiento de las nuevas tecnologías en el funcionamiento de los mercados globalizados, y que sirven para conseguir que las empresas contribuyan a crear una sociedad más justa, más comprometida en el terreno medioambiental, y socialmente más igualitaria. Y es en este sentido en el que el legislador fija también extensamente cuáles deberían ser los resultados del aprendizaje y cuáles los criterios de evaluación previstos para este programa.

Toda esta evolución social y económica ha obligado a que el sector del comercio, en general, deba contar con profesionales que tengan formación suficiente:

a) En habilidades de comunicación y en técnicas de venta, que les valgan para transmitir seguridad y confianza a los consumidores en los productos y en los servicios que se les venden.
b) En el uso de las técnicas y las herramientas que les sirvan para argumentar y cerrar las operaciones comerciales necesarias con las que garantizar la consecución de los objetivos comerciales y de rentabilidad establecidos por sus empresas.
c) En las nuevas técnicas de merchandising (es decir, en las técnicas de aplicación del marketing en el punto de venta), que les permitan saber cómo animar el establecimiento y la disposición de los productos en el lineal, para que resulten atractivos, tanto para los clientes actuales (los que ya lo son),

como para los clientes potenciales (los que pueden llegar a serlo en el futuro).

d) En la gestión economicofinanciera y administrativa de una empresa, para que sean capaces de dirigir pequeños o medianos establecimientos comerciales.
e) En las técnicas de venta y de negociación necesarias, para que puedan ayudar a comprar y vender eficazmente los productos que sus establecimientos necesitan.
f) En las nuevas tecnologías de venta a través de internet (apoyándose en los sistemas de información y comunicación disponibles: las nuevas tecnologías TIC), que les proporcionen un apoyo eficaz para cumplir sus objetivos tácticos y estratégicos.

En este sentido, la venta técnica de la que este libro habla —que también se denomina en términos profesionales venta compleja— es un tipo de venta que se diferencia de la venta «no técnica», de la venta «sencilla» (si es que este calificativo se pudiera aplicar sin más a las demás ventas, cosa que no es ni sensato ni aconsejable), porque las circunstancias de su proceso comercial (las circunstancias y las conductas de los compradores y de los vendedores) no se asemejan casi en nada a las que se producen en el sistema de venta en autoservicio, en el mero despacho de productos o en otros tipos de comercio.

Bajo el nombre venta técnica se agrupan todas las actividades y gestiones comerciales cuya base principal es la negociación que se deriva de la intención de vender (y de comprar) bienes y servicios que requieren de un proceso más largo y más sofisticado, independientemente de la importancia económica de los productos y servicios que se pretenden vender, pues, a veces —conviene resaltarlo ahora—, es mucho más complicado gestionar, por ejemplo, la compraventa de miles de unidades de yogur por una cadena de hipermercados, para todas sus tiendas, durante uno o varios años, que negociar con una empresa constructora la compra de una gran taladradora de túneles para una determinada obra civil, que se va a llevar a cabo de una manera puntual concreta y en una sola operación, aunque ambas sean procesos de venta técnica compleja.

En cualquier caso, este tipo de ventas complejas, de ventas más técnicas, requieren de unos conocimientos especializados (aunque no por ello tengan que ser más estimables que otros menos especializados) que los requeridos para esquemas comerciales de venta menos sofisticados y (solo aparentemente) menos dificultosos.

Vender pisos y locales, viajes turísticos, o ideas y servicios intangibles (eso es lo que venden una empresa de servicios inmobiliarios, una agencia de viajes y una agencia de publicidad, respectivamente, por ejemplo), o bienes y productos industriales (una prensa hidráulica o una taladradora industrial), o productos tecnológicos avanzados y de alta gama (un ordenador o una obra de arte), o venderlos presencialmente o a distancia (en reuniones comerciales o por vía telefónica), implica conocer a fondo herramientas y técnicas avanzadas de venta y negociación que otros ya han aplicado exitosamente, y que nos las ofrecen ahora en este texto, algo liberadas de la lógica experimentación inicial (a veces seguida de varios y diversos fracasos), y completadas con variadas y positivas experiencias, experiencias que ya han tenido en la realidad comercial el adecuado contraste profesional.

Si alguien quiere implicarse seriamente en esta parte esencial de la empresa, tendrá que conocer en profundidad las herramientas de la venta técnica, y deberá tener intención clara de prepararse para ejercer una acción profesional profunda, ya que se le podría exigir en cualquier empresa de cualquier sector productivo, bien sea dentro de la actividad vendedora directa —en las distintas secciones comerciales que en ellas existan—, o bien para realizar actividades de gestión y de organización de su propia empresa o de empresas que hayan decidido contratar sus servicios. Es decir, para desempeñar empleos como:

- Vendedor técnico o representante comercial.
- Asesor comercial o promotor.
- Televendedor o teleoperador de *call center.*
- Experto en la venta a distancia.
- Especialista en atención al cliente.
- Administrador de contenidos *online.*
- Experto en ventas complejas.
- Vendedor o gerente de pequeño comercio.
- Jefe o técnico en gestión de *stocks* y almacén.
- Responsable de recepción o de expedición de mercancías.
- Técnico en logística de almacenes.

A todo ello se van a referir los contenidos de este libro y las actividades y los elementos de apoyo complementarios que en él se incluyen. Y a estos efectos, para alcanzar los resultados previstos por el legislador, el libro *Venta técnica* consta de los siguientes apartados:

a) Aprendizaje para la elaboración de ofertas comerciales de productos industriales y de servicios.
b) Formación en las actividades necesarias que se requieren para la venta de productos tecnológicos y de alta gama.
c) Desarrollo de actividades necesarias para llevar a cabo el proceso de la venta de bienes inmuebles.
d) Formación para el desarrollo de actividades de venta y comercialización de productos y servicios a través del telemarketing.

Como comprobará el lector, el texto del libro *Venta técnica* es sencillo y claro, e integra numerosas imágenes aclaratorias y documentos que le facilitarán el aprendizaje y le permitirán un amplio conocimiento de las circunstancias especiales de este tipo de venta. Cada unidad consta de un breve texto introductorio y de un contenido explicativo posterior en el que el alumno podrá encontrar fotos, figuras, gráficos, documentos y mapas conceptuales, que le ayudarán a completar su estudio de manera progresiva, y que le facilitarán el aprendizaje y la comprensión, lo que, en conjunto, hace que este libro sea una eficaz y útil herramienta para alumnos, profesores y centros y para otros profesionales interesados en este apasionante tema.

El texto también incluye un gran número de actividades diversas (propuestas y finales): tipo test, de comprobación, para completar, casos prácticos, visitas virtuales (en grupo e individuales), etc., que permitirán consolidar los conocimientos adquiridos por los alumnos, y que los relacionarán con la posterior práctica profesional.

En resumen, como no es posible concretar los detalles de la venta técnica y de sus circunstancias en una única unidad, en cada una de ellas se han desgranado y distribuido los distintos aspectos que se refieren a las «ventas complejas», a los principios más elementales de presentación de argumentos, a los tipos de motivación que nos animan a comprar (o nos lo impiden), a las diferentes características de las ofertas, a las maneras diversas de su elaboración y su presentación, y a todos aquellos elementos que, aun siendo comunes a veces entre ellos, no pueden analizarse ni estudiarse a la luz de una sola de las materias, porque son especificaciones técnicas transversales que afectan a todas las unidades de este libro.

La editorial recomienda que el alumno realice las actividades sobre su cuaderno y no sobre el libro.

1

Elaboración de ofertas comerciales de productos industriales

Objetivos

- Determinar con claridad las características de los productos industriales.
- Definir los mercados de referencia comercial de estos productos: industria, construcción, agricultura, ganadería y pesca.
- Identificar los distintos tipos de productos industriales que se venden y las modalidades al por mayor y a granel.
- Aproximarnos a los contenidos básicos de las ofertas técnicas de productos industriales y reconocer las principales características de éxito en la presentación de las propuestas técnico–comerciales a los clientes.
- Conocer los distintos argumentos para generar confianza en los clientes y, en especial, en lo que tiene que ver con las certificaciones de calidad de los productos industriales, en lo que concierne a su seguridad medioambiental y con lo relacionado con la protección de los riesgos laborales.
- Mostrar cuáles son las empresas asimismo implicadas en este tipo de transacciones comerciales para suministrar seguridad, financiación y apoyo, sobre todo ante las posibles circunstancias adversas o desfavorables del entorno.

Contenidos

INTRODUCCIÓN

Diferenciar los distintos tipos de producto que las empresas compran y venden y catalogarlos dentro de clasificaciones precisas y claras es uno de los principales objetivos del proceso comercial. Saber qué es lo que vendemos y qué es lo que nuestros clientes compran es un elemento esencial y básico para el éxito de cualquier planteamiento de venta, serio y profesional. Y saber cómo ofrecérselo para que nos lo compren es quizás el factor clave.

Como es obvio, no todos los productos son iguales. Eso es una realidad incuestionable. Pero también lo es que sus diferencias no impiden que puedan ser incluidos en algún tipo de ordenación clasificatoria. En este sentido —y aunque los límites conceptuales a veces sean algo difusos—, podríamos decir que son productos industriales aquellos bienes, herramientas o materiales que se utilizan en la industria en general y también en otros sectores productivos, como puedan ser la construcción, la pesca, la agricultura o la ganadería.

1.1. Técnicas de venta aplicadas al cliente industrial

Se llaman **clientes industriales** aquellas personas y empresas que compran bienes y servicios para incorporarlos a los procesos de fabricación de productos industriales. Por ejemplo, un fabricante de lavadoras compra acero, plástico, componentes eléctricos, etc. para fabricar una lavadora. A los productos que se utilizan para la producción, la manipulación, la transformación durante el proceso productivo y también a los productos que constituyen el equipamiento operativo de aquellas empresas que cuentan con unidades de fabricación industrial o de distribución de carácter complejo se les llama **productos industriales** (Figura 1.1).

Una de las diferencias principales entre compradores industriales y compradores de consumo es que el comprador industrial debe someter en muchos casos sus decisiones a las condiciones del uso técnico industrial del producto previsto y, también, que con suma frecuencia, debe supeditarlas a la aprobación de otras personas que pueden o no autorizar el posterior suministro.

Figura 1.1. La planta embotelladora de Canada Dry. Ejemplo de desarrollo progresivo, industrial y comercial.

Las técnicas para vender este tipo de productos se basan fundamentalmente en lo siguiente:

- La empresa debe individualizar la oferta del producto, de manera que el cliente la entienda como una solución hecha específicamente para sus necesidades.
- El vendedor debe mostrar a los clientes las características técnicas y de funcionamiento del producto en forma de ventajas y de beneficios que obtendrá con la compra.
- El vendedor de productos industriales es un asesor del cliente que debe ayudarle a lo largo del proceso comercial y después de la venta.
- El vendedor debe también formar y ayudar al personal que trabaja para el cliente a entender el producto que el cliente compra y la forma de manejarlo.
- El vendedor tiene que informar periódicamente a su empresa de las modificaciones y los ajustes técnicos del producto que sean necesarios.

En este sentido, las técnicas de venta deben:

- Ofrecer una imagen seria de la empresa para que el cliente tenga una amplia percepción de las cualidades del producto y de las necesidades que satisface.
- Proporcionar una documentación técnica y comercial exhaustiva (manuales, folletos, catálogos, etcétera).
- Cuidar mucho y cada día su imagen en los medios y soportes disponibles: según su posicionamiento: medios de comunicación, internet, redes sociales, etcétera.
- Conocer con precisión qué significa la palabra **valor** para sus clientes y aprender a proporcionarlo y a comunicarlo.

- Construir cada día una **oferta de valor** para sus clientes en forma de solución de sus necesidades.

  Ejemplos de familias de productos industriales son:

- Las **materias primas** con las que se fabrican los productos de una empresa. Generalmente, son productos naturales o minerales en crudo (petróleo, gas, madera, mineral de hierro, etc.) o productos procedentes de la tierra o de algún tipo de cultivo (ganado, cereales, algodón, fruta fresca, verduras, etcétera; Figura 1.2).

Figura 1.2. Los diferentes tipos de grava que se emplean en la construcción, la madera o el algodón son ejemplos de materias primas. Se trata de materia extraída de la naturaleza y que se transforma para elaborar materiales que más tarde se convertirán en bienes de consumo.

Nota técnica

Como vemos, los límites en la definición de los productos son a veces muy sutiles. Una diferencia esencial para clasificar los productos correctamente es atender al uso final del mismo. Si nos compramos como particulares una impresora para nuestro uso personal, en casa, no es lo mismo que si la compramos (o la compra nuestra empresa) para el uso profesional como asistente administrativo contable o como secretario de un departamento en una fábrica.

- **Los materiales, ingredientes** y **componentes semielaborados, semiacabados** o **en situación de transformación.** Son elementos que van a formar parte posteriormente (tras el proceso productivo) del producto final que la empresa cliente ofrece a su mercado. En general, son productos naturales (o no), tejidos, polímeros o productos manipulados (desde que son materia prima hasta que son otro producto) que se ofrecen a los clientes industriales en forma de producto intermedio (barras o chapa de acero, ladrillos, neumáticos, frascos de vidrio, tapones, motores, etc.) y que generalmente se venden directamente a los fabricantes finales.
- Las **instalaciones fabriles y administrativas** de los clientes industriales. Las fábricas y las naves de fabricación, gestión y almacenaje de una empresa de producción cosmética o de alimentación, por poner un par de ejemplos reconocibles (Figura 1.3).

Figura 1.3. Ejemplo de nave industrial de transformación de materia prima. Existen determinadas fases del proceso en las que se exige una especial cualificación de la mano de obra, además de una gestión de los *stocks* especialmente compleja, tanto por el volumen de producto que se maneja como por las oscilaciones en el precio de mercado de la materia prima.

- El **equipamiento de producción** y el **equipamiento administrativo y organizativo.** La maquinaria y la robótica de producción, de ensayo y de control de los productos a fabricar y los accesorios y componentes (motores, engranajes, etc.), que se incorporan al producto del cliente.
- Los demás **suministros industriales** y los **servicios complementarios.** No forman parte del producto, pero son absolutamente necesarios para el éxito productivo final. La energía eléctrica, la tinta para la impresora de un ordenador, los rotuladores para el marcaje de productos en los almacenes, la maquinaria para la limpieza de los locales y para la reparación o el mantenimiento de la maquinaria, son ejemplos de este tipo de productos industriales.

Como vemos, la distinción entre unos y otros tipos de productos no es siempre sencilla, por lo que, si quisiéramos hilar más fino, tendríamos que atender también a la manera de comprarlos y al tipo de empresas que los suministran, por ejemplo.

Sabías que

En la técnica del marketing se llama inicialmente **producto** a todo aquello que es susceptible de ser objeto de una compraventa. Posteriormente, ya es posible distinguir los productos según sean ideas y servicios (productos intangibles) o productos físicos y, por supuesto, agruparlos en otras subclasificaciones mucho más concretas y precisas.

Actividad propuesta 1.1

Se pide:

- Selecciona cinco empresas de diferentes sectores que compren productos industriales; por ejemplo: bebidas, alimentación, cosmética, construcción, moda, electricidad, ganadería, pesca, etcétera.
- Busca sus sitios web y toma algunas referencias de cada una de ellas, para incluirlas en tu informe final: fotos, historia de la empresa, mercados en los que trabaja, etcétera.
- Determina tres materias primas que cada una de estas empresas utiliza para fabricar sus productos. En cada una de ellas debes señalar asimismo para qué se usa. Por ejemplo, el lúpulo (materia prima) se usa para fabricar la cerveza.
- Realiza un documento breve en el que explicarás cómo es el proceso de producción de las empresas seleccionadas en relación con las materias primas que han sido elegidas.

1.2. Diferencias entre el marketing industrial y el marketing de consumo masivo

Las diferencias entre el marketing que se usa para gestionar la compra y la venta de productos industriales y el marketing que se usa para comprar y vender productos de consumo van a estar determinadas preferentemente por cómo sean las características más relevantes de cada uno de esos dos mercados; entendiendo por **mercado** el conjunto de los clientes (actuales o futuros), de los intermediarios, de los prescriptores y de los competidores, que son en su conjunto los que condicionan y señalan la demanda comercial.

Veamos cuáles son algunas de estas características:

- El factor precio suele ser un elemento diferenciador entre los productos de consumo y los productos industriales.
- También es distinta la influencia del precio sobre uno u otro tipo de compraventa.
- Las relaciones entre el comprador y el vendedor necesitan ser muy directas en el mercado de productos industriales.
- Los vendedores de productos industriales venden a un número menos voluminoso de clientes que los de productos de consumo.
- El proceso de la compraventa de productos industriales suele ser más largo y aparentemente más «racional» que en los productos de consumo.
- Las motivaciones compradoras que orientan las preferencias de los clientes de productos de consumo suelen basarse en componentes emocionales. No sucede de igual manera en el terreno de los productos industriales.
- En el caso de los productos industriales, la comparación de las ofertas no solo es muy frecuente, sino que suele ser, además, obligatoria.
- La publicidad de los fabricantes de productos industriales recurre a sitios especializados y a publicaciones técnicas, tales como: folletos, catálogos, demostraciones técnicas, etcétera.
- En la distribución de productos industriales suele primar más la relación directa entre quien lo produce y quien lo compra.
- Un buen servicio de asistencia técnica es propio casi en exclusiva de los mercados industriales y constituye en sí mismo un potente argumento de venta.

En todo caso, podemos saber si nos encontramos o no ante un mercado estrictamente industrial si consideramos las siguientes cinco variables:

- Las diferencias materiales (que son más que evidentes entre los productos industriales y los productos de consumo masivo).
- El uso industrial o no al que se destina el producto.
- Las necesidades (en el más amplio de los significados) que satisface
- Las técnicas de marketing que vamos a utilizar para gestionar su venta
- El propio proceso de la compraventa.

1.3. Mercados del sector primario: agricultura, ganadería y pesca

También se consideran **mercados de productos industriales** (y en ellos se pueden aplicar las mismas técnicas de venta que en los otros mercados ya señalados) los mercados del sector primario; es decir, los mercados agrícolas y ganaderos, así como el mercado de la pesca. Ejemplos de productos industriales que se venden en estos mercados son: las grandes máquinas y demás bienes de equipo que se usan en la producción; también la maquinaria ligera, las instalaciones y almacenes, los medios de transporte, las herramientas, los ordenadores con los que se trabaja en la fabricación y los elementos tecnológicos con los que se gestiona el resto de las áreas funcionales de las empresas en estos sectores productivos, etc.; productos que, en suma, se venden con las mismas técnicas de venta que los productos industriales de sectores como la metalurgia o el mercado textil (Figura 1.4).

Figura 1.4. Ejemplos de productos industriales vinculados al sector primario: máquina cosechadora de trigo y primer plano de los panales de una colmena en la máquina recolectora de miel. Este tipo de productos se venden con las mismas técnicas que las empleadas en otros mercados típicamente industriales, como los del sector metalúrgico o el textil.

¿Sabías que

La marca España (Figura 1.5), es decir, la política de Estado para la mejora de la imagen de España, señala en su página web que «*la **industria*** (adviértase el matiz de esta denominación) *española agrícola, pesquera y de elaboración de alimentos supone uno de los más importantes motores económicos para nuestro país y es una de sus mejores cartas de presentación* más allá de nuestras fronteras.» También indica que «*los aceites, vinos, frutas y hortalizas, carnes y pescados cosechados en nuestro país gozan de gran prestigio internacional y garantizan que su elaboración se realiza conforme a los más altos estándares de seguridad y confianza alimentaria.*»

Figura 1.5. Marca España: el famoso diseñador de zapatos, Manolo Blahnik, o el actor Antonio Banderas, son dos de los cien españoles galardonados en 2014 con esta distinción. Con ello se reconoce su trabajo, talento y esfuerzo por llevar la mejor imagen de nuestro país por todo el mundo, dando testimonio de los valores más importantes de España allí donde han residido o trabajado. *Fuente*: *Life is a trip*, Sergio Calleja. Wikimedia Commons.

Sabías que

El sector agroalimentario es la primera industria de la economía española, con casi 100 000 millones de euros de facturación y que, asimismo, este sector contribuye a la mejora del medioambiente y enriquece nuestro patrimonio histórico y cultural.

Nota técnica

España es el cuarto exportador europeo de productos alimentarios y el octavo del mundo. El sector emplea a más de dos millones de personas y genera el 9 % del PIB. Sus ventas al exterior alcanzan un valor de casi 40 000 millones de euros, lo que significa más del 15 % del total de las exportaciones españolas.

Figura 1.6. Las semillas de cacao, a la izquierda de la imagen, constituyen la materia prima que, tras el oportuno proceso industrial de refinado, dará lugar a las onzas de chocolate (a la derecha de la imagen) que habitualmente comemos.

1.4. Materias primas, componentes y productos semielaborados

Decir que en los mercados industriales se venden productos cuya comercialización requiere de técnicas de venta más sofisticadas que en los mercados de consumo parece una obviedad. Sin embargo, ya hemos advertido antes de las dificultades existentes a la hora de establecer los límites conceptuales de los productos y servicios de uno u otro tipo; por lo que conviene que avancemos con cierta cautela a la hora de establecer las coordenadas concretas de cada caso y que nos planteemos la siguiente pregunta.

Pero, ¿qué productos son los que se venden en los mercados industriales?

En los mercados industriales se venden:

a) **Materias primas.** Se llaman también **productos básicos** o ***commodities,*** dadas las escasas posibilidades de diferenciación ventajosa que estos productos tienen respecto a los mismos productos de sus competidores (Figura 1.6).
b) **Productos semielaborados** o **semiacabados.** Son el resultado del paso intermedio que existe entre una materia prima y un producto terminado. Estos productos se denominan, asimismo, **productos en proceso** o también reciben el nombre genérico de **materiales** (Figura 1.7).

Figura 1.7. Listones de madera cortados y pulidos. Como producto semielaborado o material se empleará posteriormente como materia prima para la siguiente etapa, que será la fabricación de muebles o enseres.

c) **Productos terminados.** Estos productos pueden ser:
   - **Componentes e ingredientes.** Son elementos que forman parte de un todo.
     Cuando se incorporan al producto definitivo constituyen entonces un conjunto uniforme que es susceptible o de ser vendido o de formar parte de otro conjunto semielaborado (Figura 1.8).
   - **Recambios.** Son componentes industriales de un producto terminado que no han sido incorporados inicialmente al mismo, sino que sirven de repuesto a instalar en el producto final si este sufre algún tipo de avería que no puede arreglarse (Figura 1.9).

Figura 1.8. Los listones que veíamos en la Figura 1.7 son empleados como componentes de fabricaciones que constituyen un todo, como la casa que se observa en la imagen.

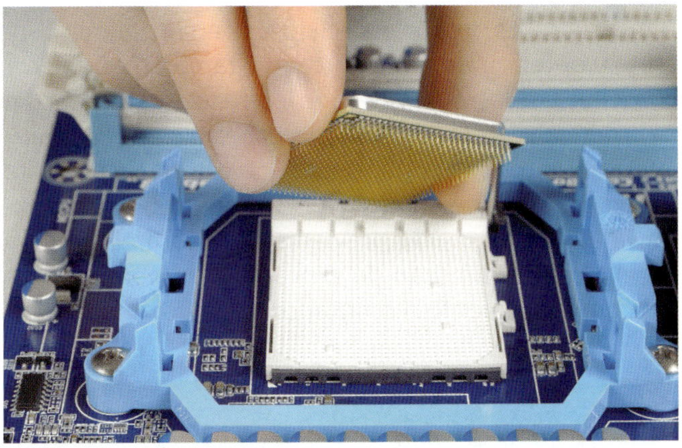

Figura 1.9. Sustitución de un componente defectuoso de una placa base de un ordenador. Dicho componente sustituido opera como recambio o repuesto del anterior y esa sustitución se producirá siempre que sea menos costosa que la reparación del componente estropeado.

Las ventas en este tipo de productos que acabamos de estudiar tienen la consideración de **ventas técnicas;** los elementos necesarios para su final exitoso deben ser asimilados a fondo por los vendedores, a partir de una adecuada formación y de la lógica experiencia.

1.5. Venta al por mayor y venta a granel

Mayoristas o **vendedores** al **por mayor** (en sentido contrario) son aquellos comerciantes y distribuidores (personas físicas o personas jurídicas) que venden sus productos a otros comerciantes (los **minoristas** o **detallistas**), los que, sin ningún tipo de transformación posterior, van a revenderlos al cliente final. Su actividad, la venta al por mayor, se justifica porque la eficacia del proceso comercial moderno requiere hoy (en la mayoría de los casos) de la existencia de esquemas intermedios y de etapas diferenciadas de compras y de ventas entre el productor que fabrica el bien a vender y el consumidor final (Figura 1.10).

Posiciones comerciales en un mercado de productos de consumo

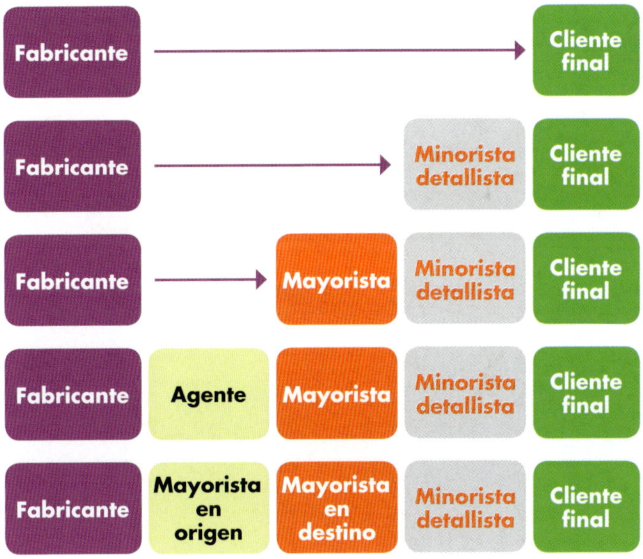

Figura 1.10. En el cuadro observamos el esquema comercial de un mercado de consumo. Si bien hay que advertir que este tipo de esquemas son meros modelos teóricos, ya que la realidad del comercio, que es dinámica y adaptativa, puede introducir en el proceso comercial posiciones nuevas o desestimar cualquiera de las posiciones señaladas, si las circunstancias de la compraventa así lo aconsejaran.

Un producto vendido **a granel** es aquel que no ha sido envasado previamente (aunque en numerosas ocasiones pueda ser «ensacado» o «envasado» en grandes contenedores, depósitos y cubas para su transporte por aire, por mar, por río, por ferrocarril o por carretera) y cuyas características se miden en presencia del comprador, atribuyéndole en ese momento, en muchas ocasiones, el definitivo precio de venta final.

La venta a granel puede ser de productos líquidos, tales como la leche, el petróleo y la gasolina, de muchos productos químicos y gaseosos, o de una gran diversidad de alimentos sólidos o líquidos, como: el aceite, las frutas y las verduras, etc. También puede ser de productos sólidos, tales como: fertilizantes, fibras sintéticas, plásticos, sal, azúcar, carbón, madera, áridos (como el cemento, la gravilla o la arena), metales (como el cobre y el hierro), legumbres, o granos de maíz, trigo, cebada, avena, arroz y otros cereales (Figura 1.11).

Figura 1.11. El arroz o la arena constituyen productos típicos de venta a granel. Que no hayan sido envasados previamente no quiere decir que no se pueda guardar en sacas o fardos para facilitar su transporte.

¿Sabías que

El año 2010 se construyó el barco más grande del mundo para transportar productos a granel, el MS Vale Brasil, con una capacidad de carga de más de 400 000 toneladas. El puerto de Nueva Orleans (Louisiana, EE. UU.), es el más frecuentado en cuanto a carga de material a granel se refiere. Otros puertos importantes están en Holanda, España, Perú y Argentina.

1.6. Segmentación y especialización. Soluciones a la medida del comprador

La demanda de un mercado nunca es homogénea. Los demandantes (los clientes) son diferentes, compran por distintas motivaciones, viven en lugares distintos y sus necesidades son, asimismo, múltiples y variadas. Intentar desde la oferta vender «café para todos» no solo no es aconsejable, sino que, en estos tiempos de incertidumbre, es una absoluta insensatez.

Para dar a cada cliente lo que espera recibir del producto (especialmente en el ámbito de los productos industriales) es preciso especializarse en un campo concreto y determinado del mercado y también establecer con claridad las bases de una correcta segmentación del mercado, entendiendo por **especializarse** adquirir conocimientos y experiencia en una categoría concreta (salud bucal, por ejemplo) y entendiendo por **segmentar** la acción de dividir previamente (sobre el papel) a los clientes según sean de similares y de homogéneos sus comportamientos compradores (Figura 1.12).

Figura 1.12. Segmentar el mercado consiste en dividirlo en grupos uniformes más pequeños que tengan características y necesidades semejantes. Debido a esta similitud dentro de cada grupo, es probable que sus integrantes respondan de modo similar a determinadas estrategias de marketing.

Los criterios sobre los que, tradicionalmente, se han basado las estrategias de segmentación siguen siendo válidos, pero a los más tradicionales se han añadido nuevas variables, que hoy son igualmente imprescindibles. A los convencionales criterios psicográficos (clientes «marquistas», afines a las promociones, etc.), demográficos (jóvenes, amas de casa, inmigrantes, etc.) y conductuales (ahorradores, endeudados, amantes del ocio, etc.), se suman algunos nuevos criterios que se basan sobre todo en el elemento **valor del cliente para la empresa,** un elemento que se mide en función de lo que estos clientes aportan a la empresa y en función también de la etapa de la vida comercial en la que se encuentran. Por ejemplo, si atendemos a los momentos u ocasiones de compra, nos pueden interesar los padres de recién nacidos o los estudiantes que se acaban de independizar.

Recuerda que

Es hora de acabar con la política del «café para todos» que ha presidido durante demasiado tiempo la relación de muchas empresas con sus clientes, pues «dar lo mismo a todos» tiene como inmediata consecuencia que castiga a los buenos y premia a los malos. Solo una correcta estrategia de segmentación coloca a cada uno en el lugar que le corresponde, le da lo que necesita y permite a la empresa enfocarse a fondo para obtener los resultados planificados que anda buscando.

Recuerda que

El profesor Philip Kotler, padre del marketing moderno, dice que *«un producto es algo que se considera capaz de satisfacer una necesidad en el más completo de los sentidos de la palabra necesidad y no solo en sus aspectos materiales o técnicos.»* Este producto que así define Kotler puede ser un objeto, un servicio, una persona, una actividad, un lugar, una organización, una institución o una idea. Y si el término «producto» no nos gusta —termina diciendo el profesor estadounidense—, nosotros podemos sustituirlo por algún otro término (aunque, quizá, resulte algo menos explícito), como: bien, recurso, técnica, medio, etc. Esta **visión amplia** del producto, más allá de sus aspectos materiales evidentes, debe ser elaborada desde la perspectiva del marketing global y tiene que introducir el concepto **oferta;** esto es, un conjunto completo de ideas, productos y servicios (y demás elementos del mix de marketing) que el vendedor pone a disposición de los compradores para su adquisición y su disfrute total.

1.7. Agentes comerciales. Fomento del encuentro comprador/vendedor

Las empresas necesitan forzosamente vender sus productos. Necesitan propiciar para ello los contactos (por cualquier vía, pero preferentemente por la vía del encuentro personal directo en lo que se refiere a los productos industriales) entre las partes que intervienen en la compraventa, es decir, los compradores y los vendedores.

Si la empresa vendedora no desea contratar personas a partir de una relación jurídica laboral directa, el agente comercial (sea cual sea la denominación que se le dé) es el profesional de la venta que puede ayudarle a fomentar encuentros personales exitosos con los futuros compradores.

En principio, un **agente comercial** es un vendedor profesional independiente, que generalmente trabaja como autónomo, aunque también puede estar configurado jurídicamente como una empresa, que presta sus servicios de intermediación comercial entre dos partes y los presta por cuenta propia.

La legislación vigente (en el artículo 1 de la Ley 12/1992, de 27 de mayo, sobre el Contrato de Agencia) define qué es un agente comercial. Dice que «es una persona (física o jurídica) que, como intermediario independiente, se encarga —de manera permanente continuada y estable y a cambio de una remuneración dineraria— de negociar por cuenta y riesgo de otra persona (denominada el empresario), de la venta (a veces también de la compra, como agente comprador) de mercancías, o de la negociación y la conclusión de las operaciones comerciales que sean necesarias, en nombre y por cuenta del empresario vendedor y sin asumir (salvo pacto expreso en contrario) el riesgo y la ventura de tales operaciones.»

Cuando la venta concluye positivamente, según las directrices de la empresa vendedora, el agente le comunica el buen éxito de la operación y la empresa suministra entonces el producto al cliente comprador y le envía la factura correspondiente.

En este sentido, el agente comercial envía una factura al proveedor que le contrató, indicando en ella la cantidad correspondiente al porcentaje de comisión pactado y señalando en ella los impuestos legales o las retenciones que correspondan (Figura 1.13).

Figura 1.13. Un agente comercial es un colaborador independiente y externo a la empresa que, gracias a sus amplios conocimientos del mercado, es capaz de poner en contacto y actuar como intermediario entre comprador y vendedor.

Los **compromisos** entre la empresa proveedora y el agente comercial se suelen plasmar en un documento contractual que se denomina contrato de agencia mercantil o contrato de agencia (no confundirlo con el contrato de comisión). Es un contrato regulado por la Ley 12/1992, de 27 de mayo (acomodada ya a la legislación de la UE), cuyos contenidos básicos en sus distintas secciones son:

a) Obligaciones de las partes.
b) Actuaciones del agente comercial.
c) Formas y plazos de remuneración.
d) Pactos de exclusividad y de no competencia.
e) Formalización del contrato.
f) Extinción del contrato y posibles indemnizaciones.

En la web de la editorial Paraninfo hay un modelo de contrato de agencia que puede servir de ejemplo práctico y de muestra, en caso de necesitarlo.

1.8. Venta relacional

La **venta relacional** es un tipo de venta que implica un conocimiento más profundo de las necesidades y los deseos de los clientes y que permite a los vendedores influir más activamente en su conducta compradora. Un ejemplo de venta relacional es la que realiza un vendedor de productos para la construcción de viviendas con una empresa promotora. Su trabajo es aconsejarle sobre los materiales mejores a emplear, sobre las características técnicas de los mismos, etc., y ayudar a resolver los problemas que se puedan plantear en la edificación. No solo consiste en vender un producto, sino relacionarse con el cliente para obtener su satisfacción completa.

La práctica de la venta relacional tiene como consecuencia inmediata una cartera más amplia de clientes, seducidos por las propuestas comerciales que le llegan desde el vendedor, que le suministran confianza, autoestima, seguridad, ilusión, un gran afecto relacional y una sólida fidelidad para el futuro.

Algunas de las características de esta venta relacional son las siguientes:

- Confiere una fuerte confianza en el vendedor. El cliente «se entrega» al vendedor. Esta confianza establece líneas de relación que condicionan a favor del vendedor las preferencias compradoras de sus clientes.
- El vendedor conoce a sus competidores y sabe argumentar frente a ellos y desarrolla habilidades para rebatir y resistir racionalmente ante las objeciones de los clientes.

Nota técnica

El **contrato de comisión mercantil** se diferencia fundamentalmente del contrato de agencia en que: la comisión se paga instantáneamente; la relación entre las partes no tiene carácter duradero ni implica la existencia de relaciones profesionales entre el mediador y el comprador; el mandato es concreto y generalmente para una única operación; normalmente, se perciben adelantos a cuenta de las comisiones para sufragar posibles gastos de la operación y las fórmulas de extinción e indemnización son distintas.

- La práctica de la venta relacional incrementa la capacidad de escucha activa en el vendedor y le permite desarrollar más habilidades en este sentido.
- La venta relacional implica un compromiso de la empresa vendedora con sus clientes, no solo una mera relación circunstancial.
- La venta relacional incrementa la credibilidad por parte del cliente, aunque requiere de ciertas habilidades de comunicación (verbal y gestual) por parte del vendedor.
- Este tipo de venta fomenta las relaciones a medio y largo plazo entre la empresa del vendedor y el cliente, y tiene como consecuencia también unas relaciones personales y profesionales cada vez más estrechas entre ellos.
- La venta relacional facilita la comunicación entre el cliente y el vendedor, lo que permite a este último obtener del mercado información fiable y valiosa.
- El vendedor relacional puede así informar periódicamente a su empresa de las necesidades y deseos de los clientes, y de las variaciones que estas necesidades y deseos puedan experimentar en el tiempo o en el espacio.
- La relación entre el vendedor y el cliente supondrá siempre una asociación que implicará incluso el desarrollo de ciertos elementos de formación conjunta que el cliente pudiera demandar.
- La venta relacional, por último, favorece e incrementa las ventas rentables y duraderas.

1.9. Tipología del comprador industrial. Compradores activos, pasivos y colaborativos

Se llaman **compradores industriales** las empresas que compran bienes y servicios para la fabricación de productos industriales que van a ser objeto de venta posterior.

En este sentido, si los productos no son casi nunca iguales unos a otros, los clientes no iban a ser menos. Los hay de todos los tipos y maneras. El técnico comercial deberá identificarlos y clasificarlos previamente, para adaptar su discurso y sus argumentos de venta

Según su nivel de participación en el proceso de la compraventa los clientes industriales pueden ser:

a) **Clientes activos.** Son aquellos que proporcionan al vendedor directamente las especificaciones técnicas de los productos que necesitan y vigilan el estricto cumplimiento a lo largo del proceso de producción.
b) **Clientes pasivos.** No colaboran en el proceso productivo, sino que esperan a su finalización, para comprobar si el producto cumple o no las características técnicas deseadas.
c) **Clientes colaborativos.** Se involucran en la fabricación del producto con el objetivo claro de obtener un beneficio recíproco con el vendedor, con el cual interactúan en un ambiente de negocio transparente y confiable (Figura 1.14).

Figura 1.14. Un cliente satisfecho no solo reiterará sus compras, sino que actuará como prescriptor o promotor no oneroso (gratuito) de nuestros productos, lo cual redundará en que nuestra marca se consolide en el mercado, asegurando con ello el mantenimiento y sostenibilidad de la empresa.

¿Sabías que

Existe una corriente colaborativa en todo el mundo en forma de movimiento dinámico y atractivo. Lo colaborativo se vende como moderno (por su vertiente tecnológica), como ahorrativo (ya que permite aprovechar bienes o servicios infrautilizados) y como ecológico (pues incentiva mucho el consumo local y de participación activa).

Actividad propuesta 1.2

Vas a ver una lista de tipos de clientes. Se pide que añadas diez tipos más a esta lista. Para ello, deberás pensar en los diferentes tipos de personalidades que tenemos los seres humanos. La lista es tan solo una especie de «pista» para facilitarte el trabajo creativo

- Cliente amigo.
- Cliente crítico.
- Cliente tacaño.

- Cliente arrogante.
- Cliente ingenuo.
- Cliente enojado.
- Cliente exigente.
- Cliente agresivo.
- Cliente conservador.
- Cliente hablador.

Tu profesor puede aportar algunos ejemplos diferentes de otros tipos de clientes, tales como: *suficiente, confiado, controlador, introvertido, reservado, simpático, inseguro, impaciente, esquivo, prepotente,* etcétera.

1.10. Materiales, composición e ingredientes. Proveedores de confianza y de calidad

Generalmente, todos los productos, pero en especial los productos industriales, incorporan diferentes tipos de **sustancias, materiales** e **ingredientes,** que son los que constituyen después la base esencial de su **composición** física. Por ello, a estos materiales, sustancias e ingredientes se les llama también **componentes.**

Como vendedores, tenemos que conocer muy a fondo (porque el cliente nos puede preguntar sobre ello en cualquier momento) lo siguiente:

- Cuáles son las propiedades y características principales de cada uno.
- Cuál es el origen químico, orgánico, animal, vegetal o mineral de estos ingredientes y materiales.
- Cuál es su función fundamental dentro de la composición del producto.
- Cómo afecta este ingrediente o este material a la calidad general del producto, a su futura conservación, a la seguridad en su utilización y en las demás circunstancias a lo largo de la vida (útil y final) del producto, a los posibles riesgos para personas, animales y cosas y la manera de prevenirlos, a la facilidad de su uso y a los aspectos medioambientales.
- Cuál es el proceso de integración de los ingredientes y los materiales en la composición del producto.
- Qué aspectos legales van a permitir o a impedir su incorporación al producto final.
- Cuáles son los costes de producción y de logística que estos materiales e ingredientes suponen para ser integrados en el producto.
- Cómo se pueden convertir estos conocimientos en argumentos de venta.

Actividad propuesta 1.3

¿Puedes nombrar, al menos, cinco componentes, materiales o ingredientes que forman parte de la composición de una máquina podadora de césped al finalizar el proceso de su fabricación?

No es necesario que respondas de memoria. Puedes encontrar información en internet e informarte antes de contestar.

Cada día se hace más evidente que los vendedores debemos vender, sobre todo, **confianza** y **calidad** que se puedan demostrar, lo que convierte a estos dos elementos en dos factores clave para el éxito de cualquier proyecto empresarial. La confianza fomenta la cooperación comercial y los valores compartidos y tiene como consecuencia inmediata la consolidación de la credibilidad y el incremento de las relaciones personales y profesionales entre el cliente y el vendedor. La percepción positiva de la calidad del producto (su valor percibido más su valor añadido) significará asimismo vender más (más ingresos) y vender mejor (más rentabilidad).

Recuerda que

Si el cliente no confía en el vendedor, no comprará. Si percibe que la calidad del producto no se acomoda a sus expectativas, no comprará. Y si el cliente no compra, nuestra empresa no podrá cumplir sus objetivos de rentabilidad, de crecimiento y de motivación de empleados y colaboradores.

Nota técnica

Entre otras cosas, los clientes perciben que un producto industrial es de calidad demostrable porque el producto:

- Funciona eficazmente.
- Tiene un excelente diseño.
- Logra un nivel superior de satisfacción de sus necesidades y sus deseos.
- Cumple los objetivos técnicos que él ha planificado.
- Es fiable y confiable.
- Tiene un excelente rendimiento.
- Durará el tiempo previsto.
- Está conforme con las expectativas.
- Sus características estéticas son asimismo positivas.
- Es capaz de prestarle el mejor de los servicios.

Actividad propuesta 1.4

Formad equipos de trabajo para realizar la tarea de entrar en el siguiente enlace: http://www.arevalo.eu/empresa-arevalo y comentar la web de esta importantísima empresa de productos industriales en el mercado del mobiliario frigorífico de uso comercial.

Se pide que cada equipo redacte un pequeño documento con los comentarios que se os ocurran sobre los contenidos de esta web, poniendo especial énfasis en los aspectos relativos a las características técnicas de los productos que esta empresa vende.

Como siempre, podéis añadir fotos y cualquier otro elemento que os pueda servir para realizar un trabajo más excelente.

El **contrato de suministro** es un tipo de contrato comercial por el que, a cambio de un precio que una de las partes paga a la otra con una frecuencia periódica y continua formalmente predeterminada o caso por caso; la otra (el suministrador o proveedor) se obliga a proveerle de productos o servicios que serán objeto de entregas sucesivas, en las cantidades y en los momentos establecidos por ambas partes, de una manera determinada o susceptible de determinación (Figura 1.15).

La regulación principal de este contrato se encuentra en la legislación comercial española y en el real Decreto 1/20017, de 16 de noviembre, que aprueba el texto refundido de la Ley de Defensa de los Consumidores y Usuarios.

Los suministros que este tipo de contrato prevé son diversos. Tan contrato de suministro es lo que una compañía eléctrica hace con sus usuarios, como el contrato que Inditex realiza con proveedores de tela para confeccionar las prendas que luego vende en las tiendas Zara.

Las características fundamentales de estos contratos son:

a) Su naturaleza bilateral. Se necesitan dos partes: el suministrador y el beneficiario del suministro.
b) Su perfeccionamiento, por el mero consentimiento de ambas partes.
c) Su continuidad, aunque se prevén situaciones de suministros gestionados caso por caso.
d) Su carácter oneroso, es decir, que el beneficiario debe pagar un precio por el suministro.
e) Su naturaleza como contrato colaborativo. El proveedor colabora con el beneficiario para que satisfaga sus necesidades a cambio de un precio con cuyo pago el beneficiario colabora asimismo en favor del éxito del suministrador.

Figura 1.15. Electricidad y gas, productos básicos sujetos a contratos de suministro.

Actividad propuesta 1.5

Elige una empresa que fabrique neumáticos, analiza el proceso de su producción (mezclado, extrusión, vulcanizado, etc.), y haz una lista con las materias primas, los ingredientes y los materiales que esta empresa utiliza para fabricar el producto; y que, por tanto, forman parte de su composición. Esta lista debería tener no menos de seis o siete elementos.

En cada uno de ellos (los que tú selecciones), redacta al menos tres líneas, en las que expliques su utilidad dentro de la composición del producto final y proporciona algunos detalles complementarios: su origen, los riesgos que comporta, la influencia medioambiental de sus materiales e ingredientes, etcétera.

Acompaña también tu trabajo con fotos de cada ingrediente, de cada material y de los pasos del proceso de fabricación e incluye al final de tu trabajo los comentarios que creas convenientes.

1.11. Subvariables del producto. El envase y el embalaje como argumento de ventas

Tradicionalmente, se llamaba **mix de marketing** a la mezcla de cuatro variables esenciales que conformaban el concepto: producto. Y se las llamaba **las cuatro pes** porque en inglés todas las variables empezaban por esta letra: **p**roducto, **p**recio, lugar de venta (***p**lacement*, en inglés) y **p**romoción (*promotion*, en inglés: entendida esta variable en un sentido muy amplio que incluía hasta la venta del producto). Hoy, las circunstancias del marketing moderno hacen que estas cuatro pes resulten ya anacrónicas y que el número de factores y variables a combinar sea mucho mayor: del orden de una treintena de ellas, entre variables generales y subvariables más específicas.

Una de estas subvariables es el **envase** o el **embalaje** de los productos, algo cuya importancia (con el nombre genérico de *packaging*) nadie discute ya en el ámbito de los productos de consumo, en los que muchas veces el envase es incluso la esencia del propio producto; pero que todavía tiene algunas reticencias para ser aceptado como elemento sustancial en el mundo de los productos industriales.

Las empresas vendedoras que comprenden sus ventajas emplean el envase y el embalaje de los productos que venden como parte principal de sus argumentarios comerciales y les dan cada vez más la preponderancia que les corresponde. Las empresas compradoras saben que el envase y el embalaje constituyen una garantía de protección y de seguridad que aprecian y valoran positivamente.

En términos generales, se denomina **envase** al elemento que contiene el producto y que está en contacto directo con el producto mismo. Su función es guardar, proteger, conservar e identificar el producto; y también facilitar su manejo y su proceso de comercialización. Un ejemplo claro de envase industrial es la botella o la garrafa, que sirven como contenedores de un líquido de frenos para un automóvil.

El **embalaje** es el elemento de cobertura que protege y confiere un mayor poder de manipulación, transporte y almacenaje a las mercancías envasadas. Su función es optimizar las condiciones para que la logística (el transporte, la recepción, el almacenamiento y la manipulación de los productos) se produzca en perfecto estado. Se dice que el embalaje es «el envase del envase»; y creemos que se dice con razón. Un ejemplo es la caja de plástico, cartón o madera que contiene varias de estas botellas o garrafas de líquido de frenos. Es un embalaje en el cual estas botellas se agrupan para ser transportadas e incorporadas como material componente del conjunto final: el vehículo (Figura 1.16).

Figura 1.16. Líquido de frenos envasado en una botella de plástico. Cuando varias de esas botellas se agrupan en una caja para ser transportadas hablamos de embalaje (envase del envase).

La palabra *packaging* es un término anglosajón cuyo significado agrupa las funciones de contener, proteger, distribuir y vender los productos. El concepto *packaging* es más un concepto de marketing (importante para la venta de los productos) que un concepto material (importante para la protección y la seguridad de su logística.

¿Sabías que

El sector del envase y el embalaje en España, con una cifra de negocio cercana a los 20 000 millones de euros, agrupa a unas 1500 empresas que dan trabajo a más de 70 000 personas y que exporta una buena parte de su producción.

Comentarios concretos sobre estos conceptos son:

- El **envasado** (la manera de contener un producto destinado a ser adquirido por los clientes finales en el punto de venta), el **empaquetado** (la manera de hacer un paquete que contenga uno o varios productos), el **envoltorio** (la forma de envolver el producto con fines funcionales o estéticos), el **embalaje** (el contenedor que sirve para almacenar y transportar las mercancías desde su centro de producción hasta el punto de venta) o cualquier otro sistema que el fabricante utilice para acomodar sus artículos y presentarlos para su venta son elementos fundamentales en la política de producto de cualquier empresa y, por supuesto, también lo son para su estrategia vendedora.

- El envase y el embalaje influyen directamente (de manera positiva o negativa, claro) en las preferencias de los clientes y en sus decisiones de compra.
- El envase y el embalaje son argumentos de venta que ayudan a diferenciar positiva y ventajosamente un producto de los productos de sus competidores.
- En muchos productos el *packaging* es percibido siempre por el cliente como el producto en sí mismo.
- El envase y el embalaje deben estar profesionalmente diseñados para contener, proteger y preservar al producto, pero también para permitir que el cliente lo pueda identificar, analizar, adquirir cómodamente, transportar, almacenar o consumir, en las mejores condiciones comerciales, estéticas, técnicas y legales (Figura 1.17).

Figura 1.17. Etiquetado de jabón Sunlight perteneciente a la compañía británica Lever Brothers, cuyo origen se remonta a 1884. El formato y la decoración de la caja permitían su fácil identificación por parte de los consumidores y su clara diferenciación con respecto a sus competidores. *Fuente: Unilever.*

- Se consideran **envases industriales** o **comerciales** aquellos que sean de uso y consumo exclusivo en las industrias, comercios, servicios o explotaciones agrícolas y ganaderas y que, por tanto, no sean susceptibles de uso y consumo ordinario en los domicilios particulares.

Sabías que

El producto más sostenible es el que utiliza envases ecológicos biodegradables y se fabrica con energías limpias y con materias primas de producción ecológica.

Nota técnica

Dado que la primera función del *packaging* es la protección del producto frente a los riesgos derivados de su distribución, antes de abordar el diseño de cualquier tipo de *packaging* es conveniente sopesar los riesgos a que puede estar sometido tras su desarrollo o durante el desarrollo del mismo. En términos genéricos, estos riesgos son los siguientes:

- Riesgos mecánicos y errores humanos en el transporte.
- Riesgos climáticos.
- Riesgos en la distribución y el almacenaje.
- Riesgos biológicos y de contaminación.
- Intervención no deseada de insectos y roedores.
- Robo, explosión e incendio.
- Otros riesgos diversos.

Recuerda que

Diseñar cualquier tipo de *packaging* es algo muy serio y es una tarea que debería no solo ser encomendada a diseñadores especializados, sino que tendría que convocar también siempre a otras áreas importantes de la empresa, tales como: gerencia, marketing, asesores legales, producción, departamento financiero, recursos humanos, etc., para lograr que el diseño cumpla el cometido planificado previamente y para que se puedan gestionar convenientemente desde el principio del proceso de su diseño otros aspectos principales, como son: las normas legales, la estética, el precio del producto, las características de su uso, etcétera.

Como en el ámbito de los productos de consumo, el envase y el embalaje de un producto industrial persigue los siguientes objetivos:

- Contener al producto.
- Protegerlo.
- Dividirlo en unidades comerciales de venta: litros, kilos, etcétera.
- Promocionarlo, venderlo y fomentar su consumo.
- Influir en la conducta compradora del cliente.
- Facilitar la gestión de las operaciones (iniciales, intermedias y finales) del proceso general de este tipo de compraventa.
- Optimizar la comodidad de tránsito, el transporte, la disponibilidad, el uso y el almacenaje de los productos, para beneficio de fabricantes, intermediarios y clientes.

- Ofrecer, respecto a los productos, condiciones fiables y seguras de reciclado y de protección del medioambiente.
- Servir de argumento de venta.

El envase y el embalaje ya no son esos elementos funcionales destinados únicamente a conservar, proteger o informar sobre las características del producto; se han convertido en un complemento absolutamente activo del mismo. Ello exige que estos elementos estén hoy a la altura que se requiere, para no restarle al producto ni eficacia ni rentabilidad.

La Ley del Envase y el Embalaje y los expertos en envasado y empaquetado diferencian esencialmente tres tipos de envase:

a) El ***packaging.*** Es el envoltorio, el empaquetado, que está en contacto directo con el producto. La ley llama a este envase, **envase de venta** o **envase primario** (Figura 1.18).

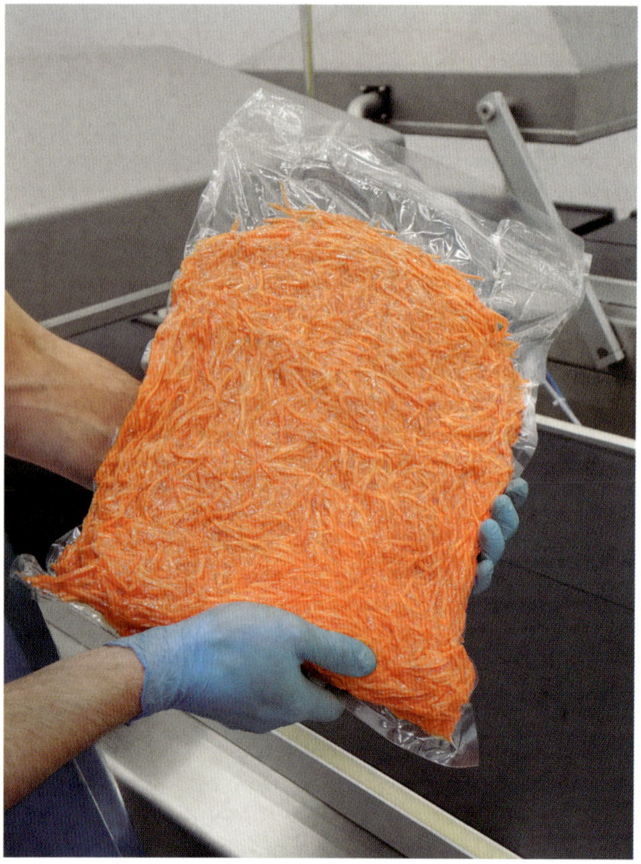

Figura 1.18. Ejemplo de zanahoria pelada y cortada en tiras envasada al vacío. El plástico que la cubre (envase primario) se puede observar que está en contacto directo con el producto.

b) El **envase secundario.** Es el tipo de envasado que contiene varias unidades de *packaging*. La ley los llama **envases colectivos** o **secundarios** (Figura 1.19).

Figura 1.19. En ocasiones el envase secundario se emplea también para exhibir el producto, además de jugar un papel fundamental tanto en su protección como en la información de sus características.

c) El **envase terciario** (así lo llama también la ley), que es el envase de transporte. Es decir, el sistema de empaquetado que puede agrupar y contener varias unidades de los dos tipos anteriores durante su desplazamiento físico hasta el punto de venta (Figura 1.20).

Figura 1.20. Labores de carga y descarga de contenedores en puerto. Los envases terciarios pueden contener en su interior varias unidades de envases primarios y secundarios.

¿Sabías que

El estudio sueco de diseño *Tomorrow Machine* está desarrollando un tipo de envase para aceite de oliva realizado con azúcar caramelizada y recubierto de cera, cuyo sistema de apertura se asemeja al de la rotura de una cáscara de huevo y cuya destrucción se produce por desintegración al contacto del envase con el agua.

¿Sabías que

El color y la forma son elementos muy importantes del envase; el primero, porque, entre otros aspectos, sirve para identificar la marca del fabricante; la forma, porque se adapta a las necesidades de transporte y almacenaje.

Ejemplos de estos envases son: la envoltura retráctil, el sellado hermético, el envasado al vacío, las bandejas y las bolsas recerrables, los blísteres y el sistema de precintado.

Nota técnica

Las bandejas plásticas utilizadas en supermercados para envasar frutas y verduras están fabricadas con poliestireno expandido (EPS) que no se biodegrada, ocasionando innumerables problemas al entorno. Muchas empresas están sustituyendo ya estos envases contaminantes por una nueva gama de envases fabricados con restos de patatas o con hongos, que se biodegradan completamente en 30 días, sin dejar ningún tipo de residuo.

Actividad propuesta 1.6

Ya sabemos lo que son productos industriales. Y lo sabemos, porque hemos visto lo que se compra y lo que se vende en este amplio terreno de la economía.

Indica en cada una de estas ramas de actividad, en cada uno de estos sectores un producto industrial que se compre o se venda. Por ejemplo, en el apartado Electrodomésticos, podrías señalar: el acero. O también podrías decir: el gas refrigerante. O, asimismo, la prensa mecánica que moldea las puertas. Lo dejamos a tu elección

- Automóvil.
- Textil.
- Químico.
- Informática.
- Alimentación.
- Bebidas.
- Construcción.
- Agricultura.
- Metalurgia.
- Minería.
- Gestión de residuos.
- Ganadería.

Nota técnica

El diseñador del *packaging* de un producto industrial es, asimismo, un gestor especializado. Un gestor experto que debe atender, no solo al contexto global del desarrollo del producto, sino, además, a todos los requerimientos (genéricos o de detalle) de su cliente y a los detalles del entorno en que este desarrolla sus actividades comerciales.

Recuerda que

La denominada Ley del Envase y el Embalaje tiene por objeto prevenir y reducir el impacto sobre el medioambiente de los envases y la gestión de los residuos de envases a lo largo de todo su ciclo de vida. Quedan dentro del ámbito de aplicación de esta Ley todos los envases y residuos de envases puestos en el mercado o generados en el territorio del Estado.

Actividad propuesta 1.7

Repasa lo que hemos estudiado sobre productos industriales e identifica qué tipo de productos industriales forman parte de la estructura de un automóvil. Ten en cuenta que pueden ser tanto materias primas como cualquier otro producto e incluso, ingredientes.

Cuando los hayas identificado, haz una pequeña lista con el nombre de cada producto y sus características principales. El objetivo es que otras personas puedan también identificarlos con claridad y comprendan cuál es su función dentro del conjunto.

1.12. La certificación como herramienta de marketing

La **certificación de productos** es una actividad por la cual una empresa independiente verifica y asegura que los productos o servicios suministrados por una empresa son conformes a las exigencias técnicas de un conjunto de normas, tanto nacionales como internacionales. Este documento, el **certificado,** es la demostración garantizada por una empresa acreditada del cumplimiento de las exigencias de calidad; y es un instrumento muy eficaz, tanto para la defensa del consumidor como para la competitividad de las empresas vendedoras; porque contribuye a su desarrollo tecnológico, mejora sus sistemas de trabajo, perfecciona sus métodos y sus procedimientos, optimiza su posicionamiento en el mercado y facilita y fomenta las actividades comerciales y de exportación (Figura 1.21).

Figura 1.21. Un certificado de calidad acredita que un determinado producto o servicio cumple con unos parámetros o estándares, con la finalidad de generar confianza en las marcas o en las empresas.

En España, la certificación acreditada está presente prácticamente en casi todos los sectores de actividad: la industria, la energía la informática, la alimentación, la agricultura y la ganadería, la construcción, la sanidad, el transporte y la logística, la gestión de residuos, etc., lo que genera confianza y garantía en las marcas de las empresas que obtienen los distintivos de calidad, como una diferencia ventajosa frente a las que no los tienen. Esto hace que se haya desarrollado incluso una corriente de demostración voluntaria de la calidad más allá de la normativa legal existente.

Sabías que

A la certificación acreditada se han incorporado muchos productos industriales, que no solo son los tradicionales (electrodomésticos, materiales de construcción, material eléctrico, etc.), sino los más actuales, como: parques eólicos, productos forestales, productos artesanos, material ferroviario, parques naturales, equipamientos de áreas de juego, sistemas de seguridad, equipamiento para la señalización vial, denominaciones de origen, etiquetado de alimentos, proyectos de I + D, etcétera.

Nota técnica

El sector servicios tiene en la economía española una importancia sustancial. No hay más que ver lo que significa el turismo, por ejemplo (más de 70 millones de turistas al año nos visitan) para darse cuenta de ello, sin dejar de lado sectores como: la sanidad, los servicios de transporte de mercancías y pasajeros, o la asistencia domiciliaria a personas necesitadas. En todos estos sectores se necesita que alguien certifique el cumplimiento de las normas mínimas para garantizar su calidad. Por ello, la certificación acreditada de servicios (industriales o no) esté experimentando cada vez más un fuerte auge.

Para cumplir las exigencias normativas de la UE en este ámbito, el Real Decreto español 1715/2010, de 17 de diciembre, designó a la Entidad Nacional de Acreditación (**ENAC**) como único organismo nacional dotado de potestad pública para otorgar acreditaciones y para firmar con la Administración General del Estado y con las comunidades autónomas los convenios de colaboración que resulten pertinentes para el mejor desempeño de sus actividades y de sus funciones. Actualmente, la ENAC trabaja en los siguientes sectores de actividad: agricultura, medioambiente, sanidad, química, turismo y ocio, transportes y automoción, I+ D+ i, energía y minas, construcción, telecomunicaciones, seguridad y salud y productos e instalaciones (Figura 1.22).

ENAC
Entidad Nacional de Acreditación

Figura 1.22. Las acreditaciones de ENAC son admitidas en más de 70 países. Este reconocimiento permite a la empresa española contar con un respaldo reconocido en los mercados internacionales para la libre circulación de sus productos y servicios.

Sabías que

España es el cuarto país del mundo y el segundo de Europa en la gestión excelente de la calidad.

Las empresas certificadoras ofrecen certificados relativos a: modelos de madurez, modelos de excelencia, sistemas de gestión, certificaciones de calidad, gestión avanzada, normas ISO, evaluaciones de personas, productos, procesos, marcas, evaluaciones de servicios, etcétera.

Las buenas prácticas medioambientales de las empresas se certifican con documentos que se refieren a sistemas generales de gestión medioambiental, certificados propiamente dichos, validaciones y verificaciones medioambientales, ecodiseño de envases y embalajes, gestión energética, gestión de bosques y áreas naturales, etcétera (Figura 1.23).

Figura 1.23. Algunos ejemplos de certificaciones medioambientales.

> **Nota técnica**
>
> La **biomímesis** o **biomimética** (de *bio*, vida y *mimesis*, imitación) es una ciencia que estudia a la naturaleza (a esa naturaleza que lleva millones de años resolviendo sus problemas sabiamente) como fuente de inspiración. Los esquemas básicos de esta moderna ciencia se fundamentan en la aplicación de soluciones procedentes de la naturaleza (en forma de principios biológicos, biomateriales, o de cualquier otra índole) a los problemas de los seres humanos, sobre todo, a los problemas relacionados con la protección y la seguridad del medioambiente.

Este tipo de certificaciones es también un importante factor de éxito, reconocido ya internacionalmente. Contar con empresas que gestionan convenientemente los esquemas para dispensar estos certificados supone gestionar racionalmente los estándares, las normas y las referencias legales más exigentes en lo que se refiere a la seguridad y la salud laboral de personas, productos, instalaciones, sistemas informáticos, seguridad alimentaria y procedimientos de control de las cadenas y las trazas logísticas (el camino del producto desde la fábrica al cliente) de los suministros.

Los certificados que se emiten en este campo son del tipo auditorías, calidad ambiental, seguridad vial, gestión de emergencias, aparatos de gas, ascensores, calderas, equipos marinos, transporte de personas, productos de la construcción, productos alimentarios especiales, gestión de envases y embalajes, etcétera.

1.13. La seguridad del producto como parámetro para mantener la confianza del cliente industrial

La palabra **confianza** se relaciona con el verbo confiar. La confianza lleva aneja siempre la posibilidad de perderla por cualquier incidente que vulnere o altere estas expectativas.

La confianza y la credibilidad son dos de los elementos básicos para que los clientes sean fieles, estén satisfechos y repitan sus compras en el futuro. El tercer elemento que nos ayuda a mantener la confianza de los clientes es la seguridad de los productos y los servicios que les vendemos.

Los factores que intervienen en la gestión positiva de esta confianza son:

- La información fidedigna sobre el producto.
- La comprobación de que el producto satisface las necesidades del cliente.
- La experiencia comprobable de la empresa y de la marca en el pasado.
- La imagen de la empresa y su reputación.
- La cercanía y la proximidad de servicio con el cliente.
- La fiabilidad (la confiabilidad) en la empresa y en sus productos.
- El comportamiento comercial y administrativo honesto.
- El sentimiento de importancia del cliente.
- La relación «yo gano/tú ganas».

La **seguridad de los productos** es un elemento sustancial para mantener la confianza del mercado en nuestras empresas, marcas y productos y vendrá dada por las características del producto en sí mismo (su diseño, sus componentes, su forma, etc.), así como por las condiciones de uso y la información y advertencias que en su información se indiquen.

Recuerda que

El riesgo cero —o, lo que es lo mismo, la seguridad cien— no existe. Pero lo que sí es posible es la búsqueda de la disminución máxima de los efectos adversos asociados a un producto. Esta tarea de incremento de la seguridad no solo es cosa de los fabricantes y los distribuidores, sino también de la propia interacción de los ciudadanos y de la existencia real de normas efectivas que la regulen.

Identificar los peligros en el trabajo y evaluar previamente los riesgos potenciales nos deberían conducir a poner en marcha los controles de seguridad más adecuados. Para controlar los peligros y, en su caso, eliminarlos deberíamos establecer antes cuál es la prioridad en la aplicación de estos controles. Una jerarquía de acciones podría ser la siguiente:

a) Eliminar el peligro o el riesgo en la propia fuente en que se produce.
b) Sustituir o reemplazar los elementos que son la causa del peligro o del riesgo.
c) Rediseñar el equipamiento que se debe utilizar para evitar peligros y riesgos.
d) Rediseñar, asimismo, los procesos y los protocolos de seguridad del trabajo.
e) Reducir las propiedades peligrosas o arriesgadas del elemento que causa el peligro o el riesgo.
f) Introducir pautas de alejamiento de peligros y riesgos. Por ejemplo, barreras y controles físicos.
g) Introducir todo tipo de controles técnicos y de ingeniería apropiados para evitar el peligro o el riesgo previstos.
h) Reforzar los controles administrativos e introducir elementos formación, de vigilancia y de advertencia de peligros o riesgos.
i) Suministrar los equipos y utensilios de protección adecuados para paliar, reducir o mitigar las consecuencias potenciales del peligro o del riesgo.

En resumen, es bueno saber que gestionar sabiamente la seguridad en el trabajo siempre es una óptima decisión de la que todos se benefician. Así, un producto se considerará seguro cuando (Figura 1.24):

- Informe sobre la manera de localizar al fabricante con la referencia adecuada.
- Avise en su etiquetado o en la información adjunta de cualquier posible riesgo que pueda producirse.
- Cumpla los requisitos nacionales específicos y la normativa de la UE.

Sabías que

Los productos alimenticios, los productos farmacéuticos y los dispositivos médicos cuentan con sus propias disposiciones específicas sobre seguridad.

La legislación comunitaria sobre productos peligrosos no es aplicable a los productos que deban ser reparados o reacondicionados ni a las antigüedades.

Figura 1.24. El equipamiento y el diseño de los protocolos de seguridad son algunas de las acciones básicas que contribuyen a controlar y eliminar los riesgos laborales.

A estos efectos, los fabricantes y los distribuidores de productos deberán:

- Garantizar la seguridad de los productos que venden.
- Garantizar que venden solamente productos seguros.

- Contribuir a los requisitos de seguridad, tanto en la fabricación como en el almacenaje, el transporte y la presentación.
- Informar a fondo sobre las características del producto y su composición.
- Indicar los posibles riesgos a todos los implicados en el proceso comercial.
- Adoptar medidas de corrección cuando surjan riesgos no previstos.
- Participar en las medidas de vigilancia, seguimiento y control.
- Comunicar a las autoridades los casos detectados de riesgo.
- Colaborar con la Administración competente cuando esta se lo requiera.

Nota técnica

La Norma BRC para envases y materiales de envasado, desarrollada de forma conjunta por el British Retail Consortium (BRC) y el Instituto de Packaging (IOP), es considerada el marco de referencia para garantizar la seguridad, la legalidad y la calidad de los envases y de los materiales de envasado empleados, tanto en la industria alimentaria como en otras industrias. Es una norma altamente demandada por fabricantes de productos alimenticios, productos farmacéuticos y cosméticos, que proporciona una guía para ayudar a los fabricantes de envases a producir materiales de envasado seguros y a gestionar la calidad de sus productos, con el fin de satisfacer las necesidades de sus clientes. Son muchas las marcas, minoristas, las empresas de servicios alimentarios y los fabricantes de todo el mundo que reconocen esta norma y su certificación para evaluar a sus proveedores.

1.14. Facilitadores. Aseguradoras y entidades financieras. Financiación de productos

Los actores de una compraventa no son solo el comprador y el vendedor. Hay otras entidades o instituciones que intervienen, más o menos activamente, a lo largo del proceso comercial. Las hay que prescriben el producto y animan al cliente en su decisión, las hay que colaboran pasiva o negativamente en las preferencias del cliente y las hay que facilitan la gestión de la decisión final, aportando todo o parte de la financiación de la venta o asegurando su desarrollo y su conclusión satisfactoria. Los bancos y las compañías de seguros son algunos de estos facilitadores.

Las **entidades financieras** —esencialmente los bancos industriales, en el caso de los productos industriales— colocan fondos que han captado previamente de los inversores y de los ahorradores (incluso los excedentes de caja de las propias sociedades a las que luego van a financiar), junto a una parte de sus recursos propios, en los proyectos empresariales que consideran más viables y más rentables. La fórmula más habitual para colocar estos fondos es el crédito en sus diversas modalidades: a plazo, de ahorro, para la exportación, etcétera.

También existen otras empresas distintas a los bancos que participan con sus fondos en los desarrollos empresariales, tales como: sociedades aseguradoras (de vida, de seguros generales, etc.), fondos de pensiones, de inversión y mutualidades, bolsas y mercado de valores y empresas de servicios financieros. Todo este conglomerado ordenado de empresas cuyo producto principal es el dinero se llama **sistema financiero** de un país.

El **seguro** es un servicio que prestan empresas especializadas para la cubrir los riesgos de un negocio (en general, en nuestro caso) a cambio del pago de una prima por el asegurado. El riesgo potencialmente posible se transfiere así a la empresa aseguradora, que garantiza un pago compensatorio de todo o parte del perjuicio producido, si se dan las condiciones que han sido aceptadas previamente por las partes en una póliza contractual. El tipo de seguro vendrá determinado por la clase de riesgo a cubrir, por la naturaleza y las características del asegurado, por la prima a pagar, por el entorno geográfico donde se produzca, etcétera.

1.15. Homologaciones parciales y homologaciones totales

La **homologación de productos industriales** especiales (prototipos, modelos, etc.), es un tipo de certificación determinada por una Administración Pública, que implica el reconocimiento oficial de que un producto industrial cumple los requerimientos obligatorios, definidos en las especificaciones técnicas o en las normativas pertinentes. Hay muchos productos industriales que necesitan de una u otra manera pasar a una homologación parcial o total de sus características técnicas antes de ser vendidas en el mercado. Grifos, fregaderos, platos de ducha, alambres trefilados, tubos de acero soldado, cables eléctricos, productos galvanizados, etc., son una muestra de la lista de productos a certificar y homologar por los organismos autorizados.

Los requisitos para la homologación se centran especialmente en que el producto cumpla las especificaciones técnicas requeridas por la ley, en que se realicen los ensayos y pruebas pertinentes, en que se solicite en tiempo y forma la homologación y en que se obtenga el certificado correspondiente (Figura 1.25). Como es lógico y dado que el proceso es complejo, hay muchas empresas especializadas que pueden ayudarnos en todos estos trámites, si fuera necesario.

Figura 1.25. Símbolo normalizado CE. Este marcado identifica que el producto ha sido evaluado antes de ponerse en el mercado y que, por tanto, cumple los requisitos legales esenciales para venderse. Entre los productos que se encuentran sujetos a este marcado se encuentran: productos de construcción, cosméticos y de higiene, calderas, juguetes, etcétera.

Nota técnica

La **homologación** es una condición necesaria para poder comercializar un producto en un mercado determinado. La Administración Pública se conforma con que los productos o los servicios tengan un mínimo de seguridad respecto a la vida y la salud de las personas, de los animales y respecto a la preservación del medioambiente. En el caso de la **certificación simple** no interviene la Administración Pública. Es un proceso voluntario que añade un cierto valor a la calidad intrínseca del producto.

Mapa conceptual

- **Elaboración de ofertas comerciales de productos industriales**
  - **Técnicas de venta aplicadas al cliente industrial**
    - Características
    - Documentación
    - Imagen
    - Valor
    - Materias primas y su transformación
    - Instalaciones
  - **Diferencias entre el marketing industrial y el marketing de consumo masivo**
    - Precio
    - Relaciones vendedor/cliente
    - Tiempos de compra
    - Motivación
    - Publicidad
    - Servicio posventa
  - **Mercados del sector primario**
    - Agricultura
    - Ganadería
    - Pesca
  - **Materias primas, componentes y productos semielaborados**
  - **Venta al por mayor y venta a granel**
    - Mayoristas
    - Minoristas o detallistas
  - **Segmentación y especialización. Soluciones a la medida del comprador**
  - **Agentes comerciales. Fomento del encuentro comprador/vendedor**
    - Ley 12/1992, de 27 de mayo, sobre el Contrato de Agencia

Mapa conceptual

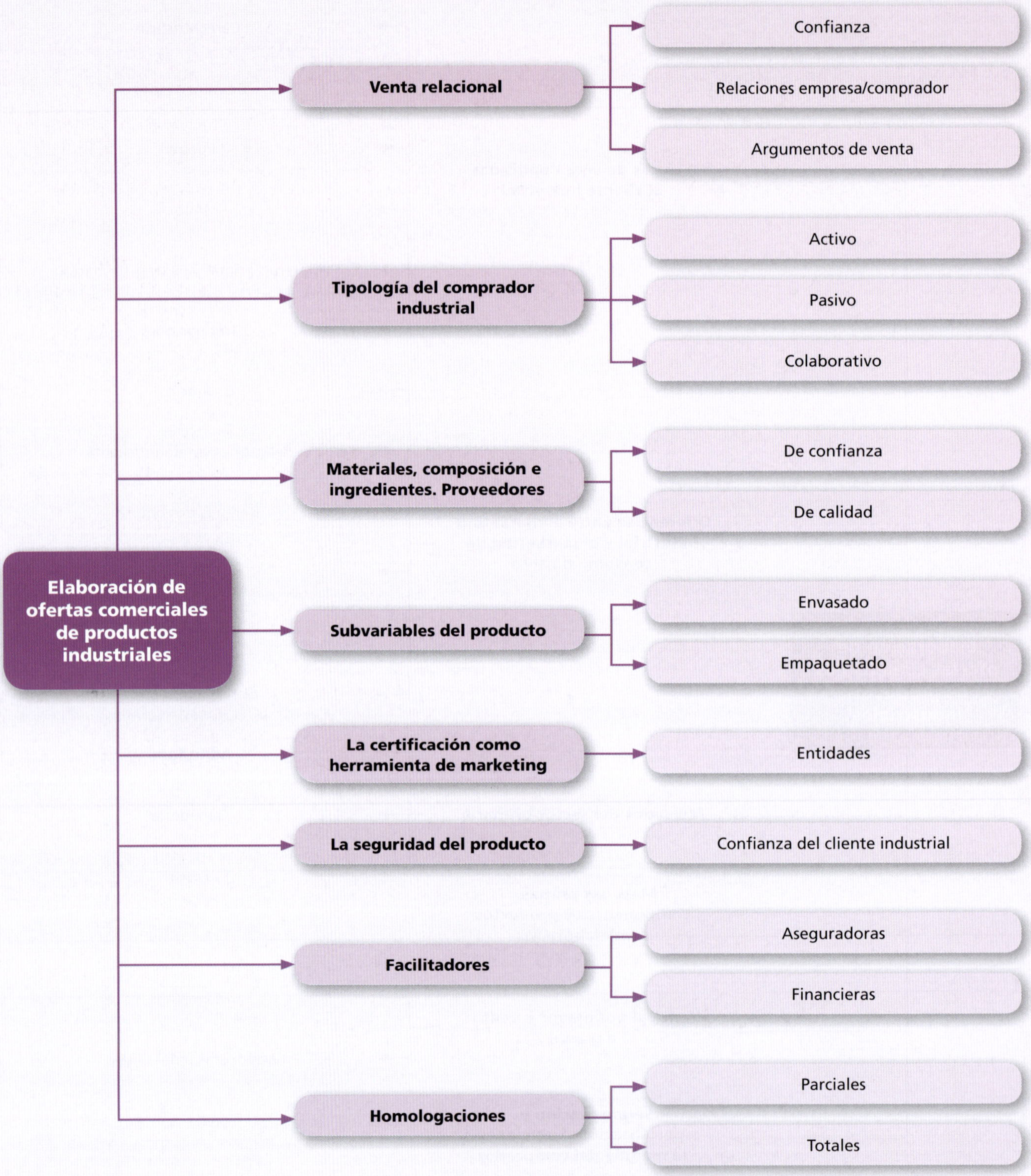

Actividades finales

TIPO TEST • Verdadero o falso

1.1. El comprador industrial debe someter, en muchos casos, sus decisiones a las condiciones del uso técnico industrial del producto.

☐ Verdadero. ☐ Falso.

1.2. Se llaman productos industriales los que se utilizan para la producción, la manipulación, la transformación durante el proceso productivo y el equipamiento de aquellas empresas que cuentan con unidades de fabricación industrial o de distribución.

☐ Verdadero. ☐ Falso.

1.3. La realidad es que los productos (sean de consumo o industriales) son todos iguales.

☐ Verdadero. ☐ Falso.

1.4. Las materias primas no son productos industriales.

☐ Verdadero. ☐ Falso.

1.5. En la técnica del marketing se llama genéricamente producto a todo aquello que es susceptible de ser objeto de una compraventa.

☐ Verdadero. ☐ Falso.

1.6. Si compras una carretilla en un hipermercado de productos industriales estás comprando al por mayor.

☐ Verdadero. ☐ Falso.

1.7. Generalmente, los minoristas compran sus mercancías a los mayoristas y también a los distribuidores autorizados (o delegados) por el fabricante, o a este mismo fabricante, directamente.

☐ Verdadero. ☐ Falso.

1.8. En los mercados denominados del sector primario, es decir, los mercados agrícolas y ganaderos, y en el mercado de la pesca no hay venta de productos industriales.

☐ Verdadero. ☐ Falso.

1.9. Los componentes son elementos que forman parte de un todo.

☐ Verdadero. ☐ Falso.

1.10. Vender con beneficio durante el mayor tiempo posible es un objetivo esencial de cualquier empresa.

☐ Verdadero. ☐ Falso.

1.11. El agente comercial es el profesional de la venta que puede ayudar a las empresas a fomentar encuentros personales exitosos con los futuros compradores.

☐ Verdadero. ☐ Falso.

1.12. El agente comercial asume el riesgo de las operaciones que él contrata por cuenta ajena.

☐ Verdadero. ☐ Falso.

1.13. En algunos casos, un simple 1 % o un 2 % de comisión por las ventas realizadas puede resultar muy aceptable.

☐ Verdadero. ☐ Falso.

1.14. Los clientes nunca preguntan a los vendedores cuál es el proceso de integración de los ingredientes y los materiales en la composición del producto.

☐ Verdadero. ☐ Falso.

1.15. La palabra *packaging* es un término anglosajón que agrupa las funciones de contener, proteger, distribuir y vender los productos.

☐ Verdadero. ☐ Falso.

1.16. El envase y el embalaje (o el *packaging*) deben hacer llegar el producto al cliente en condiciones óptimas.

☐ Verdadero. ☐ Falso.

1.17. La certificación de productos es una fuerte herramienta de marketing, porque es una manera de mostrarle a los clientes que una empresa fabrica sus productos, los distribuye y los gestiona de acuerdo a unos mínimos de calidad.

☐ Verdadero. ☐ Falso.

1.18. La confianza y la credibilidad son dos de los elementos básicos para que los clientes nos sean fieles, estén satisfechos y repitan sus compras en el futuro.

☐ Verdadero. ☐ Falso.

Actividades finales

De comprobación

1.1. De los productos que se indican a continuación hay solamente uno que es un producto industrial. ¿Puedes decirnos cuál es?:

a) Una sandía.

b) Un jamón.

c) Un barco petrolero.

d) Un mechero BIC.

1.2. De los productos que se indican a continuación, solo uno puede ser vendido a granel. ¿Puedes decirnos cuál es?:

a) Los automóviles.

b) Las sillas de una terraza de un bar.

c) El trigo.

d) Ninguna de las respuestas anteriores es correcta.

1.3. Alguno de estos productos se vende en los mercados de productos industriales. ¿Podrías decirnos cuál es?:

a) Materias primas.

b) Productos semielaborados.

c) Componentes.

d) Todas las respuestas anteriores son correctas.

1.4. Las relaciones entre una empresa y un agente comercial se rigen generalmente por:

a) Un contrato de agencia.

b) Las costumbres del lugar.

c) Las directrices de la empresa.

d) Ninguna de las respuestas anteriores es correcta.

1.5. ¿Qué es lo que se entiende por *packaging*?:

a) Un sistema de hacer paquetes.

b) Una herramienta de comunicación y de información que engloba las técnicas de embalaje, empaquetado, envoltorio, etiquetado y envase.

c) Una normativa redactada en inglés, destinada a la formación de los empleados de un almacén.

d) Ninguna de las respuestas anteriores es correcta.

1.6. Una de las siguientes frases es correcta. ¿Puedes señalar cuál de ellas es?:

a) La certificación de productos no sirve para nada.

b) La certificación de productos es una potente herramienta de marketing.

c) Cualquier producto se puede certificar.

d) El proceso de la certificación se hace en un par de horas.

1.7. Las certificaciones referidas a las buenas prácticas medioambientales de las empresas pueden ser:

a) Ecodiseño de envases y embalajes.

b) Gestión de bosques y áreas naturales.

c) Lucha contra plagas.

d) Todas las respuestas anteriores son correctas.

1.8. Los certificados que se emiten en el ámbito del control de los riesgos laborales pueden ser:

a) Seguridad vial.

b) Ascensores.

c) Transporte de personas.

d) Todas las respuestas anteriores son correctas.

1.9. La mayor parte de la legislación de la UE se promulga por:

a) El Tribunal Supremo.

b) La Audiencia Nacional.

c) El Tribunal Constitucional.

d) El Parlamento y el Consejo Europeo.

1.10. En las cuatro respuestas siguientes hay una que se refiere a entidades facilitadoras de las operaciones de compraventa de productos industriales. ¿Puedes decirnos cuál es?:

a) Bancos y compañías de seguros.

b) El Ministerio de Hacienda.

c) Los directivos de los hipermercados.

d) Todas las respuestas anteriores son correctas.

Actividades finales

Respuesta correcta

Escribe en tu cuaderno las respuestas correctas para completar las siguientes frases:

1.1. Se llaman productos industriales los que se utilizan para la producción, la manipulación o la ____________ durante el proceso productivo.

1.2. Las materias ____________ se caracterizan por un elevado volumen de suministro, por coste unitario no muy alto y por sus importantes requisiciones de transporte y almacenaje.

1.3. Se entiende por equipamiento un tipo de producto industrial que generalmente es maquinaria y ____________ diversas que habitualmente no forman parte del producto final.

1.4. Los suministros industriales y los servicios complementarios no forman parte del producto, pero son absolutamente ____________ para el éxito productivo final.

1.5. La energía eléctrica, la tinta para la impresora de un ordenador, los rotuladores para el marcaje de productos en los almacenes, la ____________ de los locales, la reparación o el mantenimiento de la maquinaria son ejemplos de suministros industriales y servicios complementarios.

1.6. Son mayoristas o vendedores al por mayor aquellos comerciantes y distribuidores (personas físicas o personas jurídicas) que venden sus ____________ a otros comerciantes.

1.7. La venta a granel puede ser de productos ____________ y también de productos sólidos.

1.8. También se consideran mercados de productos industriales los mercados agrícolas y ____________, así como el mercado de la pesca.

1.9. A las materias primas se les llama también productos básicos o *commodities,* dadas las escasas posibilidades de diferenciación ____________ que estos productos tienen respecto a los mismos productos de sus competidores.

1.10. Los recambios son componentes industriales de un producto terminado que no han sido incorporados inicialmente al mismo, sino que sirven de ____________ a instalar en el producto final.

1.11. Si una empresa vendedora no desea contratar personas con una relación laboral directa, el agente comercial es el profesional de la venta que puede ayudarle a fomentar ____________ personales exitosos con los futuros compradores.

1.12. Normalmente, se aconseja que las empresas y los agentes comerciales cierren sus compromisos con fórmulas ____________ de comprender y que resulten efectivas en cuanto al pago.

1.13. Muchos productos, pero en especial los productos industriales, incorporan diferentes tipos de sustancias, materiales e ____________ que son los que constituyen después la base esencial de su composición física.

1.14. El embalaje es el elemento de cobertura que ____________ y confiere un mayor poder de manipulación, transporte y almacenaje a las mercancías envasadas.

1.15. Los expertos en diseño de productos ____________ confieren al envase la referencia de lo tangible y lo funcional, en tanto que le conceden al *packaging* la referencia a lo intangible, a lo comunicacional.

1.16. La Ley de Envases y residuos de Envases regula también los requisitos exigibles a los envases, la información a suministrar a las ____________ autónomas, así como los instrumentos económicos previstos y el régimen sancionador.

1.17. La certificación de productos es una fuerte herramienta de ____________, porque es una manera de mostrarle a los clientes, que una empresa fabrica sus productos, los distribuye y los gestiona de acuerdo a unos mínimos de calidad que le son exigidos de forma objetiva.

1.18. Para otorgar los certificados de calidad, existen empresas (en España hay medio centenar, aproximadamente, algunas de ellas con acreditaciones ante la ONU) que están oficialmente ____________ para emitirlos.

1.19. Para cumplir las exigencias normativas de la UE en el ámbito de las certificaciones de calidad, el Real Decreto español 1715/2010, de 17 de diciembre, designó a la Entidad Nacional de Acreditación (ENAC) como único organismo nacional, dotado de ____________ pública para otorgar acreditaciones.

Actividades finales

1.20. En cualquier mercado moderno, la calidad tiene mucho más que ver con el valor que los clientes __________ por sí mismos que con el valor que las empresas añaden unilateralmente a sus productos y servicios.

1.21. Los certificados medioambientales constituyen no solo una solución inmediata para el cumplimiento de estos objetivos, sino, además, son una clara __________ diferencial de cara a los potenciales clientes y frente a los competidores.

1.22. Los certificados de control de riesgos laborales son también importantes factores de __________ __________ reconocido ya internacionalmente.

1.23. La confianza que un cliente tiene en una marca, en una empresa lleva aneja siempre la posibilidad de __________ por cualquier incidente que vulnere o altere estas expectativas.

1.24. La confianza y la credibilidad son dos de los elementos básicos para que los clientes nos sean fieles, estén satisfechos y repitan sus compras en el futuro. El tercer elemento que nos ayuda a mantener la confianza de los clientes es la __________ de los productos y los servicios que les vendemos.

1.25. Un producto se considerará seguro cuando avise en su etiquetado o en la información adjunta de cualquier posible __________ que pueda producirse.

1.26. Los requisitos para la homologación se centran especialmente en que el producto cumpla las __________ técnicas requeridas por la ley, en que se realicen los ensayos y pruebas pertinentes, en que se solicite en tiempo y forma la homologación y en que se obtenga el certificado correspondiente.

Casos prácticos

Caso práctico individual

Julián y Manuela acaban de montar una pequeña empresa de asesoramiento para ayudar al desarrollo de empresas ganaderas. En concreto, han inventado una fórmula especial de pienso para animales de granja que se basa fundamentalmente en la incorporación del ajo como sustancia fundamental, ya que son muy expertos en la materia y saben que el ajo tiene propiedades alimenticias importantes que, incluso, podrían permitir eliminar de la alimentación animal algunos ingredientes químicos nocivos. De hecho, cuentan ya con una empresa manipuladora de ajos que les puede suministrar varios miles de kilos al año para venderlos a los grajeros y ganaderos que les interese.

El problema fundamental de Manuela y de Julián es que no saben qué hacer para que les conozcan en ese mercado y quieren que alguien les ayude a ello.

Si tuvieran un asesor que les ayudara a redactar un plan de empresa y les señalara diez acciones de choque (urgentes) con las que poder presentar su experiencia y su trabajo a sus clientes potenciales, eso sería ya para ellos un gran apoyo.

¿Puedes ayudar a Manuela y a Julián con este asunto? Diles qué 10 medidas tendrían que poner en práctica de inmediato para que puedan penetrar en su mercado con una menor complejidad. Están dispuestos a pagarte por ello.

Caso práctico para trabajar en equipo

Daniela, Soraya y Ángel González son hermanos y, actualmente, son compañeros en un programa de formación profesional especializado en venta técnica. Acaban de finalizar sus estudios y han tenido la suerte de conectar con un estudio de diseño industrial joven (llamado Diseñalia), en el que trabajan diseñadores que todavía no son muy expertos, pero que sí son muy creativos y muy dinámicos.

A los tres hermanos González, este estudio les ha ofrecido un contrato interesante que (aunque no muy bien remunerado inicialmente) les va a permitir ya dar los primeros pasos en el mundo laboral. Ellos saben que si se integran en un

Actividades finales

equipo de trabajo adecuado y si se ponen al día en lo que hacen los demás diseñadores, podrían hacerse un buen hueco en algún sector de actividad donde la juventud y la buena preparación sean un plus, a la hora de ganar a sus competidores.

Los diseñadores socios del estudio también son conscientes de que inicialmente tampoco ellos van a ganar mucho dinero, pero hoy se conforman con poco. Cuando sean más conocidos en el mercado y cuando alguno de sus diseños triunfe, están convencidos de que las cosas mejorarán bastante para todos.

Para empezar a trabajar, los socios del estudio les piden a Daniela, a Soraya y a Ángel que hagan una lista completa (si puede ser, con fotos y con aclaraciones en un breve texto) con los materiales más interesantes que se utilizan ahora en el diseño empresarial de envases y embalajes, para que les sirva de fuente de inspiración al ofrecer a sus clientes propuestas atractivas y eficaces que les encandilen y les entusiasmen.

Esquema de trabajo

a) Materiales que se proponen.
b) Ventajas de cada uno.
c) Inconvenientes de cada uno.
d) Nivel de novedad en el mercado español.
e) Alguna realización como muestra (una foto, por ejemplo).
f) Propuesta de alguna empresa a la que se le podría enviar ya alguna oferta.

(Por ejemplo, sería novedoso e interesante proponer a las empresas de refrescos un sistema de un material envase diferente de los que ahora mismo tienen, algo que se autodestruya tras el consumo).

Visita virtual

Visita tres de las siguientes páginas web de productos industriales y comenta con tus compañeros qué te han parecido:

- Maicerías Españolas.
- Infraca.
- Fertiberia.
- Arévalo.
- Metalquimia.
- Ursa Ibérica.
- Contenur.
- Cosentino.
- Delta Energy Systems.

Como guía, te facilitamos a continuación algunas «ideas» de trabajo:

- Describe el aspecto general (colorido, luminosidad, claridad, profesionalidad, facilidad de acceso, etc.) de cada web.
- Muestra dos o tres fotos de la web que te parezcan importantes.
- Señala las secciones más relevantes.
- Comenta los diseños de los productos que te llamen más la atención.
- Califica estas webs con una puntuación de 1 a 9, siendo 1 la nota más baja, la peor calificación y 9 la más favorable, la que representa tener más calidad como página web. Comenta brevemente el porqué de esta calificación.

Actividades finales

Visita presencial

Visitad en grupos de tres personas una ferretería (o una gran superficie que tenga esta sección).

Realizad una redacción de unas dos o tres páginas con vuestros comentarios sobre algunos de los productos industriales más sugerentes que encontréis.

Es importante que podáis repasar el índice de contenidos de la unidad para elaborar un guion con los puntos principales a tener en cuenta a la hora de preparar la redacción. Os dará una idea general de lo que podéis incluir en vuestros comentarios.

Finalmente, podéis completar el documento de trabajo incluyendo algunas fotografías de cada apartado.

Tus ideas sobre... El embalaje en general

Redacta un documento con lo que te sugiere el título de esta actividad. Como guía, te facilitamos a continuación algunas «ideas» de trabajo:

a) Repasa esta unidad y haz antes de nada un pequeño sumario de los puntos que vas a tratar.

b) Pon en cada punto el número de líneas escritas que le vas a dedicar. Con dos o tres páginas es suficiente. No importa tanto la cantidad, sino la calidad del texto escrito.

c) Escribe lo que piensas acerca del embalaje de los productos industriales, sus ventajas y sus inconvenientes y saca unas conclusiones finales para rematar el documento.

No olvides la forma estética del documento. Un buen contenido con una presentación atractiva, dan como resultado un trabajo excelente y anima a la lectura.

Pasatiempos

Crucigrama

Resuelve el siguiente crucigrama en el que encontrarás distintos términos sobre la elaboración de ofertas de productos industriales.

	1	2	3	4	5	6	7	8	9	10
1								■		
2				■			■			
3							■			
4				■					■	
5			■							
6		■		■	■				■	
7			■			■		■		
8							■			
9	■									
10					■					

Horizontales

1. En la geometría euclidiana, número irracional que representa la relación entre la longitud de una circunferencia y su diámetro. 2. Al revés, arbusto pequeño, de madera dura y pesada, que se utiliza como ornamental en jardinería y en ebanistería. Antiguamente, en las matrículas de los coches de Málaga. Apócope de tono. 3. Al revés, modo de mirar. Conjunto de ordenadores o de equipos informáticos conectados entre sí, para intercambiar información. 4. Expresa la ubicación geográfica en un nombre de dominio. Popularmente, tonto. Vigesimosegunda letra del alfabeto español. 5. Al revés, sociedad anónima. Al revés, servicios que proporcionan cobertura ante los riesgos de un negocio. 6. Símbolo químico del boro. Octava consonante del alfabeto español. Piadoso. Decimoséptima consonante del alfabeto español. 7. Joven cantante y compositora danesa. Vocal repetida. Punto cardinal. Al revés, islote situado en el extremo oriental de Grecia, cerca de Turquía. 8. Al revés, pulse las

Actividades finales

teclas de un piano. Ciudad medieval armenia. 9. Esperanza positiva que se tiene de la conducta de alguien. 10. Siglas inglesas de la Administración Nacional de la Aeronáutica y del Espacio. Arbusto de la familia de las rosáceas.

Verticales

1. Al revés, caja o cubierta que protege los productos para su transporte. Punto cardinal. 2. En electricidad, puntos de conexión entre dos o más elementos de un circuito. Al revés, sufijo gramatical que indica relativo a algo o pertenencia. 3. Al revés hueso en el pie. Al revés, accidente geográfico. Símbolo para expresar 1000 gramos. Al revés, astro rey. 4. Símbolo de la unidad que mide energía, trabajo y calor. Lenguaje de programación en estadística y ciencia de datos. Punto cardinal. Al revés, cada una de las dos mitades laterales de la parte posterior de algunos animales. 5. Chico con quien tenemos relación de amistad. Al revés, desprovista de belleza y hermosura. 6. Al revés, materias naturales o artificiales que se integra en la fabricación de un producto. Siglas de un convenio internacional para facilitar el transporte de mercancías. 7. Punto cardinal. Nombre propio de varón común en España. Al revés, planeta ficticio de comic que sirve de hogar a una raza de humanoides de piel azul. 8. Materia prima inicial con la que se fabrica el pan. Al revés, sistema nervioso autónomo o neurovegetativo. 9. Escritor estadounidense, maestro del relato corto. Número base de los logaritmos naturales. Porción en que se divide una tableta de chocolate. 10. Denominación técnica de un tipo de producto que se utiliza para la producción, la manipulación y la transformación durante el proceso productivo y para el equipamiento de empresas que cuentan con unidades de fabricación industrial o de distribución complejas.

Sopa de letras

Localiza doce palabras relacionadas con la venta de productos industriales en la siguiente sopa de letras. Pueden estar situadas tanto en vertical como en horizontal o en diagonal y tanto al derecho como al revés

G	I	D	I	E	M	A	A	P	V	O	E	F	I	D	Q	R
B	W	U	I	O	A	G	K	Z	C	V	N	I	I	H	W	L
O	G	U	W	U	T	E	G	H	T	P	V	N	C	O	U	N
Y	Q	I	I	U	E	N	T	A	B	V	A	D	E	M	R	L
Y	N	Y	P	L	R	T	I	D	P	M	S	U	R	O	B	T
S	H	X	J	U	I	E	C	P	E	J	E	S	V	L	I	S
M	E	A	W	A	A	V	E	E	X	X	E	T	A	O	E	R
P	G	G	A	A	L	E	R	A	K	Q	U	R	Y	G	O	V
A	M	E	U	R	E	W	T	W	B	L	Z	I	N	A	K	U
P	E	L	M	R	S	W	I	W	I	E	F	A	H	R	Y	B
N	D	E	S	B	O	T	F	O	A	L	L	L	U	A	I	P
E	U	I	U	Y	A	S	I	U	M	N	O	P	E	B	F	V
B	Y	A	Z	U	V	L	C	A	T	T	K	K	O	U	G	K
O	U	C	O	N	F	I	A	N	Z	A	P	C	M	S	V	U
Z	R	D	O	I	R	H	D	J	C	M	E	U	W	G	E	G
I	N	Y	C	O	M	P	O	N	E	N	T	E	O	H	I	V
P	R	O	D	U	C	T	O	E	Q	Z	W	O	L	E	P	G

Jeroglífico

Responde a la pregunta y descubrirás la solución al jeroglífico.

JEROGLÍFICO

Preposición inglesa para indicar el mes en que se está

Al revés, forma poco usada de la palabra sur

Modalidad deportiva sobre ruedas

¿A qué producto nos estamos refiriendo?

2 Elaboración de ofertas comerciales de servicios

Objetivos

- Definir con claridad el concepto servicio y sus características.
- Indicar los distintos agrupamientos de los servicios y señalar los más relevantes: financieros, seguros, consultoría, formación, mantenimiento y reparación, sanidad, educación, etcétera.
- Analizar los diferentes objetivos en la prestación de servicios y comentar su planificación según las necesidades de los clientes.
- Identificar las características más relevantes de los servicios y detallar sus circunstancias: intangibilidad, inseparabilidad, heterogeneidad y carácter perecedero.
- Descubrir estrategias para superar o reducir estas características, en aras de la satisfacción de los usuarios.
- Conocer los sistemas de satisfacción de los clientes que pueden aplicarse en la prestación de los servicios.

Contenidos

2.1. Tipología de los servicios. Servicios públicos y privados

2.2. Mercados de servicios

2.3. Objetivos en la prestación de servicios. Objetivos sociales y objetivos económicos

2.4. Planificación de los servicios según las necesidades de los usuarios

2.5. Características inherentes a los servicios

2.6. Intangibilidad. Imposibilidad de almacenar y de patentar los servicios

2.7. Inseparabilidad. Participación del cliente en la producción del servicio

2.8. Heterogeneidad y la lucha en la empresa por reducirla

2.9. Concentración de la demanda en periodos puntuales

2.10. Control de la satisfacción de los usuarios en la ejecución de la oferta de servicios

INTRODUCCIÓN

En marketing se llama **servicio** a un tipo de productos cuya naturaleza y cuyas características suelen ser siempre intangibles.

En un sentido meramente técnico, un servicio consiste en el desarrollo de una actividad, que se centra esencialmente en prestar algún tipo de asistencia profesional (en cualquiera de sus muchas modalidades) para satisfacer necesidades de los clientes; entendiendo siempre esta palabra necesidad en el más amplio de los sentidos y no solo en su acepción más elemental y básica. Por ejemplo, el servicio más básico de una agencia de publicidad es canalizar la comunicación de sus clientes hacia el mercado en algún tipo de medio de comunicación (prensa, radio, etc.), y de soporte (El País, El Mundo, La 1, Telecinco, etc.); el servicio más elemental de un hotel es ofrecer alojamiento (el uso de una habitación) a sus clientes; y el servicio más básico de una empresa como RENFE es llevar a sus clientes, a sus mercancías y a sus enseres de un lugar a otro. Pero, lo que ya no es tan básico ni tan elemental es que la agencia (para diferenciarse ventajosamente de sus competidores) ayude también a sus clientes a redactar, por ejemplo, sus planes de marketing; no es tan elemental que el hotel ofrezca además a sus clientes el uso gratuito de la piscina y el aparcamiento; ni es elemental ni básico —no todos los transportistas (autobuses de línea, por ejemplo) lo hacen; o al menos no lo hacían inicialmente— que RENFE aplique promociones de sus precios a la baja y proponga tarifas especiales de precios reducidos para los viajes de ida y vuelta o para mayores de una cierta edad.

Nosotros vamos a estudiar aquí los servicios (los productos no tangibles), no tanto como un sector aparte en sí (que también podrían serlo, a efectos de marketing), sino como una actividad transversal, llamada así porque se puede producir a lo largo y ancho de cualquier sector económico.

2.1. Tipología de los servicios. Servicios públicos y privados

En principio, la clasificación más general de los servicios, la más habitual, la más común, es la que divide a los servicios en dos grandes grupos:

a) **Servicios de carácter público.** Son prestaciones de servicio reservadas a la órbita de las administraciones públicas. Estos servicios tienen como objetivo prestar ayuda a los ciudadanos y a las empresas que los necesiten en aspectos tales como: sanidad, educación, seguridad, transporte del correo, transporte ferroviario, etc. (Figura 2.1).

Figura 2.1. Las empresas de limpieza viaria que encontramos en cualquier población prestan un servicio de utilidad pública a los ciudadanos.

b) **Servicios dirigidos al mercado privado.** Son servicios que prestan empresas privadas a los ciudadanos y a las empresas que los contratan. Estos servicios satisfacen generalmente necesidades particulares con fines de lucro, tales como: empresas de comunicaciones, de electricidad, de telefonía, etc. (Figura 2.2).

Figura 2.2. Los salones de belleza y peluquería tienen el compromiso de brindar un espacio de estética y cuidado personal ofreciendo respuestas creativas, procurando estar actualizados en los diseños y tendencias adecuadas al momento actual.

2.2. Mercados de servicios

Los proveedores de servicios constituyen el llamado **sector terciario** de la economía de un país. Este sector engloba las actividades relacionadas (Figura 2.3):

- Actuaciones empresariales que no son generadoras de productos físicos (duraderos o no duraderos), sino de servicios intangibles.
- Mercado de los clientes que compran estos servicios (en el más amplio significado del verbo comprar: alquilar, depositar dinero o enseres, aceptar el asesoramiento de un abogado, son ejemplos de servicios que se pueden «comprar»), para satisfacer sus necesidades.

Para empezar, vamos a intentar clasificar los servicios a un primer nivel muy general, apoyándonos en la clasificación que hace la American Marketing Association (AMA).

Esta clasificación se centra esencialmente en la naturaleza de las actividades prestadas; y, en este sentido, señala los siguientes grupos de servicios:

- De salud.
- Financieros y aseguradores.
- Profesionales.
- De hostelería, viajes y turismo.
- Relacionados con el deporte, el arte, la diversión, la cultura y el entretenimiento.
- Sociales y solidarios, proporcionados por los poderes públicos y por organizaciones sin ánimo de lucro.

¿Sabías que

Las raíces de la AMA (American Marketing Association) se remontan a los primeros años del siglo XX. Por aquel entonces, en los Estados Unidos, la Asociación de Anunciantes (National Association of Teachers of Advertisers) y la Sociedad Americana de Marketing (American Marketing Society) se reunieron, para colaborar conjuntamente en la solución de los problemas de la época relacionados con la incipiente ciencia del marketing y con las técnicas de venta.

AMA — AMERICAN MARKETING ASSOCIATION

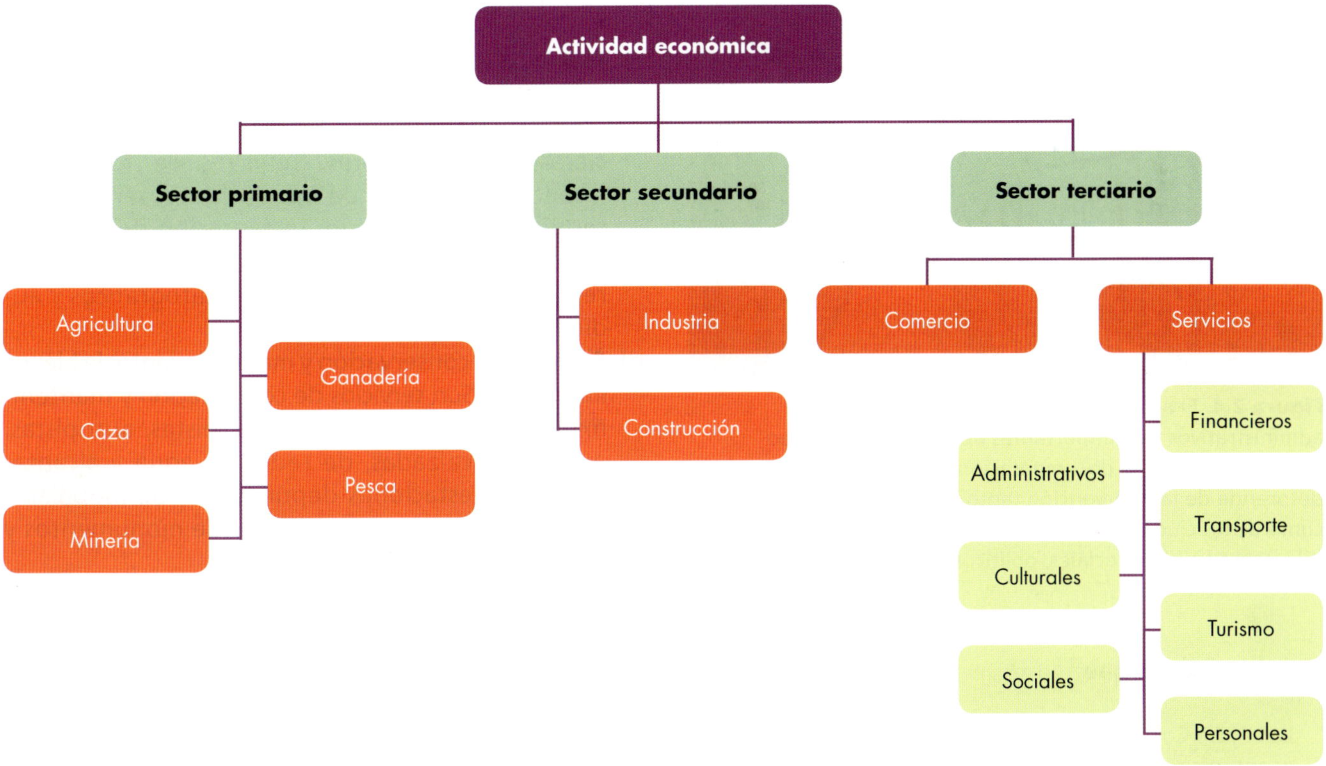

Figura 2.3. En el cuadro encontramos los diferentes sectores en los que se divide la actividad económica. Como se observa, el sector terciario abarca todas las actividades vinculadas a servicios no productores o transformadores de bienes, de modo que dichos servicios se ofrecen para satisfacer las necesidades de la población, dirigiendo, organizando y facilitando la actividad productiva de los otros dos sectores (primario y secundario) a través de la distribución y el consumo.

- De distribución, de alquiler, de *leasing* y de otras modalidades similares.
- De formación, educación e investigación.
- De telefonía y telecomunicaciones.
- Personales: de asesoramiento, de reparación y de mantenimiento.

Para detallar algo más los sectores de actividad que acabamos de apuntar **más arriba**, nos quedaremos con la clasificación que el Real Decreto 1098/2001, de 12 de octubre, por el que se aprobó el Reglamento general de la Ley de Contratos de las Administraciones Públicas, hace de las empresas de servicios cuyo cliente principal es el Estado, en cualquiera de sus tres vertientes: nacional, autonómica o municipal.

Los grandes grupos de esta clasificación constituyen la mayoría de los mercados de servicios más importantes: **banca, seguros, asesoramiento, formación, sanidad, servicios de mantenimiento y reparación, servicios sociales,** etc. Son los siguientes:

a) **Servicios administrativos.** Son los servicios de archivo, de gestión de cobros, de realización de encuestas, de organización y promoción de congresos, ferias y exposiciones y los servicios de portería, control de accesos e información al público (Figura 2.4).

Figura 2.4. El archivo constituye una de los servicios administrativos más importantes debido a la necesidad de custodiar toda la documentación e información que se desprende de la intervención tanto de la Administración como de los ciudadanos (personas físicas y jurídicas) en los diferentes ámbitos sociales, políticos, económicos, etc.

b) **Servicios especializados.** Son muy específicos: de higienización, desinfección, desinsectación y desratización, de seguridad, custodia y protección, de artes gráficas, de bibliotecas, archivos y museos, de hostelería, de prevención de incendios forestales y de protección de especies (Figura 2.5).

Figura 2.5. Por el especial impacto que tienen sobre la naturaleza y los diferentes ecosistemas que conviven en ella la prevención de incendios forestales es uno de los servicios especializados de mayor relevancia actualmente.

c) **Servicios cualificados.** Son los que tienen que ver con actividades profesionales, como: actividades médicas y sanitarias, actividades legales, financieras y aseguradoras, servicios de formación, inspección sanitaria de instalaciones, servicios veterinarios para la salud, restauración de obras de arte y servicios de mantenimiento, conservación y restauración de materiales cinematográficos y audiovisuales (Figura 2.6).

d) **Servicios de conservación y mantenimiento de bienes inmuebles.** Son servicios de conservación y mantenimiento de edificios, carreteras, pistas, autopistas, autovías y calzadas, de redes de agua y alcantarillado, de estaciones depuradoras, de mobiliario urbano, de montes y jardines y de monumentos y edificios singulares (Figura 2.7).

¿Sabías que

La Ley de Contratos del Sector Público (Real Decreto Legislativo 3/2011, de 14 de noviembre) se aprobó en plena crisis económica, cuando los propios contratistas estaban sufriendo las penurias de la época y su solvencia estaba más que en entredicho y cuando la propia Administración Pública sufría, asimismo, las turbulencias de la crisis. El Gobierno hizo uso de la autorización que le había dado la Ley 2/2011, de Economía Sostenible y puso un poco de orden en materia de contratos con el Estado.

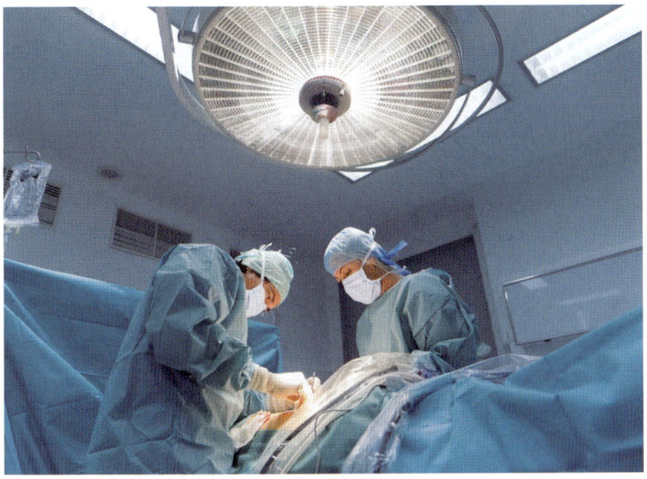

Figura 2.6. Los profesionales de la sanidad están especialmente cualificados para curar las dolencias de la población, prestando un servicio esencial para el sostenimiento de la sociedad y para el cual el Estado presupuesta anualmente ingentes cantidades de dinero, asegurando con ello la asistencia médica de todos los ciudadanos.

Figura 2.7. Las tareas de conservación y mantenimiento de carreteras representan uno de los servicios más relevantes para garantizar la seguridad en los desplazamientos de los ciudadanos, evitando con ello los temidos accidentes de tráfico que cada año se cobran numerosas víctimas mortales.

e) **Servicios de mantenimiento y reparación.** Servicios de puesta a punto de equipos e instalaciones eléctricas, electrónicas y de electromedicina, de fontanería, de conducciones de agua y gas, de calefacción y aire acondicionado, de seguridad y contra incendios, de equipos y maquinaria de oficina y servicios de mantenimiento y reparación de aparatos elevadores y de traslación horizontal, de maquinaria, de vehículos automotores, de buques y aeronaves, de desmontaje de armamento y destrucción de munición y de desguaces (Figura 2.8).

Figura 2.8. Las aeronaves han de someterse a exhaustivas revisiones periódicas para garantizar que se encuentran en perfecto estado mecánico y, por tanto, en condiciones óptimas de vuelo.

f) **Servicios de transporte.** Se agrupan aquí tanto los servicios de transporte en general, como la custodia de fondos, el traslado de enfermos, el transporte de obras de arte, la recogida de residuos, los servicios de fumigación, control, vigilancia aérea y extinción de incendios, los servicios de grúa y remolque de buques y los servicios de mensajería, correspondencia y distribución (Figura 2.9).

Figura 2.9. Las labores de extinción de incendios prestadas por los bomberos se engloban dentro de los servicios de transporte.

g) **Servicios de tratamiento de residuos y desechos urbanos.** Son servicios de tratamiento de lodos, de residuos radiactivos y de ácidos, de residuos de centros sanitarios y clínicas veterinarias y de residuos oleosos (Figura 2.10).

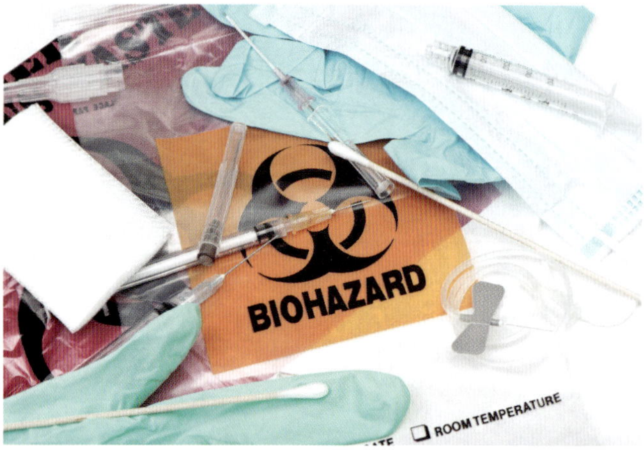

Figura 2.10. Por su especial relieve para la salubridad pública, existen protocolos específicos para el tratamiento de residuos sanitarios que deben ejecutarse por profesionales especializados.

h) **Servicios de contenido.** Se refiere a servicios de publicidad, de radio y televisión, a agencias de noticias y de realización de material audiovisual y a servicios de traductores e intérpretes (Figura 2.11).

Figura 2.11. Junto a la televisión y a la publicidad encontramos la radio como uno de los ejemplos típicos de servicios de contenido.

i) **Servicios generales.** Se integran aquí los servicios de limpieza en general, de lavandería y tinte, de almacenaje, las agencias de viajes, las guarderías infantiles, los servicios de recogida de carros portaequipajes en estaciones y aeropuertos y otros servicios no detallados: servicios bancarios, de seguros, inmobiliarios, de ingeniería y arquitectura, etc. También incluye los servicios de gestión y dirección empresarial, tales como: auditoría, asesoría o consultoría en general, servicios jurídicos, servicios de inspección contable, etc. (Figura 2.12).

Figura 2.12. Dentro de los servicios generales, entre otros, podemos encontrar las actividades de jardín de infancia. Por su parte, en el ámbito empresarial, los servicios generales garantizan la eficiencia de la organización al optimizar la utilización tanto de recursos materiales como humanos.

j) **Servicios de tecnologías de la información y las comunicaciones.** Son servicios de captura y envío de información por medios electrónicos, informáticos y telemáticos, de desarrollo y mantenimiento de programas de ordenador, de reparación y mantenimiento de equipos e instalaciones informáticas y de telecomunicaciones, de explotación y control de sistemas informáticos e infraestructuras telemáticas, servicios de evaluación y certificación tecnológica y otros servicios informáticos o de telecomunicaciones: procesamiento de datos, asesoría informática, diseño de programas y de bases de datos, desarrollo de redes informáticas y de redes sociales en internet; y aplicaciones lúdicas, de correo electrónico o de mensajería (Figura 2.13).

Figura 2.13. Los operarios que realizan labores de chequeo y mantenimiento de servidores informáticos prestan un servicio de tecnologías de la información

k) **Servicios de marketing y ventas.** Son los de investigación y análisis de mercados, de desarrollo de campañas de comunicación y de marketing directo o de telemarketing y los de diseño de elementos de marketing y de realización de ferias, exposiciones y eventos diversos (Figura 2.14).

Figura 2.14. En la actualidad es muy habitual que las empresas externalicen sus campañas comerciales directas o determinados servicios de atención telefónica en agencias especializadas en telemarketing.

¿Sabías que

El **marketing** es una filosofía destinada a conocer el mercado y sus características y a enfocar el conjunto de la empresa hacia las relaciones comerciales. Por eso, el verbo *conocer* es sustancial a esta actividad y es lo que diferencia el marketing técnico del marketing «aficionado».

El objetivo principal del marketing no es exclusivamente vender; es establecer y mantener relaciones continuadas y permanentes, para generar beneficios rentables a la empresa y para optimizar su posición competitiva.

Algunos autores señalan otras diferencias en los grupos de servicios, atendiendo al comportamiento del cliente que los solicita y que los paga y sugieren introducir agrupaciones de servicios distintos según estos servicios se compren: por hábito, por consejo de terceros, por el nivel de credibilidad del proveedor, por el lugar de la prestación, por su carácter de compra obligada o por otras razones diversas.

Actividad propuesta 2.1

Atendiendo y examinando en detalle la clasificación antes señalada, se pide:

- Selecciona cinco empresas de diferentes sectores que vendan servicios. Por ejemplo: transportes, hoteles, restaurantes, telefonía, asesoramiento jurídico, consultoría, etcétera.
- Busca sus sitios web y toma algunas referencias de cada una de ellas e inclúyelas en un informe final: fotos, historia de la empresa, mercados en los que trabaja, etcétera.
- Determina tres servicios principales que prestan estas empresas. En cada uno de ellos debes señalar, asimismo, el objetivo de esta prestación. Por ejemplo, esta empresa transporta material de oficina para mudanzas de empresas.
- Realiza un documento breve, un informe, en el que explicarás cómo es el proceso de desarrollo de estos servicios desde que el cliente pide que se le suministren, hasta que el servicio se hace efectivo.

2.3. Objetivos en la prestación de servicios. Objetivos sociales y objetivos económicos

En el terreno de las empresas un **objetivo** es algo que se desea conseguir y algo a lo que se deberían acomodar (aunque no siempre lo hacen) las conductas de su gestión interna y externa.

Hace años, el objetivo principal de cualquier empresa (prácticamente el único que se establecía como tal) era ganar dinero: un **objetivo** claramente **económico.** Si la empresa ganaba dinero, los accionistas, los empresarios, estaban satisfechos; eso era casi lo único que valía. A muchas empresas, les daba lo mismo que clientes, empleados y colaboradores no lo estuvieran.

Pero, en estos momentos, ese **único** objetivo de las empresas (al menos de las empresas que desean ser percibidas como serias por la sociedad) ha sufrido alguna variación (Figura 2.15).

- Primero, porque ya no hay un único objetivo, sino varios. Hay **pluralidad** de objetivos.
- Segundo, porque hay otros objetivos económicos que también se deben asegurar: el **margen** o la **tesorería,** por ejemplo.

- Tercero, porque hay otros objetivos de carácter no puramente económico (como pueden ser los propios objetivos personales del empresario), que tienen hoy una relevancia fundamental en la planificación de las estrategias empresariales. Un grupo importante de estos nuevos objetivos son los denominados **objetivos sociales** de las empresas.
- Cuarto, porque se pretende que el **nivel de satisfacción máxima** alcance no solo a los accionistas, sino también a los clientes, a los empleados, a los proveedores y a los demás colaboradores de la empresa:
- Por último, porque las empresas se han dado cuenta de que la abundancia de objetivos (económicos, no económicos y éticos) constituye hoy un elemento positivo de **motivación,** tanto para los clientes como para el resto de las personas implicadas en el éxito del negocio.

Figura 2.15. Hoy en día la consecución de mayores beneficios ha dejado de ser el objetivo único y exclusivo de la empresa. Si bien este sigue siendo muy importante (pues, de otra manera, no se aseguraría el sostenimiento y viabilidad de la compañía), han surgido otros aspectos adicionales, como por ejemplo, la satisfacción de empleados y clientes o los propios objetivos personales del empresario, los cuales se englobarían dentro de los objetivos sociales de la empresa.

Ejemplos de objetivos económicos que no son el logro estricto del beneficio (es decir, el logro **único** de que los ingresos sean más altos que los gastos) son los siguientes:

- Obtención de un margen de contribución más saneado.
- Consolidación de las posibilidades de expansión y crecimiento.
- Incremento de las cifras comerciales por la influencia de nuevos objetivos de futuro: la venta de la empresa, por ejemplo.

Nota técnica

Un caso que sirve de ejemplo para demostrar que el beneficio no es lo único que garantiza hoy la supervivencia rentable de una empresa es lo ocurrido a la sociedad estadounidense Arthur Andersen —una compañía exitosa y rentable y una de las mayores empresas de asesoramiento estratégico, fiscal y jurídico del mundo— con la compañía Enron. El escándalo se debió a que la auditora fue acusada de obstrucción a la justicia y de alteración de documentos relacionados con la quiebra fraudulenta de Enron, a finales del año 2001. Las distintas sociedades de Arthur Andersen en los diferentes países (incluida su filial en España) tuvieron que cerrar sus puertas definitivamente por la crisis, debido a la confianza de sus clientes.

2.4. Planificación de los servicios según las necesidades de los usuarios

La **planificación profesional** consiste en determinar técnicamente (y, a ser posible, por escrito) el curso futuro posible de una realidad empresarial (estamos en A y queremos —o alguien vinculado a nosotros quiere— llegar a B), con la finalidad de lograr mejores resultados, que la gestión sea más eficaz (que consigamos los objetivos previstos) y más eficiente (que los logremos en menos tiempo y con la aplicación de menos recursos).

Para planificar correctamente, primero hemos de ordenar el curso del proceso (ya que casi siempre será un proceso dinámico y cambiante, que parte de una realidad posiblemente insatisfactoria y que pretende llegar a una realidad mejor en el futuro) y definir después los objetivos sobre los que debemos aplicar decisiones y recursos.

Sabías que

En la empresa hay muchos tipos de planes. Hay tantos como proyectos generales o particulares se planteen. Así se puede hablar de un plan de empresa o plan de negocio (la categoría más amplia de la planificación), que, a su vez, puede estar constituido por numerosos planes monográficos detallados: plan de ventas, plan de prescriptores, plan de promociones, plan de marketing, etcétera.

A la hora de realizar un plan (en nuestro caso, un plan para la prestación de un servicio), es necesario prever, tanto lo que queremos conseguir como definir, así como determinar las personas que van a afrontar y gestionar el proceso y prever también las demás circunstancias de tiempo, modo, coste, lugar, etc. que van a producirse (Figura 2.16), considerando asimismo que un plan debe siempre ser:

- Sencillo.
- Realista.
- Flexible.
- Adaptable.
- Coherente.
- Completo.
- Permanente.

El proceso de la planificación

Figura 2.16. Como vemos, el proceso de planificación está conformado por un entramado de actividades relativamente complejas. La consecución de los resultados esperados dependerá en un alto grado del cumplimiento de dichas tareas de diagnóstico, análisis, ejecución y revisión.

Actividad propuesta 2.2

Agrupaos por equipos de trabajo para realizar la tarea de entrar en el siguiente enlace:

http://www.acciona.com/es/lineas-de-negocio/infraestructuras/servicios

y para que comentéis la web de esta importantísima empresa de servicios.

Se pide que cada equipo redacte un pequeño documento con los comentarios que se os ocurran sobre los contenidos de esta web, poniendo especial énfasis en los aspectos relativos a las características de los servicios que esta empresa vende.

Como siempre, podéis añadir fotos y cualquier otro elemento que pueda servir para realizar un trabajo más excelente.

2.5. Características inherentes a los servicios

Como vamos a analizar pormenorizadamente **más adelante** algunas de las características de los servicios, solo vamos a citarlas ahora de una manera genérica. Son las siguientes:

- Característica principal: los servicios no se pueden tocar; son **intangibles.** Y, lógicamente, tampoco se pueden probar, no se pueden hacer pruebas previas, aunque sí es posible «tangibilizarlos», hacerlos tangibles de alguna manera.
  Para hacer **tangibles** los servicios se requieren siempre avances creativos e innovadores relacionados con el marketing.
- Los servicios se **producen** y se **consumen** simultáneamente.
- Los servicios (sobre todo los de carácter personal) suelen ser **no repetibles.** Son pues siempre heterogéneos, porque sus características (percibidas subjetivamente por el cliente) nunca son iguales (idénticas) a las de otros.
- Por su dinámica de carácter continuo, la gestión comercial y administrativa de los servicios es **más problemática** que la de los productos físicos.
- En la valoración de la calidad de los servicios es muy importante la percepción personal de cada cliente. De ello se deriva el carácter variable de los servicios. La valoración de su calidad depende de quién los suministre, cuándo, dónde, cómo, etc. P. Kotler llama a esta característica, **variabilidad.**
  También de ello se deriva la propia percepción de los resultados, resultados de los que depende, asimismo, la repetición (o no) de las compraventas futuras; es decir, la fidelidad del cliente.
- Los servicios no **pueden almacenarse ni transportarse.**
- Tienen una caducidad inmediata, un carácter **perecedero.**
- Su propiedad **no** suele ser **transmisible ni intercambiable.**

- En muchos casos, el suministro del servicio acarrea que quien lo presta sea forzosamente la **misma persona** que lo produce.
- Los servicios **no se pueden probar,** por lo que tampoco se puede volver atrás si el cliente no está satisfecho. Sí sería posible devolver el dinero pagado en caso de insatisfacción. Pero es una medida muy conflictiva, dado el carácter subjetivo de esta valoración.
- En los servicios, la empresa suele estar **en contacto directo con el cliente;** en los productos físicos (sobre todo en los de consumo), esta circunstancia puede no ser habitual; es decir, el cliente suele tener una participación activa en la producción de los servicios; no así tanto en los productos físicos.
- La **producción** del servicio como tal es **inseparable de su suministro.**
- Los servicios son **más difíciles de valorar** que los productos físicos. Por ello, en la presentación de las ofertas de servicios pueden existir grandes diferencias de prestaciones y de precios.
- Los servicios **no** suelen ser **patentables.**
- Durante su proceso, los **errores** son **difícilmente subsanables.**
- La **percepción** de su valor y la **apreciación** de su importancia respecto a nuestras necesidades es un factor complejo, subjetivo y (muchas veces) emocional.
- Los **servicios se suelen pagar durante el proceso de su prestación** y no después del suministro, como es habitual en los productos físicos. Un producto físico se fabrica y luego se vende; un servicio, primero se vende y luego se presta. Incluso, puede ser exigido su pago antes de ser prestado.

Actividad propuesta 2.3

A continuación, te mostramos una lista de servicios. Se pide que añadas 10 tipos más a esta lista. Para ello, deberás repasar la clasificación de los servicios que ya hemos estudiado y ver cuáles son las posibilidades de aumentar la lista con algunas otras empresas de otros tipos. La lista es solo una especie de pista, para facilitarte el trabajo.

- Salud.
- Finanzas.
- Seguros.
- Hoteles.
- Viajes.
- Ocio y entretenimiento.
- Deporte.
- Arte.
- Cultura.
- Alquiler.

Recuerda que

Los servicios caducan inmediatamente. Si no se utilizan en el momento, ya no se pueden utilizar. Puede utilizarse otro servicio (que puede parecer como aparentemente idéntico al ya caducado), pero no será ya el mismo, sino otro muy distinto: con otras características de tiempo, de espacio y de otros factores que intervienen en el desarrollo de su prestación.

2.6. Intangibilidad. Imposibilidad de almacenar y de patentar los servicios

Cuando un cliente compra un producto físico, toma posesión del mismo y adquiere su propiedad; cuando, sin embargo, compra un servicio puede experimentar (o no) un resultado satisfactorio, pero no puede ni poseer el servicio, ni devolverlo, ni almacenarlo, ni repetirlo exactamente, ni revenderlo.

En este sentido, de entre las cuatro características que diferencian a los servicios de los productos físicos (que son **intangibles, inseparables, heterogéneos** y **perecederos**), su carácter de ser intangibles (que no se puedan tocar) es lo que sirve de base a las otras tres (Figura 2.17). Si una obra de teatro no nos gusta no podemos hacer nada más que tomar otras decisiones (subjetivas) en el futuro: no volver nunca a ese teatro, no volver a ver a esos actores, etc.; pero ya será en el futuro; y será otro el servicio, aunque pueda parecer el mismo. No hemos podido ni tocarlo ni almacenarlo.

Figura 2.17. La intangibilidad (o imposibilidad de ser tocados) es la característica fundamental de los servicios y la que, además, sirve de base a las otras tres: inseparabilidad, heterogeneidad y caducidad (perecedero).

No es «valor» —se dice— lo que Usted, fabricante, añade a su producto unilateralmente, sino lo que yo, cliente, percibo subjetiva y emocionalmente en ese producto como un valor.

Recuerda que

Tradicionalmente, el valor de un producto se refería en exclusiva al valor añadido por el fabricante; pero las modernas tendencias del marketing conceden hoy a este valor una importancia bastante relativa y se la dan muy positivamente, casi por entero, al valor percibido por el cliente.

Que los servicios sean intangibles crea ciertos problemas para su gestión:

- Es **imposible almacenarlos.** No se pueden producir y almacenar, como se hace con los productos físicos. Ni se pueden inventariar. Son perecederos.
- **No se pueden patentar ni registrar.** El trabajo y el esfuerzo humanos no están protegidos por las leyes, por lo que los servicios pueden ser copiados sin mucha dificultad, lo que, como es obvio, afecta negativamente a la competitividad de la empresa que los suministra (Figura 2.18).

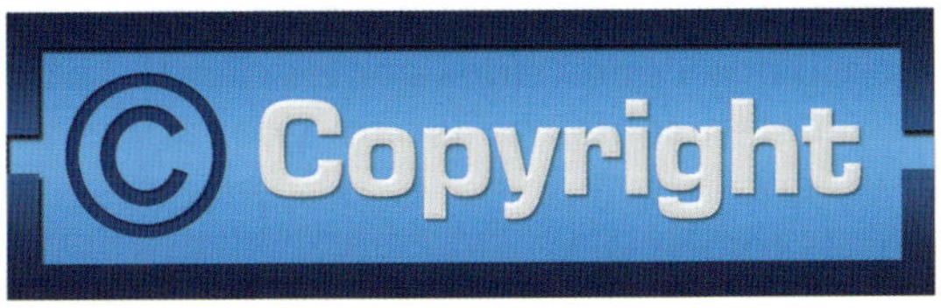

Figura 2.18. Por su propia definición, los servicios no se pueden patentar y, por tanto, no están sujetos a las leyes que rigen la propiedad intelectual.

- No es fácil mostrar sus contenidos e informar y comunicar sobre ellos. ¿Cómo explicar las características y las ventajas de un servicio intangible? ¿Cómo hacer que los clientes perciban la calidad de un producto que no se ve?

La gran pregunta que la intangibilidad de los servicios nos plantea es: ¿cómo hacer para que sean tangibles los servicios intangibles?

Veamos. Si regalar un ramo de flores a un ser querido es una forma tangible de demostrarle (de que él o ella lo perciban así) nuestro amor o nuestro afecto; o si poner una puerta blindada en un hogar es una forma de ayudar a las personas que lo habitan a superar su propia y subjetiva sensación de miedo y de inseguridad, lo que tenemos que tener muy claro es saber **qué es lo que realmente vendemos:** ¿ramos de flores o afecto y amor? ¿Puertas blindadas o seguridad en el hogar? ¿Máquinas domésticas de taladrar o la satisfacción de la necesidad de tener agujeros en las paredes para colgar cosas? ¿Pasta de dientes o salud bucal? Estas son las preguntas clave (y también las respuestas) que nos hemos de formular y que tenemos que contestar.

Nota técnica

Si en nuestra empresa nos elevamos desde el nivel producto (vender pasta de dientes, por ejemplo) al nivel categoría (vender salud bucal) estaremos ampliando con esta decisión estratégica nuestras expectativas futuras de rentabilidad, de supervivencia y de crecimiento. Quedarse en el mero producto ya no es la solución.

Sabías que

El nivel de lo tangible, que es un factor indispensable en un producto puramente físico (como puede ser comprar un paquete de azúcar o un refresco), puede no ser apreciado en los servicios exclusivamente puros (como un simple corte de pelo, por ejemplo). Entre ambos, sin embargo, podemos encontrar varios niveles de «tangibilidad»: productos tangibles con servicios asociados (una máquina de coser con un servicio de formación para su manejo), productos mixtos que son una mezcla más o menos equilibrada de producto físico y de servicio (un restaurante, por ejemplo) y servicios con algunos elementos tangibles anexos como, por ejemplo, los servicios internos de atención al cliente de la empresa de transporte por ferrocarril: RENFE.

Nota técnica

No hay fórmulas universales válidas para fijar el precio de los servicios. Hay muchas dificultades para ello, ya que lo que vendemos es esfuerzo personal y trabajo; no solamente horas. Es decir, vendemos algo difícil de valorar previamente.

En un principio, el precio ideal para el suministrador será aquel más alto que el cliente esté dispuesto a pagar por lo que le ofrecemos. Pero, ¿cómo hacérselo ver para que nuestra argumentación le convenza y nos lo compre?

Gestionar el marketing de los servicios tiene la dificultad (inexistente en los productos físicos) de que son intangibles. La solución pasa por afrontar con soluciones eficaces los retos que ello conlleva, usando:

- **Pruebas materiales.** Se pueden tocar o comprender por los sentidos: la calidad de los muebles en el bufete de un abogado, el aspecto del personal en una gestoría, o un *spot* publicitario que muestre las ventajas de una marca de seguros, por ejemplo (Figura 2.19).

Figura 2.19. Las pruebas materiales hacen referencia a los elementos materiales que son captados por los sentidos y que generan una impresión subjetiva (positiva o negativa) del servicio prestado. Aspectos como el orden, la calidad de los muebles, el olor o la limpieza provocan que el perceptor del servicio adopte una actitud más receptiva hacia quien lo realiza.

- **Pistas tangibles.** Son circunstancias objetivas que están directamente relacionadas con el servicio que se pretende vender: un *spot* publicitario en el que un tenista famoso (y confiable) muestra las ventajas de una marca de seguros, por ejemplo (Figura 2.20).

Figura 2.20. Que un famoso jugador de fútbol aparezca en un *spot* publicitario de una empresa de trajes de confección de caballero moviéndose rápidamente y chutando a la pelota, haciendo escorzos increíbles, nos induce a pensar que la prenda es lo suficientemente cómoda y de buena calidad como para aguantar el día a día en la oficina.

- **Fuentes personales de información.** Son informaciones de personas conocedoras de estos servicios, o usuarios de los mismos (amigos, familiares, colegas, etc.), que pueden recomendarnos o no su contratación. Se transmiten directamente y se contraponen a los medios masivos de información; si bien, a veces, los anuncios publicitarios muestran testimonios personales que incitan por imitación o por consejo a la compra del servicio, con famosos, artistas, deportistas, etc., que nos dicen lo que debemos comprar.
- **Refuerzos** constantes de la imagen y de la organización para suministrar el servicio desde la oferta. Si no podemos mostrar el producto, el riesgo de incertidumbre compradora se incrementa. Una imagen de reputación positiva disminuye el grado de riesgo percibido que experimentan los posibles clientes.

Teniendo en cuenta que cada vez es más evidente que lo que realmente vendemos cuando tratamos de vender un producto es **confianza,** una forma de hacer tangible la característica de intangibilidad de los servicios es cuidar siempre y mucho sus aspectos tangibles (aquellos que se pueden ver, oír, tocar, etc.), para que sean percibidos y apreciados por los clientes, y de este modo, generen **confianza** y para que, así, se activen sus preferencias compradoras en favor de nuestras propuestas comerciales.

Recuerda que

Hay muchos vendedores que se centran fundamentalmente en la venta del producto. Sin embargo, los vendedores de más éxito saben que lo que venden es mucha confianza, una visión potente, una idea atractiva y seductora y la solución de una necesidad (patente o no) que tiene el cliente.

Todo lo que antecede debe ser trasladado directamente a los siguientes aspectos concretos del servicio como producto:

- La **calidad material** del servicio.
- Su **calidad de marketing**.
- La posible **comprobación física.**
- El uso de **elementos de marketing de apoyo.**
- La participación de la empresa suministradora del servicio en actividades sociales. **Hacer más tangible el servicio.**
- Buscar la **eficacia de los procesos profesionales internos.**
- Determinar seria y permanentemente objetivos de **mejora** y de **excelencia.**

Recuerda que

Una de las dimensiones de la calidad de un servicio son los elementos tangibles anexos al servicio; elementos que pueden ser vitales para la percepción que el cliente tenga de la calidad de un servicio. La presencia positiva de estos elementos genera expectativas en el cliente, lo que, en sentido contrario, significa que una mala gestión de estos elementos generará una mayor insatisfacción (por la expectativa que generaron) que la que hubiera supuesto su mera ausencia.

Sabías que

De igual manera que a la fabricación de productos se le llama **producción** (integración de máquinas, personas, materias primas, productos semielaborados y organización o sistema de gestión), a la fabricación de un servicio algunos autores la han llamado **servucción.** Este sistema de fabricación de productos intangibles (la servucción) necesita personas, soportes, organización y clientes, al contrario que muchos de los productos físicos que pueden fabricarse sin que esta figura del cliente exista en ese momento, en concreto.

La intangibilidad de un servicio nos hace considerar que este no es un algo inconsistente que siempre se produce en una única dirección. En este sentido, vemos que un servicio puede consistir en:

- Una actividad intangible que se lleva a cabo sobre un producto tangible aportado por el cliente, que es quien paga el servicio. Por ejemplo, la reparación de una avería en un ordenador (Figura 2.21).

Figura 2.21. La reparación de un ordenador de sobremesa aúna una actividad intangible (la propia reparación llevada a cabo por el técnico) y la puesta a disposición de un elemento tangible (el ordenador) por parte de su propietario, que será quien, finalmente, realizará el pago del servicio.

- Una actividad en un soporte tangible que se lleva a cabo sobre un producto intangible proporcionado por el cliente, que es quien paga el servicio. Por ejemplo, la declaración de ingresos que un gestor administrativo realiza para un ciudadano que, tras informarle para que le ayude a tramitar los formularios adecuados, va a presentarla en Hacienda, con el fin de cumplir sus obligaciones fiscales.
- La entrega de productos intangibles sucesivos. Por ejemplo, la información que vende una agencia de noticias a los medios de comunicación.
- La creación de un entorno de ocio y entretenimiento (un servicio intangible, aunque visible) para sus clientes. Por ejemplo, muchos de esos *resorts* y complejos turísticos de costa (elementos físicos tangibles) orientados a la comodidad, la diversión y el ocio (elementos no tangibles), elementos estos últimos que, sin embargo, son lo que el cliente realmente ha comprado y lo que desea que suceda durante sus vacaciones (Figura 2.22).

Figura 2.22. Los *resorts* que encontramos en playas paradisíacas, exclusivas y privadas (elemento tangible), permiten generar un entorno lúdico de ocio, entretenimiento y relax (elemento intangible) que es lo que realmente valora el cliente que contrata sus vacaciones en ellos.

Actividad propuesta 2.4

En el siguiente enlace

http://www.expansion.com/empresas-de/servicios-sociales/servicios-sociales/index.html

podrás encontrar una base de datos elaborada por el diario Expansión sobre empresas de servicios sociales. Selecciona diez de entre ellas y señala en un pequeño documento a qué se dedica cada una y cuáles son las características principales que ellos muestran en sus páginas web.

2.7. Inseparabilidad. Participación del cliente en la producción del servicio

Ya hemos señalado antes que los productos físicos son primero fabricados y luego vendidos y consumidos; en tanto que los servicios son primero vendidos y luego «fabricados» (suministrados o prestados) y consumidos, habitualmente, al mismo tiempo. Esta característica de **inseparabilidad** se refleja esencialmente en que:

- Hay una relación personal directa entre el suministrador del servicio y su cliente.
- El cliente debe participar en la producción del servicio.
- Puede ser que el proceso de producción implique también a terceros clientes.

Esta característica de inseparables que tienen los servicios conlleva también los siguientes problemas para la gestión de su marketing:

- El cliente debe participar forzosamente en su producción.
- Puede, además, participar a lo largo del proceso (un servicio de peluquería; Figura 2.23).

Figura 2.23. La característica de inseparabilidad de los servicios se puede comprobar en una peluquería. En este caso, el corte de pelo (servicio prestado) se realiza directamente sobre el propio cliente, el cual se encuentra forzosamente presente durante todo el proceso de producción.

- Puede hacerlo al comienzo y al final (un servicio de reparación de una avería de su coche).
- Puede aportar únicamente su presencia o su actividad virtual (un curso de marketing presencial o por internet).

Los servicios comerciales modernos se desarrollan de manera que incrementan exponencialmente las capacidades de su actividad y se dirigen, cada vez con más firmeza, desde las actividades más básicas a la sofisticación más creativa. Incluso las personas que gestionan profesionalmente estos productos (los servicios) intentan que sus propias actividades se hagan tangibles mediante medidas innovadoras que ellos desarrollan (o copian de otros) y que les facilitan un resultado más eficaz. Por ejemplo, cuando vemos que en un establecimiento hotelero se ha rodeado el inodoro del cuarto de baño de nuestra habitación con una banda de papel en la que pone: «*Desinfectado*», reconocemos, de inmediato, sin necesidad de ninguna inspección material previa, la acción (el servicio) de la limpieza que se ha efectuado con anterioridad.

Actividad propuesta 2.5

Nombra, al menos, cinco maneras de hacer tangible un servicio. Por ejemplo, un asesor jurídico, puede mostrar a sus futuros clientes algunas cartas detalladas de clientes satisfechos. O un consultor de empresas puede regalar a sus futuros clientes un libro del cual es autor sobre la materia que va a ser objeto de su trabajo como asesor de esa empresa.

No es necesario que respondas de memoria. Puedes entrar en internet e informarte antes de contestar.

En este sentido, como decimos, es difícil encontrar ya productos físicos que no incorporen algún tipo de servicio y también es poco habitual hoy encontrar servicios que no lleven consigo algún tipo de elemento tangible, lo que significa que hay un factor de «tangibilidad» creciente en casi todos los servicios, incluso en aquellos servicios que se podrían considerar como servicios exclusivamente puros.

Recuerda que

Los límites conceptuales entre los distintos tipos de servicios son a veces algo difusos, ya que sus características se mezclan entre ellas, añadiendo para el estudioso interesado un cierto nivel de confusión que hay que clarificar.

En el ámbito de los servicios ¿qué es lo que se entiende por autoservicio, por trabajo con grandes grupos y por focalización en la actividad esencial? El autoservicio, el trabajo con grandes grupos y la focalización en la actividad esencial son algunas de las técnicas para superar la característica de inseparabilidad de los servicios.

La primera de ellas alude a sistemas de gestión de un servicio basados en la propia gestión desde el cliente. En este sentido, se llama **autoservicio** a una operación de adquisición de un servicio (gratuita o no) que el cliente realiza por sí mismo en ciertos establecimientos: el uso de un cajero automático de un banco, por ejemplo. Es este un esquema de servicio en el que el mismo cliente satisface sus necesidades obteniendo respuestas a las cuestiones que plantea. Por ejemplo, una empresa decide mejorar su servicio de atención al cliente utilizando una aplicación de preguntas frecuentes, un avatar y un gestor automático de mensajes de correo electrónico para optimizar la gestión de sus recursos de respuesta. O alguien acude a un servicio de lavado de ropa gestionado en autoservicio con máquinas automáticas de monedas (Figura 2.24).

Figura 2.24. Mediante el uso de cajeros automáticos es el propio cliente quien, en régimen de autoservicio (por sí mismo), satisface sus necesidades.

Otra posibilidad es el **trabajo con grandes grupos** o **con grupos especiales,** que se realiza en base a que un mismo servicio (un restaurante, o un vuelo en avión, por ejemplo) es compartido por muchos clientes al mismo tiempo: los programas de viajes para mayores del Imserso, por ejemplo. Esta implicación de terceros en un grupo se establece en base a que hay varios clientes que comparten una experiencia común con el servicio que se presta (Figura 2.25).

Figura 2.25. En un vuelo el servicio prestado es común y compartido por todas las personas que componen el pasaje.

La **focalización** (que significa la gestión sabia de un servicio en un foco concentrado del negocio) busca economizar en los procesos productivos y despejar la actividad principal de lastres innecesarios, aceptando la colaboración de una empresa de servicios que permita que el cliente pueda poner su foco en la actividad central de su negocio y no en lo accesorio. El proveedor del servicio estudia y analiza las necesidades del cliente y le aporta el personal experto (y los recursos necesarios) para que el cliente pueda dar respuestas positivas a futuras oportunidades de desarrollo y pueda lograr sus objetivos esenciales con el apoyo de un servicio externo rápido y eficaz: la vigilancia y la seguridad de una cadena de establecimientos, por ejemplo (Figura 2.26).

La **producción masiva** de los servicios requiere que el personal del suministrador que participa en la gestión del servicio deba ser perfectamente seleccionado, primero y que cuente, después, con una suficiente capacitación, no solo profesional, sino también personal.

¿Sabías que

Las compañías aéreas permiten que se puedan solicitar **servicios especiales** para grupos de personas que tienen problemas de salud o de movilidad. Los casos más señalados son las personas con problemas cardiovasculares y respiratorios, las personas con diabetes inestable, las que estén tomando ciertos medicamentos o, sin más, personas muy corpulentas con dificultades graves para moverse.

Figura 2.26. Los servicios de vigilancia y seguridad en las grandes superficies son habitualmente prestados por empresas externas especializadas en la materia. Ello posibilita que el dueño del establecimiento pueda focalizar todos sus esfuerzos y centrar su atención exclusivamente en su negocio.

La presencia de otros clientes durante su prestación también es una característica esencial de los servicios, característica que implica a veces la fidelidad o no de los clientes: un restaurante lleno de gente gritando o de niños corriendo y molestando hará que el cliente decida no volver al restaurante o cambiar de sitio, quizás, en el futuro.

Por ello, es también esencial la **administración de los consumidores de servicios,** que significa que es posible reducir los problemas que genera la inseparabilidad si somos capaces de administrar, de gestionar correctamente a los clientes. Separar a los habituales del teléfono móvil de las personas que prefieren un viaje silencioso (los vagones en silencio de RENFE, por ejemplo) es un ejemplo de una forma de reducir la influencia negativa que pueden producir otros clientes y de una correcta administración de los consumidores. El sistema de reservas de un restaurante es otro ejemplo que sirve para distribuir (administrar) mejor la demanda creada por los momentos de uso convencionales de los restaurantes.

2.8. Heterogeneidad y la lucha en la empresa por reducirla

Si en un restaurante un cliente percibe que algo no va bien, el camarero no puede (por muy amable que sea) parar el servicio y decirle al cliente que salga del establecimiento y que vuelva a entrar para reanudar su comida más correctamente. Ya no será nunca igual, porque un producto físico es homogéneo; sin embargo, **un servicio es heterogéneo.**

En este sentido, los servicios son siempre heterogéneos porque sus características nunca son iguales (idénticas) a las de otros, aunque los presten los mismos profesionales y los clientes sean los mismos. Siempre hay factores de espacio, de tiempo o personales que los diferencian y, por tanto, se dificulta la gestión (Figura 2.27):

a) Para reducir las probabilidades de error del servicio, ya que a más personas interviniendo, mayor será la imposibilidad de previsión, mayor la probabilidad de cometer errores y también mayor será el riesgo de insatisfacción del cliente.
b) Para lograr que el mismo servicio sea percibido siempre como estándar (homogéneo) por los clientes.
c) Para controlar su calidad, ya que esta depende también mucho del valor que sea percibido por el cliente.

Figura 2.27. Los factores de tiempo, espacio y personales son fundamentales a la hora de evaluar la satisfacción del cliente con el servicio prestado. Por ejemplo, un transporte urbano (tren, metro, autobús) masificado y con continuos retrasos en los horarios será valorado muy negativamente por sus usuarios.

d) Para hacer homogénea la conducta personal de quienes están implicados en el servicio, es decir, los empleados que trabajan de cara al público que tienen una conducta diferente con sus clientes, a lo largo del día o de la semana.

   Para paliar estas dificultades lo que se aconseja es:
   a) Personalizar en lo posible el servicio.
   b) Estandarizar el servicio y producirlo con arreglo a patrones predeterminados.

Que los servicios sean heterogéneos significa que son productos variables (en el tiempo y en el espacio) y que no son homogéneos (es decir, no son iguales unos a otros, como suelen ser los productos físicos), sino que tienden a no tener ningún tipo de uniformidad; esto es, que cada producto intangible (cada servicio) depende mucho, no de un sistema de producción estándar (como en los productos de una fábrica), sino de las características de la persona o personas lo presten (del factor humano) y de cuándo y dónde participen estas personas en la producción y en la realización del servicio. Por ejemplo, cada servicio que presta un mecánico de coches cuando arregla las averías de los vehículos de sus clientes puede variar, incluso en un mismo día, porque su actividad como mecánico depende, no solo de las necesidades de su cliente, sino de factores tales como su propia salud física, su estado de ánimo, la amabilidad que le demuestre al cliente, o cómo le afecten sus propias circunstancias sociales y familiares, o el lógico cansancio que como profesional sienta según vaya transcurriendo la jornada de trabajo.

Actividad propuesta 2.6

Elige una empresa que venda servicios de viajes para la tercera edad y haz una lista con las características más relevantes. Esta lista debería tener no menos de cinco elementos.

En cada uno de ellos (los que tú selecciones) redacta al menos tres líneas, en las que expliques algo más en detalle cada característica. Trata de relacionarlas brevemente con las características de los servicios que ya hemos estudiado.

Acompaña también tu trabajo con fotos de la empresa, en las que se demuestre cómo esta empresa desea mostrar al cliente con sus fotos pruebas de la calidad de sus servicios.

Pero, ¿cómo hacer para que esta heterogeneidad (aparentemente negativa en principio para el cliente) se convierta en un elemento positivo y no en una objeción que el cliente pueda esgrimir contra nuestros argumentos de venta? La clave está en que quien va a ser el responsable de suministrar el servicio:

g) Sea consciente claramente de las necesidades del cliente.
h) Pueda adaptar a ellas la solución que le propone al cliente.
i) Sea capaz de detectar con la suficiente antelación (y de renegociar con el cliente) las modificaciones que sufran estas necesidades a lo largo de la prestación del servicio.
j) Plantee nuevas propuestas alternativas de solución ante los cambios detectados.
k) Determine las propuestas definitivas que deben culminar con la percepción de un valor positivo por el cliente y con su completa satisfacción.

Una técnica habitual es el **sistema de semáforo** (Figura 2.28), que consiste en que el proceso se va supervisando de acuerdo a un método de tratamiento de las tareas y de las situaciones excepcionales, cuyo seguimiento se integra en una columna de luces de varios colores. Si todo va bien, si la producción del servicio transcurre de manera normal, la luz verde (**estado perfecto**) dominará el procedimiento. Pero, si hay alertas a considerar, serán las luces ámbar o rojas (a veces también blancas, para abundar en un control aún más exhaustivo) las que permitan a los responsables reconocer rápidamente el fallo, intervenir en el proceso de realización del servicio o, incluso, detenerlo hasta que se produzcan los desarrollos de corrección de errores y las modificaciones y los ajustes necesarios.

¿Sabías que?

En nuestro trabajo como asesores, como consultores (los trabajos de consultoría no son eternos: un cliente y un asesor deben tener previstas soluciones para finalizar su relación amistosamente, cuando se necesite), contamos con listas de «indicios vehementes» (así las hemos denominado nosotros), que son **señales de alerta** de que el servicio de asesoramiento contratado está empezando a tener dificultades y que debemos aplicar soluciones inmediatas.

Seleccionar bien a los protagonistas de la prestación del servicio (tanto en el lado del cliente como en el del suministrador) es asimismo uno de los aspectos clave. Y, como suele suceder en otros ámbitos del trabajo personal, la motivación y la formación son aspectos de suma importancia complementaria.

Figura 2.28. Sistema de semáforo: el seguimiento y tratamiento de las tareas se integra en una columna de diferentes colores. Si la ejecución del servicio se está desarrollando de manera normal y sin imprevistos, será la luz verde la que informe del proceso. Sin embargo, si se produce alguna desviación o anomalía en su desarrollo, aparecerán las luces ámbar o rojas, en función de la mayor o menor gravedad de la incidencia acaecida.

Nota técnica

En el entorno competitivo actual, las empresas de servicios tienen que tratar de optimizar su funcionamiento, centrando sus esfuerzos en aquellas buenas prácticas que son la esencia nuclear de su valor y deben encontrar también la mejor forma de gestionar sus recursos organizativos y de atraer, retener, formar y motivar a las personas (sus recursos humanos) que no son solamente un coste (como pueden erróneamente pensar algunos), sino un capital intangible de alto valor que, bien gestionado, es la base de un buen número de las **ventajas diferenciales competitivas** de la empresa, ventajas que son, precisamente, lo que los clientes perciben y valoran de manera muy positiva.

Ya sabemos que los servicios son **perecederos:** no se pueden fabricar contra un almacén, ni pueden ser luego conservados, vendidos, inventariados o transportados. El tiempo que «pierden» un abogado o un médico esperando a un cliente no es almacenable ni reversible en el futuro. Es un tiempo perdido e irrecuperable. Un servicio que no se presta, se pierde; no hay otra oportunidad para ofrecerlo. La cualidad de ser perecederos se incrementa porque las necesidades de los clientes son cambiantes y también lo son sus expectativas: lo que ayer quería y esperaba el cliente del servicio, hoy no lo quiere ya ni espera nada de ello.

Todo esto plantea para los suministradores de servicios retos importantes de planificación y de asignación de recursos para una prestación eficaz y eficiente.

Como los servicios son perecederos y tienen una caducidad determinada (si se pasa el tiempo de prestación, los clientes ya no pueden usarlos), las empresas desarrollan estrategias y tácticas especiales para solucionar este problema. Una de ellas es la denominada **técnica del último minuto,** que consiste en estimular la compra del servicio justamente unos momentos antes de su caducidad. Un ejemplo muy claro son las líneas aéreas, los hoteles y los espectáculos; ofertan billetes y entradas de último minuto con tal de llevar lleno el pasaje, completar la ocupación del hotel o el aforo del establecimiento (Figura 2.29).

Vender con antelación (planificación a medio plazo con sistemas de reservas) o practicar las técnicas de último minuto (precios más bajos por comprar cuando el servicio está a punto de extinguirse) son los dos extremos de las decisiones que las empresas pueden tomar en estas circunstancias.

Figura 2.29. Los sistemas de reserva y venta anticipada y los sistemas de último minuto (*last minute*) son las alternativas a las que las empresas pueden recurrir para evitar que el servicio ofertado se perjudique, logrando con ello una ocupación completa del hotel, un avión, un concierto, etcétera.

Actividad propuesta 2.7

Ya sabemos lo que son los servicios; lo sabemos, porque hemos visto lo que se compra y lo que se vende en este amplio terreno de la economía.

Indica, en cada una de estas ramas de actividad y en cada uno de estos sectores, un servicio que se compre o que se venda. Por ejemplo, en el apartado *salud* se podría señalar una clínica dental, una consulta de un médico o el servicio de tomar la tensión en una farmacia.

- Bancos.
- Seguros.
- Restaurantes.
- Hoteles.
- Espectáculos.
- Museos.
- Ámbito jurídico.
- Ocio.
- Transporte.
- Arte.
- Música.
- Telefonía.

2.9. Concentración de la demanda en periodos puntuales

A la hora de comprar, los clientes no se comportan todos (afortunadamente) de la misma manera.

La demanda que de ellos procede (lo que piden o desean) fluctúa en el tiempo y en el espacio, dependiendo de múltiples factores. Para que estas fluctuaciones no produzcan en las cuentas de resultados grandes estragos (tanto por exceso de demanda como por todo lo contrario), las empresas (sobre todo las de servicios, ya que estos productos no pueden ser almacenados) tratan de compensar las fluctuaciones de la demanda con medidas estratégicas y tácticas.

Ajustar la oferta o desplazar y repartir la demanda cuando esta se concentra en periodos puntuales (horas valle, horas punta, celebraciones importantes, días festivos concretos, periodos estacionales, etc.) significa mejorar los procesos que desequilibran nuestra oferta y requiere de decisiones importantes para las que hay que estar preparado.

Estas decisiones se dirigirán a distribuir más equilibradamente la demanda o a planificar mejor la oferta: precios variables, servicios adicionales o complementarios, protocolos de reserva y petición de cita previa, medidas internas de trabajo, contratación esporádica de personal o, incluso, planificación de una posible extensión del negocio.

Los principales problemas de gestión de estos servicios son:

a) **Más demanda que oferta disponible.** Causa de largas esperas y de insatisfacción de los clientes.
b) **Más demanda que el nivel máximo de oferta.** Insatisfacción por defectos en la prestación del servicio. Información negativa «boca a boca» entre los clientes (Figura 2.30).

Figura 2.30. La línea que separa la satisfacción de la insatisfacción de un cliente es tan estrecha que las empresas deben arbitrar sistemas que distribuyan más equilibradamente la demanda o planifiquen más correctamente la oferta de los servicios prestados.

c) **Demanda inferior al nivel óptimo de la oferta.** Muchas personas en un mostrador para pocos clientes. Insatisfacción del empleado ocioso y costes excesivos para la empresa suministradora.
d) **Demanda y oferta en niveles óptimos.** Situación excepcional a la que aspiran muchas compañías de servicios.

Para solucionar estas situaciones debidas al carácter perecedero de los servicios, los suministradores pueden:

a) Fijar precios usando su creatividad. Precios de ida y vuelta reducidos, precios para grupos especiales, para personas mayores o estudiantes, etcétera.
b) Utilizar los sistemas de reservas previas, por los cuales los clientes reservan una parte del tiempo o del espacio de los servicios de una empresa durante determinado tiempo. Ejemplos son los restaurantes, las citas médicas, las pistas de tenis, etc. Para que este sistema no termine siendo una desventaja (clientes que reservan y no van, o clientes que reservan varias opciones simultáneas, usan una y anulan las restantes, por ejemplo) hay que establecer normas claras de uso y un sistema riguroso de control de su gestión.
c) Desarrollar servicios complementarios al servicio principal: la barra de un restaurante para paliar los posibles tiempos de espera o las tiendas en un centro comercial con salas de cine, son ejemplos típicos de esta solución.
d) Fomentar la demanda en periodos de baja actividad: por ejemplo, propiciando la preparación adelantada de determinadas partes del servicio: los platos ya preparados en un bufé de desayuno, o crear una oferta en sitios adaptados, como una cafetería en una cancha de baloncesto de un polideportivo, fuera de la temporada de partidos oficiales.

Actividad propuesta 2.8

Repasa lo que ya hemos estudiado sobre servicios productos industriales e identifica qué tipo de servicios podría prestar una empresa de magos (magos que hacen trucos con cartas, por ejemplo) y qué productos físicos podrían, asimismo, vender. Emplea un poco la imaginación o entra en internet para ver qué es lo que empresas de este tipo de magia ofrecen a sus clientes.

Cuando los hayas identificado, haz una pequeña lista y pon un nombre creativo a cada servicio, de acuerdo con sus características principales. El objetivo es que los demás (terceros lectores ajenos a nuestro estudio) puedan identificarlos con claridad y comprendan cada actividad dentro del conjunto de la empresa.

e) Contratar empleados a tiempo parcial para los periodos de más actividad, como los bares de costa en periodos estivales, por ejemplo.
f) Compartir la prestación de un servicio con prestadores de otros servicios análogos: gestorías que actúan

en colaboración con bufetes de abogados o con consultores estratégicos para sus empresas clientes. Se comparten los costes y se multiplica la oferta.

g) Prepararse anticipadamente para la expansión. Planificarla con tiempo para superar los problemas de la demanda futura.

h) Usar a terceros para realizar el mismo servicio: una agencia de viajes que trabaja como operador comisionista de una línea de cruceros, por ejemplo.

i) Aumentar la participación de los clientes en el desempeño del servicio: un restaurante de un centro hospitalario, por ejemplo, el cliente coge una bandeja y participa activamente en la prestación del servicio; o en una estación de servicio en la que el cliente se sirve directamente la gasolina. Se debe equilibrar la participación de ambas partes (cliente y suministrador) porque a mayor participación del cliente, mayor será el nivel de descontrol del suministro, en forma de menos calidad, peor imagen y mayores costes.

Figura 2.31. El sistema de autoservicio en una gasolinera permite implicar al cliente en la prestación del servicio. Pero ello debe realizarse de una manera moderada, ya que un exceso en la participación del propio consumidor puede provocar que el servicio sea valorado negativamente.

j) Encajar dos o más segmentos de la demanda: segmentar es dividir a los clientes en grupos de comportamiento comprador similar; encajar entre sí varios segmentos para reducir los efectos de la caducidad de la demanda significa avanzar positivamente en los esquemas de captación, retención y fidelización de clientes y también en las acciones de venta cruzada (*cross-selling*) o de venta aumentada (*upselling*), por poner tan solo algunos ejemplos. Un campo de golf tiene jugadores profesionales o avanzados (segmento 1) que ocupan el terreno de juego durante las horas centrales del día. A la gerencia le gustaría ocupar también el terreno durante las horas valle y poder rentabilizar su tienda de venta de productos atrayendo más clientes. Con este objetivo, propone a parejas de jubilados (segmento 2) participar en un torneo jugando los viernes por la tarde, en lugar de que vayan a otros locales de ocio. La medida resulta ser un éxito absoluto.

k) Discriminar los precios según la temporada: las empresas, para acomodar las diferencias existentes entre los integrantes de su mercado, suelen modificar con frecuencia los precios a los que venden sus productos o sus servicios. Fijar los precios de un producto es un ejercicio difícil de competitividad que los comerciantes, sin embargo, tienen forzosamente que realizar. Establecer precios diferentes en función del tiempo en el que se produce la demanda es una de las prácticas de marketing más frecuentes en nuestras empresas cada día. La discriminación de precios por temporada se da cuando una empresa (sin que se deba a un efecto racional de diferencias de costes) vende el mismo producto a un precio distinto, según sea el momento del día, del mes o del año en que la demanda se lo pide.

l) Establecer premios para los clientes en periodos valle: la intensidad de la demanda en las diferentes horas del día es, asimismo, diferente. Por tanto, tienen que ser también diferentes las decisiones de las empresas para acomodar esta demanda a las necesidades de sus clientes y a sus estructuras internas. Estas horas se denominan **normales** cuando responden a criterios de equilibrio ponderado (es lo que sucede a lo largo de un periodo de tiempo con regularidad) y se llaman **horas punta** (picos de una gráfica) u **horas valle** (las horas de menor consumo en una gráfica) cuando el consumo del servicio es mayor o menor, con carácter habitual, respectivamente. Las compañías eléctricas o las empresas de transporte de viajeros, por ejemplo, activan premios y descuentos para consumos en horas valle, a sabiendas de que sus servicios tienen que ofrecer una calidad similar a la ofrecida en las horas normales.

Recuerda que

Los efectos de la intangibilidad, la inseparabilidad, la heterogeneidad y el carácter perecedero de los servicios afectan a las decisiones de marketing. Las empresas que se dedican a ello saben que su departamento de marketing debe trabajar muy estrechamente con el departamento que produce el servicio para lograr así una calidad excelente que sea percibida como tal por el cliente.

2.10. Control de la satisfacción de los usuarios en la ejecución de la oferta de servicios

Comprometerse formalmente ante el mercado para hacer frente con éxito a este desafío es una decisión estratégica que las empresas deben afrontar cuanto antes.

Nota técnica

Vender (finalizar con éxito permanente las operaciones de compraventa con nuestros clientes), con **beneficio** (que los ingresos sean superiores a los gastos en una proporción rentable y planificada previamente de manera técnica y racional), **durante el mayor tiempo posible** (crecimiento, extensión y diversificación de las actividades de la empresa a lo largo de los años) son tres de los objetivos esenciales en la gestión de un negocio. Ninguno de ellos se puede lograr con la insatisfacción de los clientes.

El profesor Philip Kotler define la **satisfacción del cliente** como un estado de ánimo que resulta al comparar el rendimiento percibido de un producto o un servicio con las expectativas esperadas, es decir, la sensación de placer (o de decepción) que resulta al comparar los resultados esperados con los beneficios previstos anteriormente. Si los resultados son inferiores a las expectativas, el cliente queda insatisfecho; si los resultados están a la altura de las expectativas, el cliente queda satisfecho. Y si los resultados superan positivamente las expectativas, el cliente queda seducido y dispuesto a comprar de nuevo, o a recomendarnos ante sus círculos de influencia.

En un ambiente competitivo como el actual, la prueba más clara de la satisfacción del cliente es su **compra repetitiva.** Si vuelve a comprar es que está normalmente satisfecho.

Pero, ¿nos basta con esa «normalidad»? Porque nuestros competidores son cada día más sabios y consiguen orientar las preferencias compradoras de los clientes (y no solamente de los suyos, sino incluso de los que ya eran nuestros) a su favor.

Es posible que la mera «normalidad» no baste y que sea necesario desarrollar planes de satisfacción concretos que empaticen con el cliente (que se pongan en su lugar) y que se pregunten sinceramente qué es lo que este cliente necesita y desea (ya hemos visto la importancia de ampliar el concepto necesidad a otros ámbitos fuera de lo material) y qué es lo que espera de nosotros a cambio del precio que paga por lo que le vendemos.

Para satisfacer al cliente necesitamos algunas herramientas técnicas, como son:

- Facilitar a los clientes sus reclamaciones, quejas y sugerencias. Hemos visto muchos hoteles que incorporan documentos de satisfacción que claramente no tienen ningún valor para expresar el gusto o el desagrado. Son cuatro o cinco preguntas sin sentido y la única posibilidad de respuesta está basada en tres iconos más o menos sonrientes, más o menos serios (satisfecho, normal e insatisfecho), que no proporcionan ninguna información razonable al empresario para tomar decisiones de optimización de sus servicios o su mejora.

  Una organización centrada en el cliente debe dar facilidades para que entreguen sus sugerencias y sus quejas. Teléfonos con coste para el cliente o dificultades para encontrar los datos de contacto de la empresa son (por desgracia) cosas muy habituales entre nosotros, en las que participan, incluso, empresas muy reconocidas que creen que evitar la relación directa con su mercado (la política del avestruz) es algo que les favorece. Por el contrario, las «líneas calientes», los métodos de hilo directo con la empresa, las facilidades de contacto y relación, la existencia de equipos preparados de trabajo en este sentido, etc., suministran excelentes ideas a las empresas y les permite actuar rápidamente en la solución de los problemas.

- El adecuado contacto con el cliente, la práctica de un sistema de quejas y sugerencias, no implica el conocimiento profundo del nivel (por otra parte, cambiante) de satisfacción o insatisfacción del mercado en su totalidad, ni el bajo porcentaje numérico de las quejas es el parámetro perfecto (ni mucho menos, porque puede que los clientes no se quejen, pero estén descontentos) para medir la satisfacción real de todos los clientes. Para ello, se necesita poner en marcha esquemas técnicos y objetivos de medición periódica, a través de encuestas directas, personales, telefónicas, etc., de paneles, de grupos de opinión y otras muchas herramientas con las que se valoran los aspectos cuantitativos (los números) de un negocio y los aspectos cualitativos (las motivaciones y los porqués) del mercado.

Recuerda que

Uno de los verbos clave de la función de marketing es el verbo **conocer.** Y recuerda también que la única forma de conocer algo es preguntar, pero no preguntar de manera aficionada, sino con planteamientos técnicos expertos. Hacer estudios de satisfacción o hacer estudios de mercado es una actividad que lleva consigo el uso de herramientas muy profesionales que se reservan casi exclusivamente a los especialistas. Si nunca hemos hecho un estudio de este tipo, será necesario (como es lógico) que contemos con algún tipo de apoyo externo para ello.

- Preguntar directamente por su nivel de satisfacción a los clientes (o a una muestra de ellos), averiguar su intención de repetir las compras o medir su voluntad de recomendar nuestra marca positivamente a terceros, pueden ser elementos esenciales para nuestras futuras decisiones. La percepción objetiva de su satisfacción es la base fundamental de su futura seducción.

Nota técnica

Solamente un pequeño porcentaje de los clientes insatisfechos se queja. El resto, los denominados clientes silenciosos no satisfechos (CSNS) decide no comprar directamente los productos de esa empresa, contar su experiencia a las personas de su entorno social y profesional y buscar nuevos suministradores en el mercado. De ese pequeño porcentaje que reclama o se queja, eso sí, casi todos deciden volver a comprar si la empresa les atiende correctamente, les escucha y les resuelve su problema.

- La técnica del comprador misterioso (*mistery shopper*) es otra de las herramientas para conocer las causas de la insatisfacción de los clientes. La empresa utiliza empleados expertos de muy alto nivel que trabajan (en secreto) como compradores reales y que informan posteriormente de los puntos fuertes y débiles del servicio de sus establecimientos propios y de los establecimientos de sus competidores.
- Establecer programas serios de recuperación de antiguos clientes (programas de satisfacción total) es, asimismo, una práctica muy aconsejable para estos objetivos.

Recuerda que

En un mercado tan competitivo como el actual, el cliente satisfecho es el mayor activo de una empresa; y que su éxito está directamente relacionado con la capacidad que tenga para satisfacer las expectativas de sus clientes. Hay que pasar de «*Así es como lo hemos hecho siempre; no vamos a cambiar ahora*» a «*Buscaremos el perfeccionamiento constante y la calidad excelente según nos lo indique la percepción del cliente; y no la nuestra.*»

La calidad de un servicio se basa en que sea capaz de cumplir las expectativas de los clientes y en que produzca como resultado la satisfacción de sus necesidades. En este sentido, la calidad (si es tan solo entendida como un valor meramente añadido) es una condición que es necesaria para su satisfacción, pero no es ni el único factor que un producto tiene, ni es suficiente por sí sola para la seducción del cliente. Lo que importa es que el cliente perciba en el servicio prestado elementos que le beneficien. Esta percepción tiene que ver con los siguientes comentarios:

- Un cliente insatisfecho no vuelve a comprar. Un cliente satisfecho (mucho más si está seducido) es muy probable que vuelva a comprar lo mismo que ahora le hemos vendido.
- Un cliente satisfecho comunica a otros clientes potenciales sus experiencias positivas con un producto o un servicio. Por tanto, la empresa obtiene como beneficio una difusión gratuita que el cliente satisfecho realiza a su círculo de influencia.
- Un cliente satisfecho deja considerar a nuestros competidores como una opción de compra, lo que incrementa nuestro nivel de participación y penetración en el mercado.

Existen dos formas para evaluar la satisfacción del cliente:

a) El nivel de satisfacción de un cliente se establece a través de la diferencia entre el rendimiento percibido y las expectativas que el cliente tenía antes de consumir el servicio.
   - Este rendimiento percibido tiene las siguientes características:
     - Se determina desde el punto de vista del cliente, no del de la empresa.
     - Se basa en los resultados y los beneficios o utilidades que el cliente obtiene con el producto o con el servicio comprado.

- Está basado en las percepciones subjetivas del cliente y no necesariamente en la realidad en la que cree el vendedor.
- Sufre el impacto (positivo, pero, sobre todo, negativo) de las opiniones de otras personas que influyen en el cliente.
- Depende del estado de ánimo individual del cliente y de sus razonamientos en cada lugar y en cada momento.

- Las expectativas son las esperanzas que los clientes tienen de conseguir algo. Si las expectativas son demasiado bajas, las empresas no atraerán suficientes clientes; pero si son muy altas, los clientes, tras su compra, pueden sentirse decepcionados. Las expectativas se producen por el efecto de una o más de estas situaciones:
  - Promesas que hace la misma empresa acerca de los beneficios que brinda el producto o servicio
  - Experiencias de los clientes en sus compras anteriores.
  - Opiniones de amistades, familiares, conocidos y líderes de opinión
  - Promesas que ofrecen los competidores.

b) Solo las percepciones se tomarán en cuenta. La satisfacción del cliente tendría como elemento evaluador solamente el rendimiento percibido.

Mapa conceptual

- **Elaboración de ofertas comerciales de servicios**
  - **Tipología de los servicios**
    - Públicos
    - Privados
  - **Mercados de servicios**
    - Administrativos
    - Especializados
    - Cualificados
    - Conservación y mantenimiento de bienes inmuebles
    - De mantenimiento y reparación de instalaciones
    - De transporte
    - De tratamiento de residuos urbanos
    - De contenido
    - Generales
    - TIC
    - Marketing y ventas
  - **Objetivos en la prestación de servicios**
    - Sociales
    - Económicos
  - **Planificación de los servicios según las necesidades de los usuarios**
    - Análisis de la situación
    - Estudio de las necesidades del cliente
  - **Características inherentes a los servicios**
    - Intangibles
    - Se producen y consumen simultáneamente
    - No repetibles
    - Variables
    - De difícil gestión
    - No almacenables ni transportables
    - Perecederos
    - Propiedad no transmisible ni intercambiable

Mapa conceptual

- **Elaboración de ofertas comerciales de servicios**
  - **Características inherentes a los servicios (*cont.*)**
    - Suele prestarlo la misma persona que lo produce
    - No se pueden probar
    - Contacto directo con el cliente
    - Producción inseparable del suministro
    - De difícil valoración
    - No patentables
    - Errores difícilmente subsanables
    - Valor subjetivo
    - Pagables durante su prestación
  - **Intangibilidad de los servicios**
    - No almacenables
    - Inseparables
    - Heterogéneos
    - Perecederos
  - **Inseparabilidad**
    - Participación del cliente
  - **Heterogeneidad del servicio**
    - Reducción de errores
    - Percepción como homogéneo
    - Control de calidad
    - Homogeneización del personal
    - Paliar dificultades
      - Personalizar el servicio
      - Estandarizar el servicio
      - Buena planificación
      - Ofertas de último minuto

Mapa conceptual

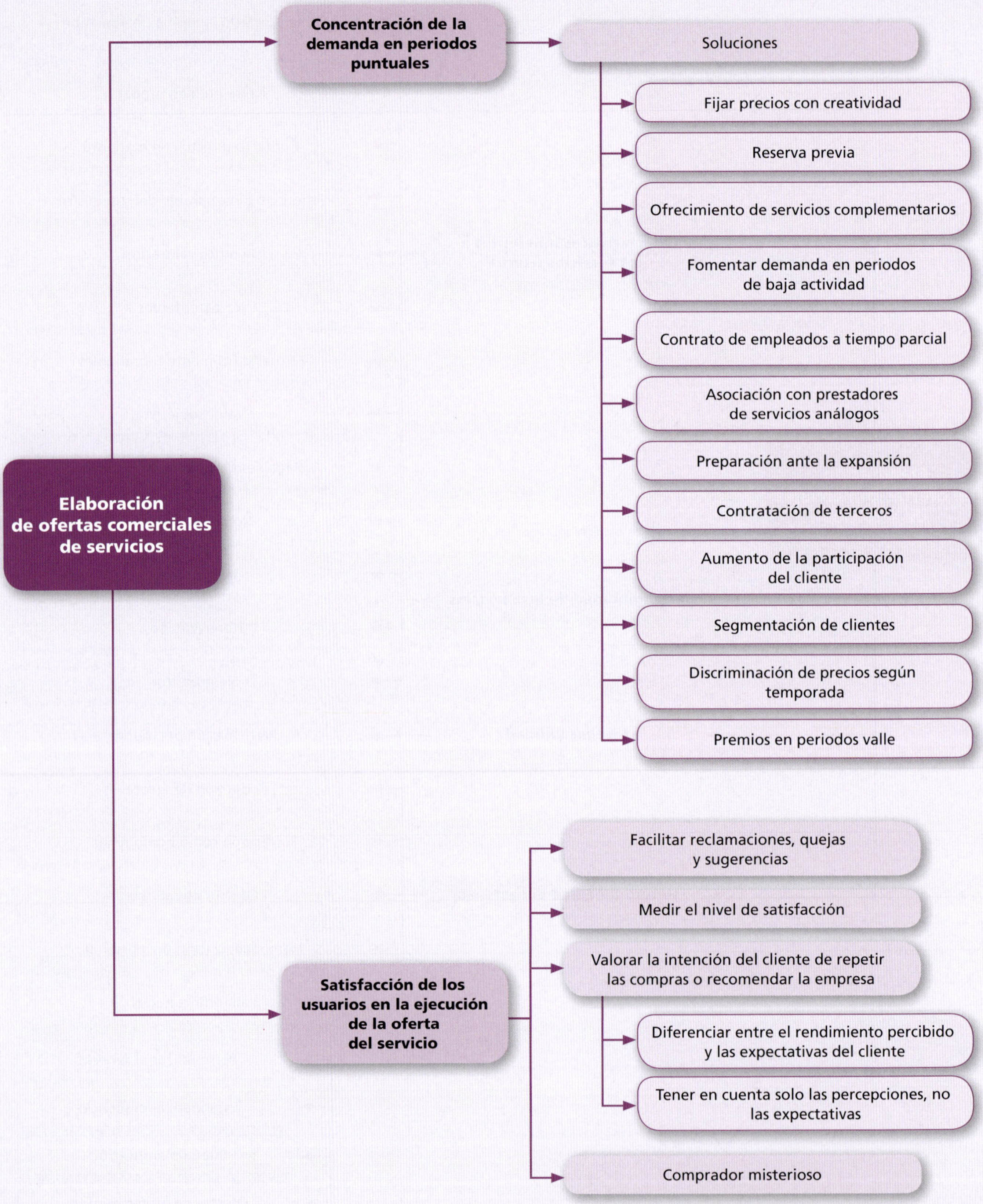

Actividades finales

TIPO TEST • Verdadero o falso

2.1. Un servicio es una actividad o un conjunto de actividades intangibles que tienen como principal objetivo satisfacer las necesidades de uno o varios clientes.

☐ Verdadero. ☐ Falso.

2.2. Una primera clasificación de los servicios es la que los agrupa en servicios de carácter público y servicios de carácter gratuito.

☐ Verdadero. ☐ Falso.

2.3. Los proveedores de servicios constituyen el sector terciario de la economía.

☐ Verdadero. ☐ Falso.

2.4. Los servicios de investigación y análisis de mercados y los de desarrollo de campañas de comunicación y de marketing directo o de telemarketing se llaman servicios generales.

☐ Verdadero. ☐ Falso.

2.5. Prestar servicios adicionales a la sociedad en general es uno de los objetivos actuales de las empresas.

☐ Verdadero. ☐ Falso.

2.6. Para planificar correctamente, primero hemos de ordenar el curso del proceso y definir después los objetivos sobre los que debemos aplicar decisiones y recursos.

☐ Verdadero. ☐ Falso.

2.7. La característica principal de los servicios es que no se pueden tocar; son intangibles.

☐ Verdadero. ☐ Falso.

2.8. En los servicios, el cliente no suele tener una participación activa en la producción de los mismos; en los productos físicos, sí.

☐ Verdadero. ☐ Falso.

2.9. La satisfacción del cliente con el servicio depende de su propia experiencia personal.

☐ Verdadero. ☐ Falso.

2.10. Explicar las características y las ventajas de un servicio intangible y hacer que los clientes perciban la calidad de un servicio es algo muy sencillo de llevar a cabo.

☐ Verdadero. ☐ Falso.

2.11. Una solución que tiene el marketing para salvar la característica de intangibilidad de los servicios es acudir a las pruebas materiales, esas que se pueden tocar o comprender por los sentidos.

☐ Verdadero. ☐ Falso.

2.12. Lo que realmente vendemos de un producto es confianza.

☐ Verdadero. ☐ Falso.

2.13. La simultaneidad de la prestación de un servicio y la de su consumo es lo que hace que se requiera siempre algún tipo de colaboración del cliente con el suministrador.

☐ Verdadero. ☐ Falso.

2.14. Lo normal es que los productos físicos no incorporen algún tipo de servicio y que los servicios no lleven consigo algún tipo de elemento tangible.

☐ Verdadero. ☐ Falso.

2.15. Para paliar la dificultad que la heterogeneidad de los servicios produce, lo mejor es personalizar en lo posible el servicio.

☐ Verdadero. ☐ Falso.

2.16. Vender con antelación (planificación a medio plazo con sistemas de reservas) o practicar las técnicas de último minuto (precios más bajos por comprar cuando el servicio está a punto de extinguirse) son los dos de las decisiones que las empresas pueden tomar en relación con el carácter perecedero de los servicios.

☐ Verdadero. ☐ Falso.

2.17. A la hora de comprar, todos los clientes se comportan de la misma manera.

☐ Verdadero. ☐ Falso.

2.18. El profesor Philip Kotler define la satisfacción del cliente como un estado de ánimo que resulta al comparar el rendimiento percibido de un producto o un servicio con las expectativas esperadas.

☐ Verdadero. ☐ Falso.

Actividades finales

De comprobación

2.1. Los servicios pueden ser prestados:

a) Solo por personas físicas.
b) Por personas físicas y por personas jurídicas.
c) Solo por personas jurídicas.
d) Ninguna de las respuestas anteriores es correcta.

2.2. ¿Hay algún grupo de servicios entre los tipos que siguen a continuación?:

a) Servicios de marketing y ventas.
b) Servicios de conservación y mantenimiento de bienes inmuebles.
c) Servicios de mantenimiento y reparación.
d) Todas las respuestas anteriores son correctas.

2.3. ¿Cuál de los siguientes objetivos empresariales no es puramente económico?:

a) Los objetivos que persiguen la obtención de un margen de contribución más saneado.
b) Los objetivos de consolidación de las posibilidades rentables de expansión y crecimiento.
c) Los objetivos para el incremento de las cifras comerciales por la influencia de nuevos objetivos financieros de futuro: la venta de la empresa, por ejemplo.
d) Los objetivos sociales.

2.4. A la hora de realizar un plan (en nuestro caso, un plan para la prestación de un servicio):

a) Basta con tener unos conocimientos superficiales sobre el tema.
b) Es necesario prever, tanto lo que queremos conseguir, como definir y determinar las personas que van a afrontar y gestionar el proceso.
a) Podemos copiar un plan de otra empresa.
d) Con la experiencia que da «la calle», ya es suficiente para saber planificar bien.

2.5. Un curso de marketing por internet es un servicio en el que:

a) El cliente se apunta y ya está.
b) El cliente aporta su presencia virtual y su actividad *online* al suministro.
c) El cliente puede participar activamente o no en su desarrollo.
d) Ninguna de las respuestas anteriores es correcta.

2.6. De los grupos de características de los servicios que se muestran a continuación uno es el más correcto; los otros son algo incompletos.

a) Intangibilidad, inseparabilidad, eternidad y carácter perecedero.
b) Comunicabilidad, inseparabilidad, carácter perecedero y responsabilidad.
c) Intangibilidad y ausencia de propiedad, inseparabilidad, heterogeneidad y caducidad o carácter perecedero.
d) Fatalidad, inseparabilidad, homogeneidad y comunicación.

2.7. ¿Cuál de estas frases es correcta?:

a) Para hacer tangibles los servicios se requieren siempre avances creativos e innovadores de marketing.
b) Los servicios se producen y se consumen simultáneamente.
c) Los servicios (sobre todo los de carácter personal) suelen ser no repetibles.
d) Todas las respuestas anteriores son correctas.

2.8. Una de las características de los servicios es que:

a) Son muy homogéneos.
b) No se pueden patentar ni registrar.
c) No necesitan la colaboración del cliente suministrado.
d) Se cobran siempre por horas.

2.9. Para que el servicio sea de calidad, el personal del suministrador debe estar perfectamente:

a) Seleccionado.
b) Formado y capacitado.
c) Motivado y organizado.
d) Todas las respuestas anteriores son correctas.

2.10. Los servicios son heterogéneos porque:

a) Los profesionales que los prestan son siempre distintos.
b) Coinciden siempre en tiempo y en espacio.
c) Sus características nunca son iguales (idénticas) a las de otros.
d) Hay un registro oficial de servicios que decide si son heterogéneos o no.

Actividades finales

Respuesta correcta

Escribe en tu cuaderno las respuestas correctas para completar las siguientes frases:

2.1. Un servicio es una actividad o un conjunto de actividades ____________ que tienen como principal objetivo satisfacer las necesidades de uno o de varios clientes.

2.2. Los servicios de la gestión de lodos, de residuos radiactivos y de ácidos, de residuos de centros sanitarios y clínicas veterinarias y de residuos oleosos se llaman servicios de ____________ de residuos y desechos urbanos.

2.3. En el terreno de las empresas un objetivo es algo que se desea conseguir y algo a lo que se deberían acomodar (aunque no siempre lo hacen) las ____________ de su gestión interna y externa.

2.4. La obtención de un margen de contribución más saneado es un ejemplo de objetivos ____________ que no coinciden con el logro estricto del beneficio (es decir, el logro de que los ingresos sean más altos que los gastos).

2.5. Lo contrario de planificar es ____________.

2.6. Se llama coherente al plan que mantiene una estrecha relación racional entre las necesidades y las ____________ que se proponen.

2.7. Por su dinámica de carácter continuo, la gestión comercial y administrativa de los servicios es más ____________ que la de los productos físicos.

2.8. Un producto físico se fabrica y luego se vende; un ____________, primero se vende y luego se presta.

2.9. Las cuatro características principales de los servicios es que son: intangibles, inseparables, ____________ y perecederos.

2.10. No es valor lo que el fabricante añade a su producto unilateralmente, sino lo que el cliente ____________ subjetiva y emocionalmente en el producto como un valor.

2.11. Los servicios no se pueden ____________ como se hace con los productos físicos, ni se pueden inventariar. Son perecederos.

2.12. El entorno en el que se prestan los servicios es una de las ____________ esenciales de esta prestación.

2.13. Las pistas tangibles son circunstancias ____________ que están directamente relacionadas con el servicio que se pretende vender: un *spot* publicitario en el que un tenista famoso (y confiable) muestra las ventajas de una marca de seguros, por ejemplo.

2.14. La ____________ del personal, el estilo de su vestuario, los uniformes y la apariencia profesional, que el contacto sea respetuoso, pero cercano y amistoso, los accesorios de trabajo, etc., conforman la calidad de marketing de un servicio.

2.15. Hay una relación personal ____________ entre el suministrador del servicio y su cliente.

2.16. Es posible reducir los problemas que genera la ____________ de los servicios si somos capaces de administrar correctamente a los clientes.

2.17. Se llama heterogéneo a algo cuyas características no son ni iguales ni ____________ a otros objetos de un mismo conjunto.

2.18. La prestación de un servicio depende mucho, no de un sistema de producción ____________ (como en los productos físicos de una fábrica), sino del factor humano (de las características de la persona o personas lo presten).

2.19. Una de las técnicas de gestión de un servicio es el sistema de ____________, que consiste en que el seguimiento del proceso se integra en una columna de luces de varios colores.

2.20. Como los servicios son ____________ y tienen una caducidad determinada (si se pasa el tiempo de prestación los clientes ya no pueden usarlos), las empresas desarrollan estrategias y tácticas especiales para solucionar este problema. Una de ellas es la técnica del último minuto.

2.21. Los clientes no se ____________ comprando de la misma manera. La demanda que de ellos procede (lo que piden o desean) fluctúa en el tiempo y en el espacio, dependiendo de múltiples factores.

2.22. Que haya más demanda que oferta disponible, es la causa de largas esperas y de la posible ____________ de los clientes.

Actividades finales

2.23. Para solucionar algunas de las situaciones debidas al carácter perecedero de los servicios, los suministradores pueden contratar empleados a tiempo ______________ para los periodos de más actividad, como por ejemplo, los bares de costa en periodos estivales.

2.24. Con este mismo objetivo, los suministradores también pueden discriminar los ______________ de los servicios según la temporada.

2.25. Solamente las empresas que valoren a fondo la satisfacción de sus clientes y que acepten sugerencias de ______________ y optimización de lo que ellas mismas hacen, serán capaces de mantenerse saludablemente en el mercado.

2.26. El profesor Philip Kotler define la satisfacción del cliente como un estado de ánimo que resulta de ______________ el rendimiento percibido de un producto o un servicio con las expectativas esperadas.

Casos prácticos

Caso práctico individual

Ante la demanda actual de servicios a las personas mayores, Manuel y su novia, Inés, están pensando en constituir una sociedad que ayude a estas personas en sus tareas domésticas. Más adelante, si tienen éxito, podrán ampliar sus servicios a otras actividades, tales como acompañamiento de enfermos o sustitución de familiares en el cuidado hospitalario, por ejemplo.

A la hora de planificar su futuro, ya han pensado que con unos ingresos de unos 50 000 euros en los primeros doce meses de actividad podrían ganar algo de dinero, una vez pagados los gastos de su empresa; gastos que podrían ascender a unos 30 000 euros aproximadamente, en el mismo periodo de tiempo.

Para ser el primer año, ellos estarían conformes con estas cifras, que son las que se plantean como un objetivo. Pero, primero, se ven en la necesidad de resolver previamente (sobre el papel, antes de lanzarse a la actividad) cuatro tipos de problemas:

a) Dónde y cómo encontrar clientes.
b) Dónde y cómo seleccionar el personal auxiliar para estas tareas.
c) Cómo fijar la remuneración para pagar a estos auxiliares.
d) Cómo fijar los precios de los servicios que van a prestar.

¿Puedes ayudar a Manuel y a Inés para dar respuesta a estas preguntas? Parece ser que están buscando un colaborador externo (inicialmente) que pudiera incorporarse a su sociedad dentro de un año. Quizá podrías ser tú. Si tu trabajo les parece interesante, te pagarán por ello.

Caso práctico para trabajar en equipo

La Compañía Cosmética, SA es una compañía internacional que está presente en más de 70 países y que vende fundamentalmente productos de cosmética capilar (champús, lacas, permanentes, etc.), además de otros productos de cosmética general y especializada; y los vende, tanto al mercado profesional (peluquerías), como al mercado de consumo (tiendas «de la esquina», perfumerías tradicionales y franquiciadas, supermercados, hipermercados, etc.). Uno de estos productos (el que usamos como ejemplo aquí, porque es sencillo de comprender) es el tinte para el cabello.

Carlos Segura es el nuevo director de esta empresa, en la que ha empezado a trabajar no hace mucho y en la que los socios le han encargado que la haga rentable cuanto antes, porque actualmente está dando pérdidas.

Como es lógico, hay muchas áreas en las que el nuevo director tiene que emplearse a fondo, pero él ha decidido que va a estudiar primero los productos y que va a separar las redes de venta (los vendedores) en dos grandes grupos o divisiones:

Actividades finales

a) División de consumo. Vendedores que venden al mercado de consumo masivo: hipermercados, supermercados, etc. Aquí el producto es un producto físico que se va a comprar por las personas que entran en un establecimiento de autoservicio.

b) División profesional. Vendedores que venden al mercado profesional: peluquerías y academias de enseñanza de esta profesión. Aquí el producto va a ser aplicado en el cabello del cliente, como un servicio que es realizado por el profesional peluquero.

En grupos, presentad a Carlos Segura algunas sugerencias (para cada una de las dos nuevas divisiones) sobre los aspectos siguientes:

- Tipo y volumen diario de visitas comerciales que los vendedores tienen que realizar en cada división.
- Vestimenta que deben llevar en cada caso.
- Tipo de envase del tinte en cada división.
- Medios de comunicación en los que debe anunciar el tinte, para tratar así de darle una mejor salida desde el almacén de su fábrica.
- Precio del producto según sea el mercado al que va dirigido.

Comentad brevemente, en cada caso, por qué habéis pensado en estas sugerencias y no en otras.

Visita virtual

Busca una empresa de servicios de cada una de estas actividades (la que tú elijas) y visita en total la página web de tres de ellas (las que selecciones). Indica qué te han parecido sus páginas web según el esquema que más abajo te indicamos. Recuerda que no son empresas que venden productos físicos, sino que se trata de empresas que prestan servicios. Es muy importante esta diferencia. Las actividades que te proponemos son las siguientes:

a) Vigilancia y seguridad.
b) Limpieza industrial.
c) Servicios jurídicos.
d) Formación en idiomas.
e) Médicos y dentistas.
f) Arreglo de zapatos.
g) Talleres de coches.
h) Empresas de telefonía.
i) Servicios deportivos.
j) Hoteles.

Como guía, te facilitamos a continuación algunas «ideas» de trabajo:

- Describe su aspecto general (colorido, luminosidad, claridad, profesionalidad, facilidad de acceso, etc.), de cada web.
- Muestra dos o tres fotos de la web que te parezcan importantes.
- ¿Cuáles te parecen las secciones más relevantes?
- ¿Qué te parecen los diseños de sus productos?
- Califica estas páginas web con una puntuación de 1 a 9, siendo 1 la nota más baja, la peor calificación, y 9 la más favorable, la que representa tener más calidad como página web.

Actividades finales

Visita presencial

Visitad en grupos de tres personas una emisora de radio, un hospital, o una estación de trenes o de autobuses; es decir, empresas de servicios.

Preparad un documento con vuestros comentarios sobre algunos de los servicios que en ellas se ofrecen.

Es importante que podáis repasar el índice de contenidos de la unidad para elaborar un guion con los puntos principales a tener en cuenta a la hora de preparar la redacción. Os dará una idea general de lo que podéis incluir en vuestros comentarios.

Para terminar, podéis completar el documento de trabajo incluyendo algunas fotografías de cada apartado.

Tus ideas sobre... Las empresas de viajes low cost en avión. Un servicio novedoso

Las empresas de viajes *low cost* en avión. Un servicio novedoso.

Redacta un documento con lo que te sugiere el título de esta actividad. Como guía, te facilitamos a continuación algunas «ideas» de trabajo:

a) Repasa esta unidad y haz antes de nada un pequeño sumario de los puntos que vas a tratar.
b) Pon en cada punto el número de líneas escritas que le vas a dedicar. Con dos o tres páginas es suficiente. No importa tanto la cantidad, sino la calidad del texto escrito.
c) Escribe lo que te parecen las empresas de vuelos *Low cost,* sus ventajas y sus inconvenientes y saca unas conclusiones finales para rematar el documento.

No olvides la forma estética del documento. Un buen contenido con una presentación atractiva, dan como resultado un trabajo excelente y anima a la lectura.

Pasatiempos

Crucigrama

Resuelve el siguiente crucigrama en el que encontrarás distintos términos sobre la elaboración de ofertas comerciales de servicios.

	1	2	3	4	5	6	7	8	9	10
1										■
2		■								
3		■					■		■	
4						■				
5										
6					■					
7		■				■				
8			■				■	■	■	
9									■	
10	■				■	■				

Horizontales

1. Al revés, ciudad de Portugal. 2. Letra que da nombre a un número irracional muy famoso que es la base de los logaritmos naturales. Grupo relativamente grande de personas o empresas que tienen una conducta de compra similar. 3. Decimonovena letra del alfabeto español. Archivo General de la Región de Murcia. Símbolo de la unidad de medida de la inducción magnética. Punto cardinal. 4. Antónimo de hora punta. Al revés, título en inglés de una película estadounidense basada en el Antiguo Testamento, dirigida por Darren Aronofsky. 5. Cualidad principal de un servicio. 6. Centro de Estudios Ambientales del Mediterráneo. Al revés, gentilicio de un ciudadano de Gales. 7. En inglés, yo. Nombre de dominio de internet para la infraestructura de una red. En masculino, que ha recibido un daño o una ofensa. 8. Pronombre personal. Al revés, unidad de tiempo geológico equivalente a mil millones de años. Letra para expresar el prefijo mega-. 9. Conjuntos de

Actividades finales

informaciones para apoyar y ayudar en la toma de decisiones en una empresa. Símbolo químico del oxígeno. 10. Metal precioso. Al revés, mezcla visible de los gases producida por la combustión de una sustancia.

Verticales

1. Productos cuya característica principal es ser intangibles. 2. Punto cardinal. Nombre propio de una cantante y compositora noruega. Al revés, percibís con el oído los sonidos 3. Acometen impetuosamente una plaza o una fortaleza para entrar en ella escalando las defensas. Abreviatura de señor 4. Colección ordenada de reglas o preceptos que se da para la ejecución de una ley 5. Al revés, nombre de una playa de la ría de Vigo. Banda japonesa de música rock instrumental 6. Onomatopeya que expresa ¡Qué rico!... Tipo de guitarra Taylor Mini. Al revés, pronombre personal. 7. Abreviatura usual de Internet Explorer. Secreción producida por el hígado. Al revés, planeta ficticio de comic localizado en el centro del Universo DC. 8. Cualidad de un alimento que se unta con un cuchillo sobre pan para aportar sabor y textura. Al revés, siglas de milisegundo. 9. Denominación de un tipo de automóvil adaptado para competición. Al revés, echo sal a una comida. Vocal. 10. Al revés, un servicio es, justamente, lo contrario.

Sopa de letras

Localiza doce palabras relacionadas con la elaboración de ofertas comerciales de servicios en la siguiente sopa de letras. Pueden estar situadas tanto en vertical como en horizontal o en diagonal y tanto al derecho como al revés.

G	I	S	C	A	D	U	C	I	D	A	D	U	L	A	Z	R
T	O	E	Y	N	S	H	E	T	E	R	O	G	É	N	E	O
Y	K	M	P	P	Q	U	P	E	R	E	C	E	D	E	R	O
I	Y	Á	F	V	W	R	M	G	Y	E	H	K	E	E	G	A
O	K	F	U	Z	G	Y	S	I	I	E	E	B	S	A	R	K
U	R	O	I	I	N	P	U	E	N	V	U	I	E	Q	S	X
P	D	R	Q	N	N	Y	U	T	R	I	B	M	B	U	U	B
M	R	O	P	Y	S	T	O	I	E	V	S	A	E	Y	O	P
P	A	E	A	J	K	E	A	A	I	W	I	T	H	E	D	J
C	C	R	C	S	I	J	P	N	R	V	E	C	R	U	S	Q
B	I	B	K	I	N	W	D	A	G	O	Y	J	I	O	A	P
I	Q	A	L	E	O	A	A	S	R	I	A	F	T	O	J	E
W	Y	Q	S	Y	T	S	G	C	A	A	B	I	E	K	F	N
O	A	I	R	Z	M	I	D	Z	U	I	B	L	O	E	E	E
B	K	A	W	T	I	A	N	G	H	A	Z	L	E	I	E	P
S	E	G	M	E	N	T	O	G	E	D	R	N	E	I	Q	I
N	G	Q	I	P	Ú	B	L	I	C	O	S	F	S	E	W	P

Jeroglífico

Responde a la pregunta y descubrirás la solución al jeroglífico.

JEROGLÍFICO

EXISTIR

Defecto o daño físico en algunas cosas

¿Cómo se llama al producto intangible?

Realización de actividades propias de la venta de productos tecnológicos

Objetivos

- Aproximarnos al concepto espíritu emprendedor y ver cuáles son las cualidades personales y profesionales de los emprendedores para buscar nichos de mercado.
- Determinar la importancia del lanzamiento y el desarrollo innovador de nuevos productos, especialmente, de los productos tecnológicos.
- Identificar las técnicas de realización de catálogos, los manuales de instrucciones y la presentación de novedades y considerar los nuevos usos y las nuevas aplicaciones a accesorios y complementos tecnológicos.
- Describir los detalles de la venta técnica y aprender a gestionar los intereses de los clientes no satisfechos y a aceptar sugerencias de mejora.
- Conocer la evolución del mercado de la electrónica y de otros mercados tecnológicos similares.
- Analizar el fenómeno de la moda y sus tendencias, así como las fórmulas de gestión del cambio más idóneas.

Contenidos

INTRODUCCIÓN

La Ley Orgánica 10/2002, de Calidad de la Educación (LOCE) fue una ley importante promulgada el 23 de diciembre de 2002; una ley que, por circunstancias diversas, nunca llegó a aplicarse y que fue derogada definitivamente por la LOE, la Ley Orgánica de Educación 2/2006, de 3 de mayo.

Para ambas leyes, sin embargo, el espíritu emprendedor (junto con la creatividad innovadora y la utilización sabia de las posibilidades casi ilimitadas de las nuevas tecnologías) era lo que debería llevar a los estudiantes (a los de cualquier tipo de enseñanza, pero, especialmente, a los de formación profesional) a gestionar correctamente y con categorías técnicas de vanguardia, los aspectos más esenciales de su trabajo en una empresa.

Diseñar y redactar catálogos atractivos, realizar manuales de instrucciones que sean funcionales y perfectos, gestionar las inquietudes (y las quejas y las reclamaciones) de los clientes no del todo satisfechos, fomentar las sugerencias de mejora en todas aquellas personas que directa o indirectamente se implican en nuestra vida profesional, aprender y atreverse a presentar sin complejos las novedades y las ideas menos ortodoxas, avanzar constantemente para desarrollar nuevos productos, analizar a fondo las modas y las tendencias futuras, adiestrarse en las maneras de prever a tiempo los cambios, sobre todo los que se producen en los mercados modernos de los productos tecnológicos: la informática, la fotografía, la telefonía, la comunicación audiovisual, los videojuegos y la industria del ocio, capacitarse para saber hacer ofertas que «encandilen» al cliente y que muevan su voluntad compradora hacia nosotros y no hacia nuestros competidores y aprender a ser flexibles, para adaptarse a las circunstancias de un entorno siempre cambiante, son elementos básicos por los que esta unidad transcurre y en los cuales pretende prepararnos.

3.1. El espíritu emprendedor en la búsqueda de nuevos nichos de mercado

En una sociedad que tiende a la universalización (dice un documento-guía para profesores que fue editado por la Dirección General de Política de la Pequeña y Mediana Empresa y por la Secretaría General Técnica de Educación y Formación Profesional), en relación con el espíritu emprendedor, la actitud abierta, la capacidad para tomar iniciativas y la creatividad son valores fundamentales para el desarrollo profesional y personal individual y para el progreso y el crecimiento de la sociedad en su conjunto.

El documento, que también se refiere a los objetivos de la formación profesional en este ámbito, señala que es el sistema educativo el que tiene que contribuir (entre otros objetivos) a que los estudiantes de ciclos formativos adquieran en su formación las capacidades suficientes que les permitan afianzar su espíritu **emprendedor,** para que los que lo deseen puedan desempeñar con garantías todo tipo de actividades e iniciativas empresariales en el futuro.

Contar con este espíritu emprendedor parece pues que es algo absolutamente necesario para hacer frente a la evolución de la demanda de empleo y para optimizar la gestión innovadora y creativa de las empresas; porque es este espíritu emprendedor el ingrediente esencial que está estrechamente ligado a la iniciativa y a la acción dinámica que el profundo cambio social y económico está operando desde hace ya unos años en nuestra sociedad.

En este espíritu emprendedor del que aquí hablamos se integra un doble enfoque:

a) El espíritu emprendedor supone intentar nuevos proyectos que impliquen riesgo, con autonomía, con responsabilidad, con intuición creativa, con capacidad de proyección al exterior y con la capacidad para reaccionar y resolver los problemas que surjan durante los procesos.
b) Este espíritu emprendedor también supone involucrarse en los proyectos ajenos, con el mismo ánimo de innovación, de responsabilidad y de autonomía que en los propios.

Educar en este espíritu emprendedor exige formar y adiestrar a los ciudadanos jóvenes en ese tipo de responsabilidades y en el compromiso, el esfuerzo, la dedicación, la perseverancia y la excelencia y la pasión por el trabajo bien hecho (Figura 3.1).

La iniciativa emprendedora es una especie de filosofía, una forma de pensar y de actuar que implica la propensión personal para inducir cambios cotidianos en uno mismo y que lleva consigo el desarrollo de una manera de razonar, de buscar, fomentar, aceptar y apoyar la innovación, de dar la bienvenida al cambio, de perseguir oportunidades, de asumir la responsabilidad por las propias acciones (sea su resultado positivo o negativo), de terminar siempre lo que se empieza, de identificar y acomodar las direcciones y los caminos diversos de la vida, de establecer objetivos personales y profesionales (y cumplirlos) y de poseer la motivación necesaria para lograr el éxito, a pesar de las dificultades para conseguirlo (Figura 3.2).

Figura 3.1. El espíritu emprendedor exige de los jóvenes un componente de dedicación y esfuerzo, pero también la predisposición a asumir retos, trabajar en equipo y esforzarse constantemente.

Figura 3.2. El proceso de generación de una idea siempre está basado en peldaños que es necesario ir subiendo y que comienza con un conocimiento o formación en la materia, seguido de una planificación correcta de las tareas. El trabajo o el esfuerzo continuo y reiterado serán los que provoquen el surgimiento de una idea.

En este sentido, quienes tienen este espíritu, esta iniciativa emprendedora, son personas que:

- Tienen ideas y saben caminar a veces por senderos paralelos, aunque ello genere en los demás desconfianza y recelo.
- Tienen la capacidad de experimentar ideas propias y también ajenas.
- Tienen voluntad de innovar.
- Muestran un espíritu siempre emprendedor en proyectos interesantes y viables.
- Reflejan creatividad y profundidad de pensamiento.
- Tienen confianza en sí mismos.
- Necesitan conseguir las metas planteadas.
- Aprenden de los errores propios y de los ajenos, pero están satisfechos con los resultados de sus acciones en la vida.
- Tienen voluntad de probar cosas nuevas o de hacer las cosas anteriores de manera diferente.
- Tienen independencia de criterio.
- En el ámbito empresarial buscan nuevas oportunidades de mercado, nuevos nichos en los que aportar soluciones para necesidades no satisfechas.
- Son constantes en lo que emprenden (Figura 3.3).

Figura 3.3. La constancia y la perseverancia son dos características fundamentales que debe demostrar el emprendedor.

- Saben reaccionar con mayor apertura y flexibilidad que los demás a las contingencias del entorno.
- Poseen una clara vocación de líderes.

Recuerda que

El espíritu emprendedor no debe confundirse con el llamado **espíritu de empresa**, que consiste en identificar oportunidades y reunir recursos suficientes de naturaleza diversa para transformarlos en una empresa. El espíritu emprendedor lleva consigo un conjunto mucho más amplio y general de actitudes positivas.

Actividad propuesta 3.1

Se pide:

- Ordena las características de la gente con espíritu emprendedor que acabamos de estudiar, de mayor a menor, según te parezca su nivel de importancia
- De las diez que ocupan los primeros lugares de esta lista, selecciona cinco. las que te parezcan más relevantes.
- Realiza un documento breve en el que expliques el razonamiento de tus decisiones sobre estas características.
- Comprueba el nivel de coincidencia de estas cinco características en relación a tus propias características personales. Compáralas una a una y saca algunas conclusiones.

Para emprender hace falta encontrar un nicho en el mercado. La expresión **nicho de mercado** (Figura 3.4) es un concepto de marketing que se refiere fundamentalmente a la existencia de un mercado de reducidas dimensiones (un hueco, un nicho) que no está todavía debidamente atendido por la oferta.

Figura 3.4. Un nicho de mercado se define como el grupo de individuos de características homogéneas cuyas necesidades aún no han sido cubiertas por la oferta.

En general, un nicho de mercado presenta las siguientes características:

- Sus integrantes tienen nuevas necesidades sobrevenidas y no satisfechas, o pueden asimilar nuevas necesidades aparentemente desconocidas que estaban latentes.
- Los integrantes de este nicho de mercado están dispuestos a pagar suficientemente a los proveedores que les vendan el producto o el servicio que cumpla sus expectativas.
- La voluntad clara y patente de los integrantes del nicho de mercado demuestra esta predisposición.
- En esa parte del mercado existen pocas empresas proveedoras para satisfacer estas necesidades; a veces, ninguna.
- La aportación soluciones desde la oferta requiere de la existencia de proveedores especializados y capaces que quieran ponerlas en práctica con carácter comercial.
- El análisis técnico del nicho dará como resultado que este mercado tiene un tamaño suficiente como para ser viable y rentable.

Actividad propuesta 3.2

Formad equipos de trabajo para entrar en internet. Utilizad alguno de los buscadores para encontrar información sobre **nichos de mercado** que vayan a ser interesantes en un futuro cercano o lo sean en la actualidad, para emprender algún tipo de proyecto empresarial a corto plazo.

Se pide que en cada equipo seleccionéis uno de estos nichos y redactéis un pequeño documento con los comentarios que se os ocurran sobre los contenidos que hayáis encontrado y sobre el nicho de mercado que hayáis seleccionado, así como sobre la manera de atacarlo en un futuro, como si fuera una empresa que vais a intentar crear.

Añadid fotos y cualquier otro elemento que os pueda servir para realizar y presentar un trabajo más excelente.

Sabías que

Modificar a su favor la percepción de los clientes ante las soluciones que se les proponen y conseguir que se orienten hacia él sus preferencias compradoras es una de las más importantes tareas del emprendedor.

Nota técnica

Tenemos que pensar siempre en que el cliente tiene expectativas y objeciones que muchas veces mantiene ocultas. Somos nosotros los que hemos de tratar de conocerlas para dar cumplida respuesta a las mejoras técnicas y económicas que el cliente puede esperar que sucedan en su empresa con nuestra solución y a las lógicas expectativas de retorno que él desea para su inversión.

¿Sabías que

En la Unión Europea el 99,8 % de las empresas son pymes. En España hay más de tres millones de empresas y también más del 99 % son pymes, es decir, empresas sin ningún asalariado o con menos de diez personas en su plantilla.

3.2. Empresas de base tecnológica. Innovación para crear nuevos productos

Las personas con espíritu **emprendedor** están dotadas también de **espíritu innovador;** tienen la voluntad de ensayar nuevas experiencias o de hacer las cosas de manera diferente, simplemente por la mera existencia de la posibilidad de cambio. Para ellos, emprender supone desarrollar capacidades para experimentar con ideas propias y ajenas y para reaccionar ante el cambio con intuición, apertura de mente y flexibilidad (Figura 3.5).

Figura 3.5. Un emprendedor muestra la firme voluntad de ensayar nuevas experiencias o de hacer las cosas de manera diferente, simplemente por la mera existencia de la posibilidad de cambio, huyendo del trabajo rutinario.

En el terreno de las empresas y en relación íntima con el espíritu emprendedor, este encuentra siempre el camino para aplicar su capacidad de innovar creativamente y de proponer sugerencias para el lanzamiento casi constante de nuevos productos. Para apoyarse en estas capacidades el emprendedor sabe que:

a) El producto (entendiendo por producto tanto los bienes físicos como las ideas y los servicios) es una de las variables clave del mix de marketing de cualquier empresa.
b) El producto es importante, porque si multiplicamos este apartado del producto por el de los precios nos da como resultado la cifra de ventas.

Cuando la empresa se queda estancada, sus posibilidades de crecimiento pasan siempre por alguna de las situaciones estratégicas propuestas por el matemático y economista estadounidense de origen ruso, Igor **Ansoff,** en 1957, en su famosa **matriz.** Una matriz es una representación gráfica con cuatro posibles soluciones a un problema) en la que se muestran las combinaciones posibles para que una empresa fije sus estrategias de futuro (Figura 3.6).

Matriz de I. Ansoff

	Productos de hoy: gama actual	**Productos de mañana: gama futura**
Mercados de mañana: clientes nuevos	Estrategia de expansión Desarrollo de mercados	Estrategia de diversificación Nuevos clientes Nuevos mercados
Mercados de hoy: clientes actuales	Estrategia de intensificación Mejoras tácticas	Estrategia de expansión Desarrollo de productos

Figura 3.6. Matriz de Ansoff: vincula las diferentes estrategias que tienen las empresas para lograr crecimiento a la tipología de clientes actuales/futuros (eje de ordenadas) con la gama de productos presentes/futuros (eje de abscisas).

Cuando una empresa ve que debe forzosamente **hacer algo** para crecer de manera rentable tiene una de estas cuatro posibilidades:

a) Con los productos que hoy tiene a los clientes que hoy tiene (casilla inferior izquierda de la matriz) el empresario debe practicar una **estrategia de intensificación.** Es decir, que debe introducir **mejoras** que gusten a sus clientes: mejorar la calidad, mejorar la forma de pago, llevarles los productos más rápidamente, etc. (Figura 3.7).
b) Cuando ya no le sirva la estrategia de intensificación (porque ya no puede hacer más mejoras), el empresario debe pensar en una doble vía:
   - A los clientes que hoy tiene les ofrece nuevos productos.
   - Con los productos que hoy tiene busca nuevos clientes.

   A ambas estrategias (localizadas respectivamente en las casillas inferior derecha y superior izquierda de la matriz) se las conoce como **estrategias de extensión** o **de expansión** (Figura 3.8).

Figura 3.7. La estrategia de intensificación conlleva la introducción de mejoras que provoquen que el producto resulte más atractivo para el cliente.

Figura 3.8. Cuando no es posible la introducción de más mejoras (estrategia de intensificación), el empresario debe recurrir a estrategias de expansión mediante la búsqueda de nuevos clientes o de nuevos productos.

c) La vía estratégica de la casilla superior derecha consiste en buscar nuevos clientes a los que ofrecer nuevos productos. Es la denominada **estrategia de diversificación** (Figura 3.9).

Figura 3.9. La estrategia más compleja y a la que se debe acudir en última instancia es la que consiste en la búsqueda de nuevos clientes a los que ofrecer nuevos productos (diversificación).

Como nos pasa a las personas, los productos no son eternos. Todos los productos tienen una vida limitada y, por eso mismo, la empresa debe planificar constantemente el lanzamiento de nuevos productos, nuevas ideas y nuevos servicios. O la empresa planifica una estrategia de nuevos lanzamientos permanentemente o, al menos, la empresa debería estar dispuesta siempre a hacer innovaciones creativas, basadas en las necesidades nuevas que se hayan ido detectando en los mercados donde van a desarrollar sus actividades, lo que quiere decir que el emprendedor debe estar continuamente «a la caza y captura» de nuevas ideas, para analizarlas convenientemente y para planificar y gestionar su activación.

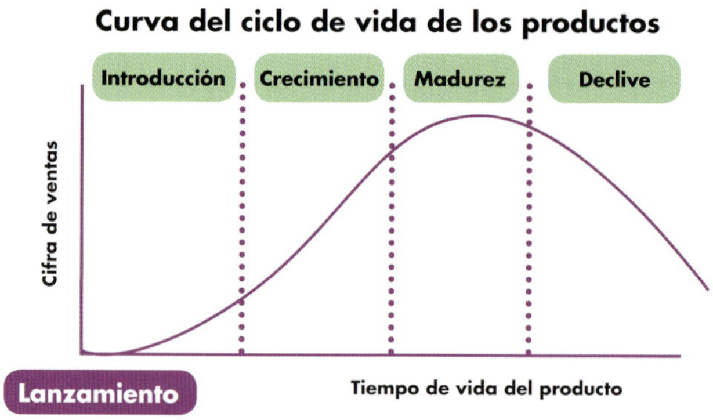

Figura 3.10. El ciclo de vida de un producto conlleva que la cifra de ventas aparezca tremendamente vinculada a la madurez del producto. Vemos que estas muestran su mejor comportamiento en las dos fases intermedias (crecimiento y madurez) y el peor en los dos extremos (introducción y declive).

El ciclo de vida de un producto supone que todos los productos, desde que se lanzan hasta que se extinguen, pasan por diferentes fases o etapas. Por ello, es necesario definirlas bien, no solamente para pronosticar un esquema de su vida y de su futura muerte, sino también para tomar decisiones.

Actividad propuesta 3.3

A continuación, te mostramos una lista de productos tecnológicos:

Se pide que determines el momento de la vida de cada uno de ellos (en la curva de la vida del producto: lanzamiento, introducción en el mercado, crecimiento, etc.), según tu opinión personal. Razona brevemente esta opinión, en un par de líneas.

- Fax.
- Teléfono móvil.
- Tarjeta de crédito.
- Máquina de fotos Polaroid.
- Máquina de juegos situada en un bar.
- Videoconsola.
- Ordenador portátil.
- Gimnasio urbano.
- Ventilador casero.
- Microondas.

3.3. Mercados de bienes tecnológicos

Los **mercados de bienes tecnológicos** representan el marco comercial en el cual se desenvuelven las empresas que compran y venden este tipo de productos. Son, además, el entorno en el que se desarrollan las actividades de innovación, invención e investigación, para la aparición exitosa de nuevos productos.

¿Sabías que?

Una de cada seis empresas europeas, una de cada cuatro empresas japonesas y una de cada ocho empresas estadounidenses tienen concedidas licencias sobre tecnologías patentadas por otros y que esto es una tendencia que tan solo está empezando ahora a consolidarse.

Los factores clave de estos mercados de bienes tecnológicos son los siguientes.

- Uso frecuente del registro oficial (patentes de invención o de modificación) de los productos tecnológicos, para asegurar y proteger su propiedad intelectual.
- Aumento creciente de la comercialización de licencias y de derechos de fabricación entre empresas.
- Seguimiento controlado de la información sobre patentes, como un claro avance contra las infracciones procedentes de terceros.
- Crecimiento moderado de la innovación conjunta y en alianzas.
- Incremento notable del valor de las transacciones comerciales en todo el mundo.
- Dificultades de comparación de los productos por los compradores, dada la superespecialización de los nuevos productos.
- Aparición de nuevos intermediarios que facilitan las transacciones.
- Gran potencial de crecimiento futuro: nuevas empresas y nuevos productos.
- Evolución constante de los mercados tecnológicos que deja ver ya que se van a abrir muchas posibilidades nuevas para la innovación y el desarrollo comercial.
- Crecimiento concentrado en algunos sectores, como la biotecnología, la electrónica, los semiconductores y las tecnologías de la información y la comunicación (TIC).

El mercado de productos tecnológicos tiene su base en la electrónica, una ciencia que se fundamenta en la física y en la ingeniería. Su principal objetivo es el estudio y la gestión de la conducción y del control del flujo de los electrones y de otras partículas cargadas eléctricamente.

En términos técnicos, la **electrónica** (y, más concretamente, la ingeniería electrónica, la electromecánica o la informática) es una de las partes de la física que estudia los cambios y los movimientos en el flujo de los electrones libres y de las demás partículas cargadas de electricidad por la acción de las fuerzas electromagnéticas y los utiliza en aparatos que reciben y transmiten información. También se puede integrar en este concepto la técnica (o la ciencia, si se quiere) que aplica estos conocimientos a los distintos ámbitos de la industria.

Como todas las ciencias, la electrónica ha ido evolucionando a lo largo del tiempo y abarca actualmente múltiples campos de aplicación. Entre otros, los que tienen que ver con:

- Electrónica de consumo.
- Informática.
- Telefonía.

- Comunicación audiovisual.
- Fotografía.
- Pequeños aparatos electrodomésticos (PAE).

Nota técnica

Edison, Fleming, De Forest, Bardeen y Brattain son nombres importantes dentro de la evolución de la ciencia electrónica. Gracias a sus trabajos, hoy es posible la distribución de información y de energía eléctrica y la creación y detección de campos electromagnéticos.

- Tecnologías de la información.
- Telecomunicaciones.
- Videojuegos.
- Industria del ocio.

Actividad propuesta 3.4

A continuación, te mostramos varias marcas de fabricantes de productos de electrónica de consumo. Se pide que trates de completar la lista con al menos cinco marcas que no estén incluidas en ella.

Cuando las encuentres, deberás añadir en un breve documento aparte, con un pantallazo (o una foto) de sus páginas web, con una pequeña lista particular de los productos que cada una de ellas vende.

- Apple.
- Philips.
- Sony.
- Casio.
- Nokia.
- Panasonic.
- Hewlett Packard.
- LG.
- Canon.
- Toshiba.
- Samsung.

3.4. Proceso de venta de productos tecnológicos

Cualquier situación empresarial requiere de la aplicación de un tipo de **marketing específico**, pero —hay que hacer siempre un potente énfasis en ello— no de un marketing especial.

Es cierto que cualquier situación comercial requiere de una estrategia y de unas tácticas o políticas que estén de acuerdo con los objetivos que se pretenden, pero eso no significa que debamos contar (o inventar) en cada caso con un marketing especial para ello.

Nota técnica

En el marketing, como en la medicina o en la música, hay unos elementos clave que son la esencia de sus actividades. Es obvio que existen «medicinas especiales» (la medicina tropical, por ejemplo), como también existen diferentes tipos de música. Pero siempre se basan en los mismos fundamentos, aunque se apliquen de diferente forma. Lo que no tiene mucho sentido es establecer que existe, por ejemplo, una «música militar», por el mero hecho de que algunas obras (pasodobles muy conocidos, por ejemplo) se empleen en servir de acompañamiento a las tropas en sus desfiles. Los «apellidos» de las ciencias están bien para que las personas interesadas en ello entiendan sus planteamientos; pero, eso no implica que estemos ante nuevos tipos de marketing, sino solo ante nuevos enfoques o nuevas aplicaciones. La base del marketing sigue siendo el verbo **conocer;** para, una vez conocidos los factores que nos interesan, aplicar estos conocimientos a optimizar las relaciones entre clientes y vendedores, con el objetivo común de rentabilizar sus actividades en beneficio recíproco.

Es un hecho incontestable que el primer marketing se desarrolló inicialmente en el sector de los productos de consumo masivo. Y también lo es que es de él de donde se han adaptado las técnicas, las herramientas, los conceptos y los enfoques de gestión, según han ido evolucionando las necesidades y las motivaciones compradoras de todo tipo que genera cada día el ser humano. Las diferencias (que las hay, por supuesto, entre las distintas actividades humanas) son operativas, pero no conceptuales.

Una de estas diferenciaciones operativas viene dada por la **complejidad** mayor o menor de las transacciones comerciales (no es exactamente lo mismo vender un cepillo de dientes que una máquina de embotellar cerveza) y de la relación entre comprador y vendedor y no por otros matices menos relevantes.

Todo ello se conoce como **técnicas de venta compleja** o **venta técnica,** con cuyas categorías se trabaja en los intercambios comerciales que algunos de los productos tecnológicos (por supuesto, no todos) necesitan. En general, se denominan ventas técnicas o ventas complejas aquellas ventas para cuya conclusión se requiere la participación activa (y muchas veces la aprobación) sucesiva, implícita o simultánea de varias personas (un comité de compras, por ejemplo). A continuación, exponemos las características principales de este proceso comercial.

Para vender no solo hay que saber estar delante del cliente. Hay que aprender también a:

- Establecer relaciones con las personas que nos interesan; y a no establecerlas con las que no nos interesan (Figura 3.11).

Figura 3.11. Una de las bases de la venta exitosa consiste en el establecimiento de relaciones duraderas con los clientes.

- Distinguir las actitudes clave del cliente, porque son las que pueden hacer que logremos la venta; y distinguir también las que pueden hacer que fracasemos y la perdamos (Figura 3.12).

Figura 3.12. Conocer las actitudes de compra de nuestro cliente potencial es fundamental para lograr el éxito en la venta de nuestro producto. Teniendo en cuenta que todas las estrategias de marketing van dirigidas a satisfacer las necesidades de los clientes, lo primero que tenemos que saber perfectamente es a qué perfil nos dirigimos.

- Conseguir clientes satisfechos, además de lograr solamente pedidos (Figura 3.13).

Figura 3.13. Un cliente satisfecho reiterará la compra del producto en caso de necesidad. En cambio, el cliente insatisfecho no solo no volverá a ejecutarla, sino que además será fuente de transmisión de su descontento, con las nocivas consecuencias que ello conlleva.

- Minimizar en lo posible el nivel de incertidumbre de la venta técnica, que implica identificar las influencias compradoras del cliente y reconocer las señales de peligro (Figura 3.14).

Figura 3.14. El hecho de que cualquier venta técnica requiera de la participación activa, sucesiva, implícita o simultánea de varias personas introduce un elemento de incertidumbre elevadísimo en el sistema; de ahí que el éxito sea el resultado de la perfecta interacción de todos los intervinientes.

Los elementos clave que hemos de tener en cuenta para gestionar correctamente este tipo de técnicas son:

- Conocer a fondo cuáles son las **influencias compradoras** que intervienen en la operación comercial. Estas influencias son de cuatro tipos:
  - Influencia del comprador económico.
  - Influencia del comprador usuario.
  - Influencia del comprador técnico.

- Influencia de los prescriptores (gente que influye en el resultado de la venta, tanto desde dentro de la organización interna del cliente, como desde la empresa del vendedor, o desde fuera de ambas).

Manejar y gestionar con precisión estas influencias tiene un valor extraordinario para el éxito de la venta (Figura 3.15).

Figura 3.15. Conocer las influencias y las motivaciones resulta clave para entender su comportamiento. El afán de superación, el sacrificio o la lucha contra una pared pueden ser alguna de las causas que inciden en un escalador. Por tanto, cualquier acción comercial que queramos emprender vinculada a la escalada necesariamente deberá estar informada por el proceso subjetivo y de las influencias que tiene un escalador para enfrentarse a una montaña.

- Determinar las **banderas rojas,** qué significan alarma o peligro. Las incertidumbres de la venta son riesgos que se deben asumir siempre, pero no tienen por qué significar que sean elementos inconvenientes. Son elementos positivos, como lo son las señales de tráfico, por ejemplo: un semáforo en ámbar no es un estorbo innecesario; es un elemento positivo que nos ayuda a identificar el riesgo potencial antes de que se produzca (Figura 3.16).

Figura 3.16. Las banderas rojas son señales de alarma o peligro, pero debemos verlas como elementos positivos: precisamente operan como advertencia y/o detección de cualquier contingencia que pueda surgir en la venta, permitiendo corregir a tiempo las deficiencias observadas.

- Saber cuáles son los posibles **modos de respuesta de los clientes.** Son las reacciones del comprador ante el cambio personal y profesional que le produce la situación de encontrarse dentro de la circunstancia de una venta. Si conociéramos previamente la percepción reactiva del cliente ante este cambio, eso nos sería muy positivo para nuestros objetivos de venta (Figura 3.17).

Figura 3.17. Si ponemos a un comprador ante la tesitura de una compra que le puede provocar un cambio personal o profesional que entienda como negativo, la única respuesta que obtendremos es la de rechazo. Conocer de antemano la reacción de un cliente nos permitirá anticipar cuál será su comportamiento ante el cambio que le proponemos al ofrecerle nuestro producto.

- Los **resultados ganadores recíprocos** responden a una matriz de cuatro cuadrantes en la que el resultado ganador perfecto es el **yo gano/tú también ganas.** Ninguna de las otras tres opciones de la matriz significa un resultado exitoso a medio plazo. La opción **yo gano/tú pierdes** es válida para hoy, pero no logrará conseguir clientes satisfechos en el futuro. La opción **yo pierdo/tú ganas** es desastrosa para nuestra empresa. Y la última alternativa, **yo pierdo/tú también pierdes,** es absolutamente irracional para todos y no merece ser considerada (Figura 3.18).

Los resultados ganadores recíprocos

Yo gano/tú ganas	Yo gano/tú pierdes
Tú ganas/yo pierdo	Tú pierdes/yo pierdo

Figura 3.18. La matriz de resultados ganadores recíprocos (o de juegos cooperativos) tiene su base en la teoría de juegos de la economía moderna y es también denominado dilema del prisionero. En este caso, si bien los resultados más equitativos aparecen definidos por los dos intervalos en los que ambos ganamos o perdemos por igual (cuadrantes azul y rojo), el único óptimo (porque genera la máxima utilidad para los dos) es el cuadrado azul (en el que ambos ganamos y, además, ganamos en la misma proporción).

Nota técnica

Si somos capaces de mirar más allá de la obtención del pedido, lograremos clientes satisfechos y seducidos, relaciones comerciales a largo plazo y no solo operaciones de compraventa aisladas; obtendremos también la repetición de las compras por los clientes satisfechos, su fidelidad en el futuro y diversas referencias vendedoras positivas que podremos presentar como garantía y confianza a los nuevos clientes.

- El **embudo de las ventas.** La venta es una especie de embudo (a todos los vendedores nos gustaría que fuera un cilindro, pero eso no es posible) en el que existen muchas oportunidades de entrada (el mercado) por la boca más ancha, pero —como es lógico—, no tantas realidades efectivas de venta en la boca más estrecha. La buena solución no es tan solo «echar» posibles clientes por la parte de arriba y esperar «pacientemente» clientes reales y efectivos en la de abajo. Hay que actuar, hay que «hacer algo», hay que maniobrar inteligentemente y gestionar de manera activa los recursos técnicos y comerciales a nuestro alcance, para que los clientes potenciales sepan encontrar con facilidad y con nuestra ayuda el camino de una compraventa que termine siendo exitosa y rentable para las dos partes del proceso (Figura 3.19).

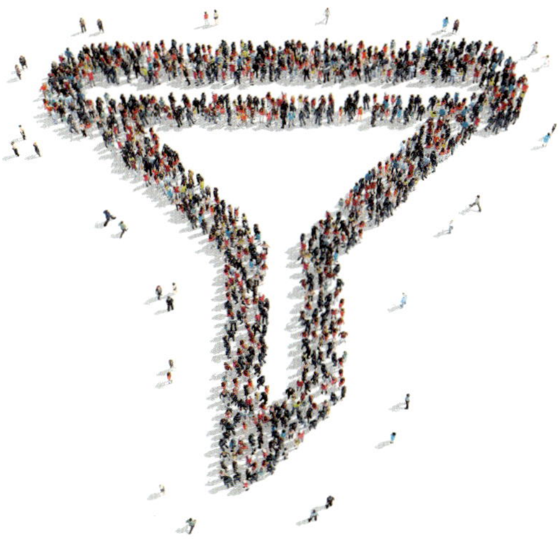

Figura 3.19. El embudo de las ventas hace referencia al proceso mediante el cual se producen más o menos clientes rentables en función del grado de cumplimiento de los filtros comerciales previos. Por tanto, la misión consiste en que la parte de abajo del embudo tenga el mismo diámetro que la de arriba, es decir, que todos los clientes potenciales se conviertan en clientes reales (muestren conducta compradora), lo cual, aunque imposible, no deja de ser la situación idílica.

- Determinar cuál es el **perfil del cliente ideal.** El cliente ideal es un cliente que nos permite realizar buenas ventas, que se instala junto a nosotros en el cuadrante **yo gano/tú ganas,** que exige cordial y razonablemente nuevas oportunidades de mejora y que nos deja aportar también nuevas variables de innovación creativa a las operaciones recíprocas conjuntas.

Actividad propuesta 3.5

A continuación, te mostramos varios productos tecnológicos que, a fecha de hoy, podemos considerar como recientes (en un mercado, como el de los productos tecnológicos donde la obsolescencia es rapidísima):

- El I-Watch, de Apple.
- El Android L, de Google.
- El IOS 8, de Apple.

Se pide que añadas a esta lista breve otros cinco o seis productos más, explicando brevemente cuál es su función principal y cuáles (si las tiene) las funciones accesorias o complementarias.

Pero no basta con saber vender; hay que conocer previamente la situación del **mercado** que pretendemos atacar. En este sentido, para concretar con éxito la recogida de información sobre ese **mercado**, la prospección del mismo (denominada en términos técnicos **investigación de marketing** o **análisis del mercado**) es su herramienta clave.

Figura 3.20. De manera análoga a lo que sucede con la prospección del petróleo, en los mercados de productos y servicios utilizamos una herramienta de perforación que permite obtener toda la información que necesitamos para conocer su comportamiento: el marketing.

Se define la **prospección del mercado** (en inglés, *market prospecting*) como el conjunto de acciones de investigación, análisis y estudio, basadas en técnicas de marketing y realizadas por las empresas, para conocer, reconocer e identificar los hábitos compradores y las conductas de compra reales (actuales) o potenciales (futuras) de los consumidores, usuarios o utilizadores (de los clientes) tanto de ideas, como de productos físicos y de servicios.

Para conseguir estos objetivos de prospección e investigación, las empresas (preferentemente las empresas que están especializadas en ello) acuden a determinadas fuentes de información:

- **Fuentes de información primarias,** que pueden ser:
  - **Cualitativas** (porqués, motivos para comprar o no comprar). Algunas de estas técnicas cualitativas (que nos ayudan a conocer mejor nuestros mercados y a obtener una cierta proyección de las actitudes y las percepciones de los entrevistados ante los estímulos que se les presentan) son (Figura 3.21):
    - o La entrevista libre.
    - o La entrevista en profundidad.
    - o La reunión de grupo de discusión libre.
    - o Las técnicas proyectivas.
    - o Las técnicas de asociación de palabras.
    - o Los test de frases incompletas.

Figura 3.21. Las reuniones de grupo como fuente de información primaria cualitativa nos permiten conocer las reacciones de los entrevistados a los estímulos o cuestiones que se les plantean.

  - **Cuantitativas** (cantidades y números sobre la acción comercial que se pretende llevar a cabo), donde se encuentran los datos básicos que se necesitan para conocer el mercado. Algunas de las técnicas cuantitativas (que nos ayudan a conseguir datos numéricos para establecer sugerencias de comportamiento comprador futuro) son:
    - o Las entrevistas personales y las encuestas: telefónicas, por correo postal, por internet, etc. (Figura 3.22).

Figura 3.22. La entrevista personal como ejemplo de fuente primaria cuantitativa nos ayuda a recabar datos numéricos para establecer sugerencias de comportamiento de futuros compradores.

    - o Los paneles, que son encuestas técnicas a una muestra (aleatoria y representativa) de un mercado, para extrapolar los resultados obtenidos al universo (a la totalidad del mercado potencial de la empresa).
- **Fuentes de información secundarias,** que pueden ser:
  - **Internas** (en la propia empresa).
  - **Externas** (fuera de la empresa), en las que el investigador de marketing trata de localizar datos e informes que ya existen y que ya han sido procesados con anterioridad.

En el ámbito comercial y en el de marketing se persigue el éxito en las ventas. En este ámbito, si alguien puede influir en la conducta compradora de nuestros clientes (aunque este «alguien» no sea un comprador ni un usuario de lo que vendemos) eso constituye un factor que desde las empresas se valora de forma muy positiva. Cuando es posible una **acción prescriptora** de este tipo (una acción por la cual una persona o una entidad con capacidad y con prestigio para ello —por diversas razones: relación de cliente, amistad, relación societaria, etc.— influye activamente en las decisiones de compra de los clientes) merece la pena que la empresa la planifique antes ordenadamente y que considere a los prescriptores como puntas de lanza de la acción comercial de una empresa.

Redactar en este sentido, antes de nada, un buen **plan de prescriptores** facilita mucho estos cometidos.

Nota técnica

Algunos ámbitos de aplicación de la investigación del mercado son:

- Estudios sobre el producto que deseamos vender.
- Análisis de la posición de nuestra marca en el mercado.
- Análisis de las marcas de los competidores.
- Estudio sobre motivos de compra y características de los clientes,
- Estudio del funcionamiento y la organización de la red de ventas (vendedores propios).
- Estudio de los canales de distribución (intermediarios y prescriptores).
- Análisis de las estadísticas de ventas.
- Análisis de los costes de la distribución.
- Análisis cuantitativo del mercado: potencial y real.
- Estudios de opinión y de actitudes: análisis cualitativo.
- Estudio de los efectos de la publicidad y de las acciones promocionales.
- Estudio de los precios de venta.
- Análisis de las tendencias del mercado.

Actividad propuesta 3.6

Si tuvieras que redactar un plan de prescriptores, deberías hacer antes un pequeño sumario o índice de sus posibles contenidos.

A continuación, te mostramos de forma desordenada los apartados siguientes:

- Identificación de los prescriptores.
- Determinación de objetivos.
- Desarrollo de la base de datos.
- Breve introducción.
- Visitas de prescripción con clientes potenciales.
- Seguimiento de las acciones de prescripción y control de sus resultados.
- Preparación de la documentación de apoyo comercial para los prescriptores.
- Procedimiento de contacto y relación con los prescriptores.

Se pide que los ordenes de una manera que te parezca lógica, según tus puntos de vista personales. Como siempre, conviene que aportes un razonamiento breve final explicando por qué los has colocado de esta manera y no de otra.

3.5. Análisis del fenómeno de la moda y las tendencias

Los conceptos de moda y de tendencia son muy análogos, muy semejantes entre sí. Ambos se complementan uno al otro y son muchas las ocasiones en las que se utilizan de manera indiscriminada y confusa.

Por ello, vamos a tratar de establecer algunas diferencias conceptuales que nos sirvan para utilizarlos más adecuadamente.

Se entiende por **moda** un uso o costumbre que está en boga durante algún tiempo, o en determinado entorno o país. Y también es el gusto colectivo y cambiante en lo relativo a productos que se pueden comprar.

Se entiende por **tendencia** una inclinación o una propensión de los seres humanos y de las cosas hacia determinados fines u objetivos. El término también permite nombrar la idea (religiosa, económica, comercial, política, artística, etc.), por la cual alguien (individualmente o en grupo) se orienta en una determinada dirección.

Ambos conceptos se usan para definir un tipo de mecanismo social que regula (de alguna manera no determinada formalmente) las **preferencias** (en nuestro caso, las preferencias compradoras) de las personas.

También se utilizan para señalar el estilo o la costumbre que marcan de forma relevante una época o un lugar.

En el ámbito de los productos, tras el lanzamiento de alguna novedad (una idea, un producto físico o un servicio nuevos), puede nacer (o no) algún tipo de tendencia que más tarde se consolide como moda, dependiendo, claro, de que la idea, el producto físico o el servicio comiencen a ser adoptados por una masa importante de clientes compradores, capaces de provocar y de generar en el resto de un mercado la sensación de que dicha tendencia debe ser adoptada.

Si una amplia mayoría de ciudadanos o de empresas estandariza sus compras en la dirección que expresa la tendencia, lo normal, lo habitual, será que muchos la adopten como tal, aunque lo importante de este concepto de **moda** es que la mayoría, sean o no compradores activos de la citada **tendencia,** considere ya como algo normal que otros la adopten (Figura 3.23).

Figura 3.23. El lanzamiento de un nuevo producto puede generar el surgimiento de una tendencia (preferencia compradora) que, solo en la medida de que sea adoptada por un número importante de consumidores y que, además, estos sean capaces de convencer al mercado de que dicha tendencia debe ser aceptada, se convertirá en moda (estandarización de la conducta de compra con arreglo a la tendencia).

3.6. Agrupación de funciones. Nuevos usos y utilidades

En términos de producto, la **función** es el resultado de un proceso. Por ejemplo: la función de una impresora es imprimir, lo que significa transformar un papel que estaba en blanco en un papel escrito de acuerdo a unas instrucciones manuales o automáticas que un ser humano (directa o indirectamente) selecciona y activa.

A nuestros efectos, el producto tecnológico, el medio para llevar a cabo la transformación de la realidad, es la impresora; y la función de esta impresora es imprimir.

Lo que sucede, es que, en este mundo globalizado y competitivo, como ya hemos visto que pasaba con las empresas de servicios (que agregaban nuevos servicios complementarios al servicio básico) hay muchas empresas que incorporan nuevas funciones a sus productos y las agrupan junto con la función principal, para ofrecer al mercado un producto tecnológico más completo, a partir de dar solución a nuevas necesidades de los clientes, sean estas materiales o psicológicas.

Así, nuestra impresora básica, cuya función principal era imprimir, ve cómo se le añaden ahora otras funciones complementarias (escanear, por ejemplo) que la dotan de un valor percibido como **diferencial positivo** mucho mayor, de forma que, en caso de que una impresora no incorporara estas nuevas funciones, la preferencia compradora de los clientes potenciales se orientaría en el sentido de los productos que sí las tuvieran y no de los que carecieran de ellas (Figura 3.24).

Figura 3.24. En el ámbito de los productos tecnológicos la competencia continua entre los fabricantes provoca la transformación constante de la oferta mediante la inclusión de nuevas funcionalidades al producto primario o inicial; así, vemos cómo a la impresora normal se le han ido añadiendo nuevas funciones como las de escáner o fax, que son valoradas positivamente en el cliente, afectando a su comportamiento de compra.

Independientemente de cómo se realice esta transformación y de que el producto tecnológico incorpore funciones en forma de producto añadido o de servicio, la función de un producto significa siempre que este producto puede, deliberadamente y a propósito, transformar una realidad y hacer que una necesidad, hasta entonces insatisfecha, sea satisfecha por una nueva función antes deseada y ahora incorporada.

Esta impresora multifunción (es decir, un producto tecnológico que agrupa ahora varias funciones) necesita la integración de los medios adecuados para ello. Por ejemplo, si la impresora además de imprimir, puede escanear un documento es porque el fabricante ha agregado un medio, un elemento técnico, que permite esta nueva función. La **función** y el **medio** se diferencian de esta manera.

Como el transcurso del tiempo iguala a los productos en el mercado (unos a otros se copian o se asemejan funcionalmente), esto tiene como consecuencia que los fabricantes se esfuerzan en incorporar cada día a sus productos nuevas funciones:

- Funciones que buscan que el cliente perciba como diferencial la belleza estética u ornamental, a partir de nuevas formas, materiales más atractivos, nuevos colores, tamaños más reducidos, etcétera.
- Funciones de tipo más simbólico, apropiadas para clientes que quieren conseguir niveles más altos de estatus, de seguridad, de poder social, etcétera.
- Funciones puramente técnicas: un champú que además sirve como suavizante del cabello, un teléfono móvil que hace fotos, etcétera.

Actividad propuesta 3.7

¿Puedes nombrar al menos cinco productos que tengan varias funciones agrupadas? Te damos un pequeño ejemplo: un detergente para la ropa que, además, es suavizante. Pero, como estamos hablando de productos tecnológicos, ¿puedes hacer tu selección entre este tipo de productos y decirnos, además, su marca y hacer un breve reportaje con fotos sobre ellos en un documento? Como pistas de trabajo, te damos los siguientes tipos de productos:

- Un móvil que hace fotos.
- Una lavadora que seca la ropa.
- Un televisor que se conecta a internet.
- Un horno que se limpia solo, etcétera.

No es necesario que respondas de memoria. Puedes entrar en internet e informarte a fondo antes de contestar. Lo que sí debes hacer es incorporar a tu trabajo comentarios sobre tus elecciones y algunas fotos representativas.

Las necesidades de los seres humanos —de los clientes, en nuestro caso— no solo son necesidades materiales. El marketing moderno relaciona hoy las necesidades más con los aspectos simbólicos, psicológicos, emocionales y sentimentales del cliente que con las necesidades materiales que, por medio de sus distintas funciones, el producto satisface.

Recuerda que

Lo que yo, cliente, aprecio como valor (**valor percibido**) es mucho más valor que lo que el vendedor pretende hacer llegar a mi mente como un valor (**valor añadido**) Es decir, el verdadero valor de los productos hoy es más el valor percibido por los clientes que el valor añadido unilateralmente por el fabricante o por el comerciante.

Si hablamos de necesidades humanas, hablaremos de la famosa **pirámide de las necesidades,** que debe su nombre al norteamericano Abraham Maslow (Figura 3.25). Estas necesidades son:

- Las necesidades básicas o fisiológicas (las que están en la base de la pirámide) son la comida, el vestido y la vivienda.
- Las necesidades de seguridad siguen a las básicas y son tener un salario fijo, tener ya cubiertas las necesidades más elementales, vivir en una vivienda confortable, etcétera.

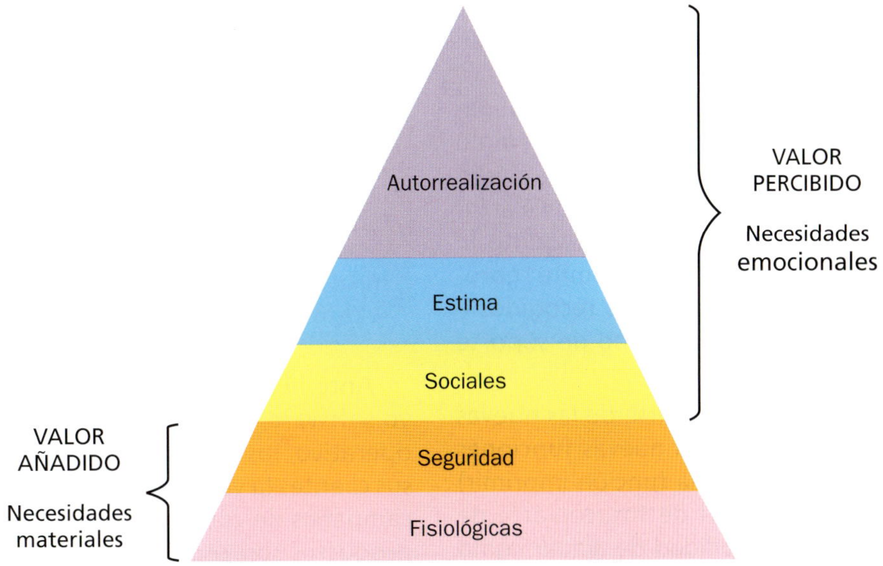

Figura 3.25. Según Maslow, solo en la medida en que el ser humano vaya cumpliendo sus necesidades primarias o materiales (fisiológicas y de seguridad) podrá seguir avanzando en los siguientes escalones de la pirámide que impliquen la satisfacción de necesidades emocionales (por este orden, sociales, de estima y de autorrealización).

- Las necesidades sociales son las de pertenencia social: tener amigos, practicar deportes en equipo, tener actividades sociales, etcétera.
- Las necesidades de estima están relacionadas con el éxito personal: el triunfo en el trabajo, en los proyectos, en los negocios, hacer una carrera profesional, etcétera.
- Las necesidades de autorrealización son aquellas que se relacionan con lo transcendente: pasar a la posteridad, ser reconocido públicamente, etcétera.

Sabías que

Según Maslow, el ser humano es un «animal deseante». Las personas no nos conformamos con la obtención de los niveles más bajos de la pirámide, sino que aspiramos a llegar a la cúspide.

Es fundamental entender por ello que lo emocional, los sentimientos, son factores mucho más potentes que las cualidades técnicas que se orientan a la mera solución de los problemas materiales de los clientes.

Nota técnica

Si nadie más que quien tiene sed (necesidad material básica) bebiera Coca-Cola, la empresa multinacional propietaria de esta marca hace años que ya habría cerrado sus puertas en todo el mundo.

En lo que se refiere a los nuevos usos y utilidades, una impresora (por seguir con el mismo ejemplo anterior) es un producto tecnológico que, por medio de una serie de mecanismos y de elementos (cartuchos de tóner) que activan de forma inteligente la distribución de la tinta sobre el papel, permite reproducir en un papel textos o documentos recogidos y almacenados previamente en algún tipo de soporte electrónico.

En cuanto a los **nuevos usos,** aparte de las nuevas funciones de impresión en 3D, las nuevas funciones de las impresoras (diferentes de la función imprimir) son, por ejemplo: la posibilidad de fotocopiar y de escanear documentos, la posibilidad de actuar como fax, la incorporación de lectores de memoria para la impresión directa de fotos realizadas en cámaras digitales o en teléfonos móviles, etc.

Respecto a las **nuevas utilidades,** podemos citar, por ejemplo, que la propia impresora pueda limpiar automáticamente sus cabezales de impresión, que detecte errores con notificación de mensaje al usuario, que gestione el control del nivel de tinta restante, o que realice la alineación automática de los documentos.

Continuando con el producto tecnológico (la impresora) que hemos tomado como ejemplo, hay que observar que, gracias a la agregación de nuevos accesorios y nuevos complementos funcionales, su manejo puede verse alterado (aunque no siempre complicado) por la nueva situación del producto. Unas veces este manejo se referirá a la utilización específica de la impresora, a la selección del tipo de papel o a las peculiaridades de su carga y otras, a la determinación del espacio donde va a ser instalada, a los usos correctos e incorrectos del producto, a la manipulación de los cartuchos de tinta o al uso del panel de control.

Habitualmente, los fabricantes acompañan sus productos tecnológicos con detalladas guías de uso, que muestran al usuario todas sus particularidades; incluyendo, como es lógico, las advertencias de seguridad.

¿Será mi PC portátil compatible con la última versión de Mac o de Windows? ¿Será este nuevo sistema que voy a instalar en mi móvil compatible con los productos que yo ahora utilizo? ¿Podré seguir utilizando mi impresora actual de ahora en adelante? ¿O tendré que tirar todo lo que uso a la basura y comprar todo nuevo?

Recuerda que

El lanzamiento de un nuevo sistema operativo de los elementos electrónicos introduce siempre un cierto toque de incertidumbre para el usuario. Si bien la mayoría de los fabricantes ofrecen conectores y *drivers* actualizados para numerosos productos, es inevitable que muchos otros (en todos los sectores, pero mucho más en el de los productos tecnológicos) alcancen el final de su vida útil y se caigan de la lista.

Ante la salida de un nuevo producto, de un nuevo software, de una nueva app, de un nuevo sistema operativo, los fabricantes se apresuran a comunicar a sus clientes (a veces con costosas, pero imprescindibles campañas de comunicación y de promoción) que sus productos son compatibles al cien por cien o que se pueden acoplar rápidamente a través de procesos de actualización sencillos de instalar y fácilmente disponibles.

Finalizando con el ejemplo de nuestra impresora, bandejas de salida clasificadoras y multiuso, dispositivos ecológicos de ahorro de tinta, elementos activadores del modo reposo, alimentadores automáticos de papel, tarjetas de interfaz de red, tarjetas de ampliación de memoria, detección de elementos complementarios, tales como CD, *pendrives*, etc. son elementos de compatibilidad y de utilización multifuncional que suponen un **plus de valor** (sobre todo de valor percibido) que se agrega al valor básico del producto.

3.7. Catálogos y manuales de instrucciones. Servicio posventa

Los productos sencillos, un balón de fútbol o un bolígrafo, no requieren de ningún tipo de explicación sobre sus usos o sus funciones. Los productos complejos, como un ordenador o una impresora, sin embargo, o forman parte de algún tipo de documento en el que se referencia la gama completa de los productos y servicios de una empresa (**catálogos**), o van acompañados de un documento que muestra al usuario los detalles de su manejo y de su funcionamiento (**manuales de instrucciones**).

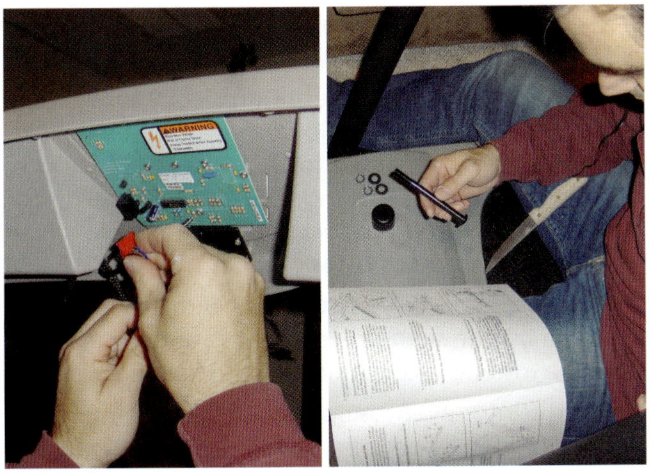

Figura 3.26. Es habitual que los productos tecnológicos incorporen manuales de instrucciones que ilustran al usuario en el proceso de montaje, utilización y mantenimiento del bien y en algunos casos incorporan advertencias de seguridad que eviten riesgos potenciales inherentes al propio producto (eléctricos, químicos, etcétera).

Los productos tecnológicos incorporan habitualmente instrucciones de uso, tanto en sus catálogos como en los manuales de utilización. Ambos elementos, catálogos y manuales de instrucciones, son documentos explicativos de cómo se debe realizar una tarea o de cómo se debe usar un producto, tanto para instalarlo correctamente como para saber manejar sus componentes o, incluso, como una medida de seguridad y de prevención de riesgos potenciales (Figura 3.26).

Un **catálogo** es un listado (más o menos ordenado y extenso) de la gama completa, de la totalidad, de los productos de una empresa. El **catálogo comercial** (hay varios tipos de catálogos, pero este es el que ahora nos interesa) es un documento de comunicación e información, generalmente impreso, en el cual una empresa (o un comerciante) muestra a sus clientes (actuales o potenciales) las características de su actividad y la oferta completa de sus productos o de sus servicios. De forma habitual, los catálogos son documentos visuales que contienen breves descripciones y datos de interés sobre cada producto, línea o familia y su objetivo principal es la información y la promoción comercial de todos ellos (Figura 3.27).

Figura 3.27. Los catálogos comerciales incorporan tanto las características de la actividad como la gama de productos ofertados con una finalidad comercial o promocional.

Si nos centramos en su contenido (que debería ser realizado o aconsejado por expertos del diseño), los catálogos suelen incluir:

- Unas palabras de salutación del empresario, señalando sus intenciones de futuro y sus esquemas principales de gestión: visión, misión, valores, etcétera.
- Una breve presentación de la empresa y de sus instalaciones: fotos, gráficos de ventas, etcétera.
- La totalidad de sus productos: con fotos y descripciones técnicas y con los detalles sobre pedidos, descuentos, precios, plazos, etcétera.
- Sus normas de calidad, medioambientales, servicio al cliente, motivación de los empleados, etcétera.

- Datos de contacto de la empresa: dirección, mapa, página web, cobertura territorial, etcétera.

Si el catálogo es de productos tecnológicos o industriales, contendrá más explicaciones técnicas; si es de productos de consumo, por el contrario, se centrará más en el diseño estético.

Habitualmente, un **manual de instrucciones** es un documento de comunicación e información técnica (de mayor o menor empaque y tamaño) que trata de brindar asistencia a los usuarios de un producto. Por lo general, el manual de instrucciones incluye los aspectos fundamentales de un producto y se suele poner como anejo al producto principal cuando este es difícil de manejar o cuando posee mecanismos complejos. Un manual de instrucciones es una guía que ayuda a entender el funcionamiento de algo, o bien que informa al usuario acerca de un tema, de una forma ordenada y concisa.

Por ejemplo, si el manual es de una impresora, incluirá —con un lenguaje ameno, para conectar con los lectores, aunque muchas veces (dependiendo de su personalidad y de sus características) el usuario ni siquiera lo consulte— los conceptos y las indicaciones necesarias para su utilización, detallando las funciones de cada una de sus teclas, las opciones de los diferentes menús, las funciones y aplicaciones disponibles, etc. Si fuera necesario, el manual de instrucciones deberá ser traducido a otros idiomas, para facilitar a cualquier lector internacional interesado la comprensión de su contenido.

Un manual de instrucciones suele incluir:

- Un sumario de sus contenidos.
- Una breve introducción al producto.
- Las instrucciones propiamente dichas
- Los datos de contacto (muchas veces obligatorios por ley) de la empresa.
- A veces, se incluye también un listado de preguntas frecuentes y de posibles problemas y la manera de solucionarlos.

¿Sabías que

La redacción de un buen manual de instrucciones consigue sensibilizar a los usuarios sobre los condicionantes del producto, lo que suele evitar luego muchas reclamaciones y quejas de los clientes.

El sector de los productos tecnológicos es un sector vivo y dinámico que cada día presenta innovaciones y nuevos productos, con los que las empresas tecnológicas intentan sorprender y maravillar al mercado para tratar de captar miles de clientes.

La presentación de estas novedades se desarrolla en un doble ámbito:

a) Presentación de productos nuevos directamente en charlas y presentaciones personales.
b) Presentación de las novedades en eventos específicos, convenciones y ferias especializadas (Figura 3.28).

Figura 3.28. En el caso del sector de la tecnología, es habitual que el lanzamiento de nuevos productos o novedades se realice aprovechando una convención o feria especializada en las que suelen participar las empresas punteras y a las que acuden personas vinculadas al sector, siendo más sencillo entablar relaciones comerciales.

En ambos casos, se necesita un cierto aprendizaje profesional previo, que es lo que va a facilitar el éxito en el posterior lanzamiento al mercado de los productos. Microsoft, Samsung, LG, Apple y las demás marcas punteras de productos tecnológicos lo saben y cuidan mucho todos estos detalles.

En cuanto a las presentaciones directas lo que se aconseja es que sean breves y consistentes para convencer a los que escuchan con argumentos sólidos.

Los distintos **eventos** en los que se pueden presentar novedades (especialmente las tecnológicas) son un escaparate perfecto para que conozcan nuestros productos y para iniciar y ampliar nuestros contactos comerciales. Lo normal es que el evento en el que estemos haciendo la presentación agrupe a lo mejor del sector y a muchas personas y empresas inicialmente interesadas.

Los consejos de los expertos (además de la preparación personal que hemos visto en el apartado anterior) giran alrededor de las siguientes consideraciones:

Consideraciones de los expertos

a) Tú eres la imagen de la novedad que vas a presentar. Procura prepararte mucho en los detalles. Y, si puedes, no leas tu discurso. Consulta notas, pero no leas.

b) No es bueno improvisar. Incluso los más afamados oradores y presentadores (aunque aparezcan ante su audiencia como si estuvieran improvisando con naturalidad) se preparan a conciencia y planifican muy a fondo sus intervenciones.

c) Ensaya, ensaya y ensaya, con un reloj (control del tiempo) y usa un espejo (control de los gestos y la comunicación no verbal). El ensayo es lo único que permite reducir la incertidumbre y lo que lleva a ganar en seriedad, en credibilidad y en seguridad.

d) Ve con tiempo al lugar de tu presentación. No llegues a la hora justa. Cuida mucho también los elementos técnicos de apoyo: cañón, PC portátil, teléfono móvil, conexión a internet, vídeos, páginas web, etc. Haz pruebas previas con todo lo que necesites. Las cosas (¡la Ley de Murphy no se equivoca!) suelen fallar cuando menos te lo esperas y la sensación negativa que dejarás con el fallo, será demoledora para tu audiencia.

e) No pretendas epatar a tu audiencia con alardes en las diapositivas, ni trabajes con diapositivas muy detalladas. Usa recordatorios genéricos. Los que leen un texto proyectado mientras hablas (suponiendo que no lo hayas escrito con un tamaño de fuente ilegible) ya no te están escuchando.

f) Cuida también mucho los apoyos gráficos: carteles, folletos, catálogos, etc. Todo tiene que llevar al mismo destino: encandilar a tus oyentes.

g) Relaciónate bien —antes, durante y después de tu presentación— con los medios de comunicación y con las redes sociales y facilítales las notas de prensa que ellos puedan enviar directamente a sus empresas.

h) Trata de ser original (sin pasarte) y conviértete en un presentador sorprendente para quienes te escuchen. Guarda y haz guardar el secreto de tus intervenciones. Que hablen de tu presentación es un plus inmejorable.

i) Sorprender es positivo; regalar algo es el no va más; pero regala algo que haga ilusión recibir. No importa solo su coste. Ponte en lugar de quien te va a escuchar y actúa en consecuencia.

j) La actitud personal que adoptes en el evento determinará una parte importante del éxito de tu participación.

k) Tu éxito no es solamente durante la presentación. Te conviene estar muy activo antes y después de ella. Actuar así te dará oportunidades de contacto y relación y te permitirá conocer mejor a tus clientes y a tus competidores.

Hemos visto ya que un servicio es un producto intangible. Y ahora nos toca hablar del servicio posventa. Una vez más, los conceptos se vuelven confusos, porque llamamos de la misma forma a cosas que son algo diferentes.

Este concepto de servicio (la misma palabra con distinto significado) no es tanto un producto, sino una actividad (en forma intangible, es cierto) que el vendedor pone en marcha para ofrecer al cliente un plus adicional a la compra efectuada.

Un **servicio posventa** es el conjunto de los esfuerzos tecnicocomerciales que el vendedor ofrece tras la compraventa a sus clientes para asegurar la solución de los problemas potenciales (posibles) que pudieran surgir, con el objetivo final de asegurar la operación comercial ya hecha y propiciar y fomentar la venta futura y repetida y estrechar las relaciones personales y profesionales con su mercado (Figura 3.29).

En este sentido, un buen servicio posventa afianza la calidad percibida del producto (o del servicio como producto intangible: este es un matiz de su diferenciación como concepto) y permite evaluar objetivamente esta calidad y encontrar vías y oportunidades de mejora a partir de la opinión de los propios clientes.

Figura 3.29. El servicio posventa persigue un doble objetivo: la solución de los problemas que puedan surgir al cliente tras la realización de la compra y asegurar la venta reiterada futura mediante el estrechamiento de los lazos comerciales fruto de la confianza.

Recuerda que

El servicio posventa se puede aplicar a los productos en sí (su instalación, su manejo, su funcionamiento, las reparaciones necesarias, etc.) o también se puede aplicar a los propios clientes (la formación para el manejo, el tratamiento de sus reclamaciones o quejas, etcétera).

En resumen, el servicio posventa es un valor añadido al producto (y es asimismo un valor percibido por los clientes) que las empresas ofrecen a su mercado tras las operaciones de compraventa de sus productos, para mantener y optimizar la satisfacción del cliente.

La satisfacción del cliente que compra un producto tecnológico (ya hemos apuntado algo antes referido a los servicios, en la Sección 2.10) es un estado de ánimo que resulta de comparar (al alza o a la baja) el rendimiento percibido de un producto o de un servicio con las expectativas esperadas. Todo ello significa que:

- Es probable que un cliente insatisfecho no vuelva a comprar. Es probable que un cliente satisfecho (mucho más, si está seducido) vuelva a comprar lo mismo (u otro producto) distinto del que ya ha comprado.
- Un cliente satisfecho comunica a otros clientes potenciales las experiencias positivas de un producto o de un servicio La empresa obtiene como beneficio una difusión gratuita que el cliente satisfecho realiza ante las personas de su círculo de influencia.
- Un cliente satisfecho deja de considerar a los competidores del vendedor como una opción de compra, lo que permite al vendedor incrementar sus niveles de participación (cuánta parte del mercado es suya) y penetración (en cuántos puntos de compra está presente) en el mercado.

Diversos estudios aseguran que al cliente le es más fácil valorar la calidad de un servicio que la calidad de un producto físico, ya que la percepción de calidad del servicio es más subjetiva y depende de la comparación que él hace entre el resultado de la prestación del servicio y sus propias expectativas. En concreto, esta satisfacción del cliente se puede valorar de dos maneras:

a) Estableciendo de manera objetiva la diferencia entre las expectativas que el cliente tenía antes de adquirir o recibir el producto o el servicio y el rendimiento que ha percibido después; es decir, el resultado que el cliente que ha obtenido del producto o del servicio que compró.

b) Tomando en cuenta solo las percepciones; es decir, se valora el rendimiento percibido, pero no las expectativas posibles del cliente.

Nota técnica

Las principales características del rendimiento percibido por el cliente son:

- Lo que cuenta es el punto de vista del cliente, no el del vendedor.
- Se fundamenta en los resultados que el cliente obtiene tras la compra.
- Está basado en las percepciones del cliente, que no necesariamente se tienen por qué corresponder con la realidad.
- Sufre el impacto de las opiniones de otras personas que influyen en el cliente.
- Depende del estado de ánimo del cliente y de sus razonamientos.

Sabías que

Las expectativas de los clientes se producen por el efecto de las promesas que sobre su producto hacen el vendedor y sus competidores y también por las experiencias de compras anteriores y por las opiniones del círculo de influencia personal y social del cliente sobre el producto o el servicio.

Los procedimientos y los métodos de sugerencias de mejora, que son la base de un posible documento formal denominado **plan de mejoras,** constituyen un buen medio de hacer fluir todo el potencial creativo y criticoconstructivo de la empresa. Fomentar en las personas (de dentro y de fuera de la empresa) la costumbre de aportar ideas que puedan suponer algún tipo de mejora en aspectos tales como la calidad, la productividad, la seguridad, los sistemas administrativos y comerciales, o el bienestar en el entorno del trabajo supone una rigurosa labor de análisis y de respuesta positiva (incluso aunque las ideas no lleguen a ponerse en práctica finalmente) por parte de la dirección de la empresa. Un buen sistema de sugerencias de mejora (que no solo consiste en instalar un simple «buzón de sugerencias», como es obvio) generará un elevado grado de motivación personal y hará patentes planteamientos altamente competitivos para la empresa (Figura 3.30).

Figura 3.30. La implantación de un buen sistema de sugerencias de mejora posibilitará que la empresa no solo obtenga información sobre el servicio prestado o el producto ofertado, sino también permitirá que recopile una valiosa información e ideas que le permitan mejorar la calidad de los mismos.

3.8. Flexibilidad de la empresa en entornos cambiantes. Venta *online*

Uno de los principales objetivos funcionales de las empresas (los objetivos que le sirven de herramienta al empresario para conseguir los demás objetivos más importantes que pretende: comerciales, económicos y sociales) es la **optimización** constante de su capacidad para adaptarse a los cambios que se producen en su entorno.

Para ello, en primer lugar, las empresas (esencialmente las de productos tecnológicos) deben ser conscientes de que ese cambio es una realidad que ya se está produciendo; y, asimismo, tienen también que aprender a gestionar bien sus capacidades de adaptación y de enfrentamiento positivo al cambio, para convertirlo en auténticas oportunidades de negocio.

El entorno empresarial moderno es un entorno dinámico que está siempre en movimiento, lo que exige a las empresas una adaptación permanente si quieren seguir teniendo éxito. Para ser rentables, para sobrevivir o para ser competitivos, los empresarios tienen que acomodarse al cambio o, incluso, deben adaptar sus estructuras y prepararlas para el cambio constante.

Se entiende por **venta *online*** la transacción electrónica que implica la compraventa completa de un producto, a través de internet y la entrega posterior al cliente del producto comprado, mediante el pago de un precio convenido previamente.

Dada la amplitud potencial de la demanda, este sistema de venta (aceptado y en crecimiento exponencial en todo el mundo) permite ajustar rápidamente las ofertas a las condiciones del mercado y también reducir los costes de la acción de venta, favoreciendo las relaciones y las transacciones comerciales a nivel planetario.

Figura 3.31. La venta *online* o *e-commerce* permite la puesta a disposición de un cliente de un producto que este ha adquirido previamente a través de internet.

En definitiva, lo que se pretende conseguir no es solamente vender *online,* sino la transformación digital de la empresa, un proceso para el cual deben estar preparados positivamente todos los niveles de su estructura.

Todas las actividades comerciales con ánimo de lucro que se realicen en internet por parte de un prestador de servicios *online* (sea este una persona física o una persona jurídica) están sometidas a la Ley 34/2002, de 11 de julio, de Servicios de la Sociedad de la Información y del Comercio Electrónico (LSSI-CE). En lo que se refiere a los datos personales de las partes intervinientes, las operaciones *online* están reguladas asimismo por la Ley Orgánica 15/1999, de 13 de diciembre, llamada Ley de Protección de Datos de Carácter Personal (LOPD).

Estas leyes (aunque hay que ser conscientes de las dificultades que tiene el derecho para ir a la misma velocidad que los cambios tecnológicos que a diario se producen) regulan los trámites exigibles para las operaciones comerciales que se realicen por esta vía, así como los medios instrumentales y las herramientas técnicas que en ellas intervengan, ya sea antes de la compra, durante, o tras la definitiva adquisición del producto.

Mapa conceptual

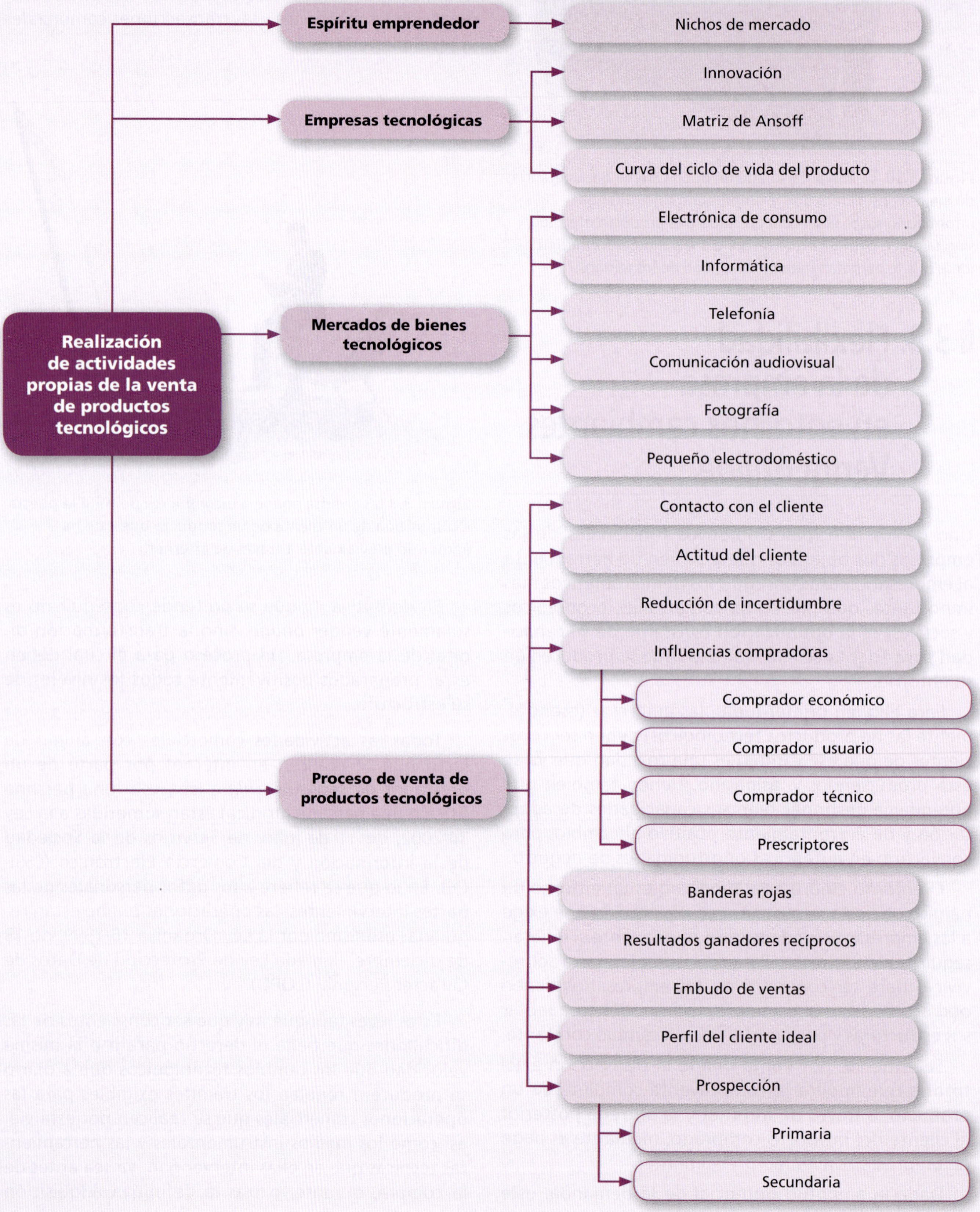

Mapa conceptual

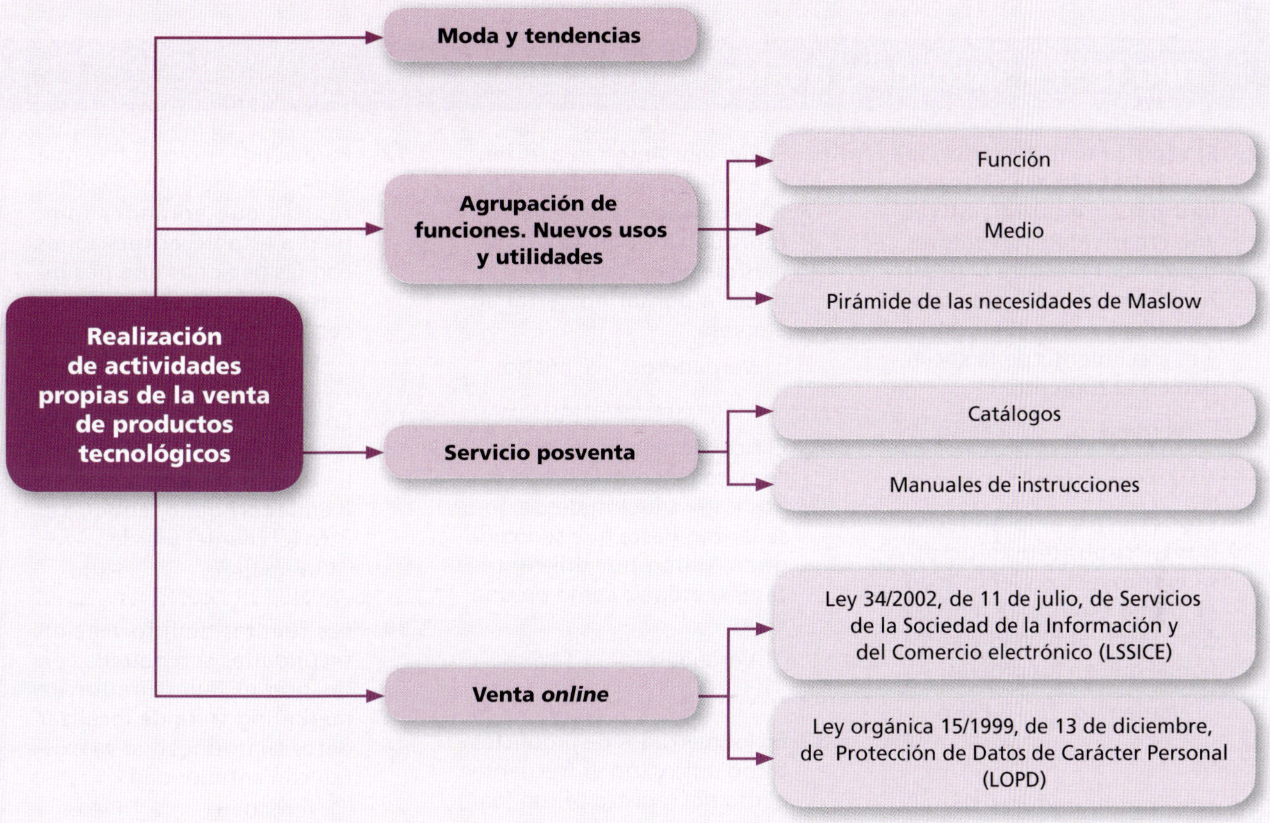

Actividades finales

TIPO TEST • Verdadero o falso

3.1. El espíritu emprendedor, la actitud abierta, la capacidad para tomar iniciativas y la creatividad son valores fundamentales para el desarrollo profesional y personal individual y para el progreso y el crecimiento de la sociedad en su conjunto.

☐ Verdadero. ☐ Falso.

3.2. Este espíritu emprendedor nunca supone involucrarse en proyectos ajenos, con el mismo espíritu de innovación, responsabilidad y autonomía que en los propios.

☐ Verdadero. ☐ Falso.

3.3. Los emprendedores tienen voluntad de innovar. Proponen permanentemente actividades novedosas, toman iniciativas y realizan acciones innovadoras y creativas.

☐ Verdadero. ☐ Falso.

3.4. La expresión «nicho de mercado» se refiere a la existencia de un mercado de reducidas dimensiones (un hueco) que no está debidamente atendido por la oferta.

☐ Verdadero. ☐ Falso.

3.5. Un manual de instrucciones suele incluir un sumario de sus contenidos, una breve introducción al producto, las instrucciones propiamente dichas y los datos de contacto (muchas veces obligatorios por ley) de la empresa.

☐ Verdadero. ☐ Falso.

3.6. Según Igor Ansoff, si a un empresario ya no le sirve la estrategia de intensificación (porque ya no puede hacer más mejoras), tiene que empezar a pensar en cerrar su empresa.

☐ Verdadero. ☐ Falso.

3.7. El ciclo de vida de un producto hace referencia a que todos los productos, desde que se lanzan hasta que se extinguen, pasan por diferentes fases o etapas; como en una vida.

☐ Verdadero. ☐ Falso.

3.8. En los mercados de productos tecnológicos, no es frecuente el uso del registro oficial (patentes de invención o de modificación) de los productos, para asegurar y proteger su propiedad intelectual.

☐ Verdadero. ☐ Falso.

3.9. Igual que les pasa a las demás ciencias, la electrónica ha ido evolucionando a lo largo del tiempo.

☐ Verdadero. ☐ Falso.

3.10. Las TIC son técnicas que gestionan información y la envían a distancia.

☐ Verdadero. ☐ Falso.

3.11. A partir del mercado de los servicios se han adaptado todas las técnicas, las herramientas, los conceptos y los enfoques de gestión que usa el marketing para aplicarlos en los productos de consumo.

☐ Verdadero. ☐ Falso.

3.12. Para vender no solo hay que saber estar delante del cliente. Hay que aprender también a establecer relaciones con las personas que nos interesan y a no establecerlas con las que no nos interesan.

☐ Verdadero. ☐ Falso.

3.13. Lo que importa en la venta técnica es que se dé la casilla de la matriz en la que yo (vendedor) gano, aunque el otro (el cliente) pierda.

☐ Verdadero. ☐ Falso.

3.14. Las fuentes de información secundarias son aquellas en las que el investigador de marketing trata de localizar datos e informes que ya existen con anterioridad.

☐ Verdadero. ☐ Falso.

3.15. Los prescriptores son una de las puntas de lanza de la acción comercial de una empresa.

☐ Verdadero. ☐ Falso.

3.16. Que una impresora pueda limpiar automáticamente sus cabezales de impresión es una de las nuevas utilidades del producto.

☐ Verdadero. ☐ Falso.

3.17. Se entiende por moda la inclinación o la propensión de los seres humanos y de las cosas hacia determinados fines u objetivos.

☐ Verdadero. ☐ Falso.

3.18. Las personas con espíritu emprendedor que están dispuestas a constituir una empresa no suelen plantearse ningún tipo de pregunta. Actúan y ya está.

☐ Verdadero. ☐ Falso.

Actividades finales

De comprobación

3.1. El espíritu emprendedor es algo absolutamente necesario:

a) Para hacer frente a la evolución de la demanda de empleo.

b) Para optimizar la gestión innovadora y creativa de las empresas.

c) Para fomentar la iniciativa y a la acción dinámica ante el profundo cambio social y económico que se está produciendo.

d) Todas las respuestas anteriores son correctas.

3.2. Una de las cuatro alternativas de respuesta que ves a continuación no es correcta. ¿Puedes decirnos cuál es?:

a) Los integrantes de un nicho de mercado tienen nuevas necesidades sobrevenidas y no satisfechas.

b) Los integrantes de un nicho de mercado pueden asimilar nuevas necesidades aparentemente desconocidas que estaban latentes.

c) Los integrantes de un nicho de mercado están dispuestos a pagar suficientemente a los proveedores que les vendan el producto o el servicio que cumpla sus expectativas.

d) Los integrantes del grupo desconocen sus similares necesidades y no pueden, por ello, pagar a quien les aporta soluciones.

3.3. La estrategia de diversificación es:

a) Nuevos productos para nuevos clientes.

b) Nuevos clientes para los mismos productos.

c) Los mismos clientes y los mismos productos.

d) Nuevos productos para los mismos clientes.

3.4. El producto es importante:

a) Porque si multiplicamos este apartado del producto por el de los precios nos da como resultado la cifra de ventas.

b) Porque su venta es parte importante de la cifra de nuestros ingresos como empresa.

c) Porque las ventas de los productos son las cifras de la que parten muchos de los cálculos numéricos en la empresa.

d) Todas las respuestas anteriores son correctas.

3.5. Los mercados de bienes tecnológicos:

a) Son el conjunto de las tiendas de electrodomésticos de una ciudad.

b) Son el marco comercial en el cual se desenvuelven las empresas que compran y venden productos tecnológicos.

c) Son las empresas fabricantes de ordenadores y teléfonos.

d) Ninguna de las respuestas anteriores es correcta.

3.6. Vender significa no solo estar delante del cliente. También hay que:

a) Conseguir clientes satisfechos, además de lograr solamente pedidos.

b) Minimizar, en lo posible, el nivel de incertidumbre que implica la venta técnica.

c) Identificar las influencias compradoras del cliente y reconocer las señales de peligro.

d) Todas las respuestas anteriores son correctas.

3.7. Lo que el concepto moda quiere también decir es que:

a) La mayoría de los ciudadanos se gasta el dinero comprando lo que vende nuestra empresa.

b) La mayoría de los ciudadanos, sean o no compradores activos de lo que está de moda, considera como algo normal que otros se gasten su dinero en ello.

c) La mayoría de los ciudadanos compre lo que todos compran.

d) Las compras que los ciudadanos hacen de los productos de mi empresa duren mucho tiempo, sean o no una mayoría los que los compran.

3.8. Las necesidades de estima, según Abrahan Maslow, están relacionadas con:

a) Contar con muchos amigos.

b) Tener éxito personal.

c) Vender cada día más.

d) Trabajar lo menos posible.

Actividades finales

3.9. Un catálogo es un listado (más o menos ordenado y extenso) de:

a) Lo que se vende y se compra en una tienda de barrio.

b) Las ventas que una empresa realiza en todo un año.

c) La gama completa de los productos de una empresa.

d) Las comisiones que cobran los vendedores.

3.10. ¿Cuál de estas afirmaciones no es correcta?:

a) Es probable que un cliente satisfecho vuelva a comprar lo mismo que ya ha comprado.

b) Un cliente satisfecho comunica a otros clientes potenciales las experiencias positivas del producto o del servicio que ha comprado.

c) Un cliente satisfecho nunca nos hará publicidad positiva del producto que ha comprado.

d) Un cliente satisfecho deja de considerar a los competidores del vendedor como una opción de compra para él.

Respuesta correcta

Escribe en tu cuaderno las respuestas correctas para completar las siguientes frases:

3.1. Las formas de trabajo están cambiando. El desempeño simultáneo de varias actividades profesionales o la actividad profesional ______________ son tan solo un par de ejemplos claros sobre ello.

3.2. El espíritu ______________ es un ingrediente esencial que está estrechamente ligado a la iniciativa y a la acción dinámica que el profundo cambio social y económico está operando desde hace ya unos años en nuestra sociedad.

3.3. La iniciativa emprendedora es una especie de filosofía, una forma de pensar y de actuar que implica la propensión personal para inducir ______________ cotidianos en uno mismo.

3.4. Las personas con espíritu emprendedor tienen ______________ en sí mismos.

3.5. Estas personas tienen también una sólida visión para afrontar los ______________ y los desafíos; y saben que esta cualidad ampliará sus posibilidades de éxito.

3.6. Si multiplicamos el apartado producto (cantidad de productos vendidos) por el de los ______________ (cantidades que se cobran por la venta de cada producto) nos da como resultado la cifra de ventas.

3.7. Lanzar permanentemente nuevos productos, es la garantía de nuestros ______________ futuros y de nuestra supervivencia rentable.

3.8. A pesar de las evidentes señales de crecimiento rentable y de los indicios de una actividad aparentemente muy ______________, el mercado de la tecnología es todavía un mercado muy incipiente.

3.9. La fotografía es la técnica de obtención de imágenes ______________ producida por la acción de la luz sobre una superficie especialmente sensible a ello.

3.10. Cualquier situación comercial requiere de una estrategia y de unas tácticas o políticas que estén de acuerdo con los objetivos que se pretenden; pero eso no significa que debamos inventar un ______________ especial para ello.

3.11. Se denominan ventas técnicas o ventas complejas aquellas para cuya conclusión se requiere la ______________ activa (y muchas veces la aprobación) sucesiva, implícita o simultánea (un comité de compras, por ejemplo) de varias personas.

3.12. Las incertidumbres de la venta son ______________ ______________ que se deben asumir siempre, pero no tienen por qué significar que sean elementos inconvenientes.

Actividades finales

3.13. Para llevar a cabo con éxito las operaciones de venta no basta con saber vender; hay que conocer previamente la situación del ______________ que pretendemos atacar.

3.14. Considerar a los prescriptores como punta de lanza de la ______________ comercial de una empresa es una decisión importante que como tal debe ser tratada.

3.15. Se entiende por moda un uso o costumbre que está en boga durante algún ______________, o en determinado entorno o país.

3.16. Una impresora (como producto tecnológico) es el medio para llevar a cabo la transformación de la realidad. La ______________ de esta impresora es imprimir.

3.17. Habitualmente, los fabricantes acompañan sus productos tecnológicos con detalladas ______________ de uso que muestran al usuario todas sus particularidades que incluyen, como es lógico, las advertencias de seguridad.

3.18. Por lo general, el manual de instrucciones incluye los aspectos fundamentales de un producto y se suele poner como anejo al producto principal, cuando este es difícil de ______________ o cuando posee mecanismos complejos.

3.19. El sector de los productos tecnológicos es un sector vivo y dinámico que cada día presenta ______________ y nuevos productos, con los que las empresas tecnológicas intentan sorprender y maravillar al mercado para tratar de captar miles de clientes.

3.20. Lo normal es que el evento en el que estemos haciendo la ______________ agrupe a lo mejor del sector y a muchas personas y empresas inicialmente interesadas en que se lo presentemos.

3.21. El servicio técnico no es un producto sino una actividad (en forma intangible, es cierto) que el vendedor pone en marcha para ofrecer al cliente un plus ______________ a la compra efectuada.

3.22. La satisfacción de un cliente es la sensación de placer o de decepción que resulta de comparar los resultados ______________ con los beneficios previstos anteriormente.

3.23. Las sugerencias de mejora constituyen un buen medio de hacer fluir todo el potencial ______________ y criticoconstructivo de la empresa.

3.24. Uno de los principales objetivos funcionales de las empresas es la optimización constante de su capacidad para ______________ a los cambios que se producen en su entorno.

3.25. Se entiende por venta *online* la transacción electrónica que implica la compraventa completa de un producto, a través de ______________ y la entrega posterior al cliente del producto comprado, mediante el pago de un precio convenido previamente.

3.26. Las operaciones *online* están también reguladas por la Ley Orgánica 15/1999, de 13 de diciembre, llamada Ley de Protección de ______________ de Carácter Personal (LOPD).

Casos prácticos

Caso práctico individual

A lo largo de su vida como ciencia, el marketing ha ido avanzando por diferentes etapas conceptuales. No es el mismo el concepto del marketing que tenemos hoy que el concepto del marketing que se tenía hace cien años. En todo este tiempo, como es lógico, este concepto ha pasado por distintas etapas.

En este caso práctico se pide que profundices un poco en cada una de ellas, que pienses históricamente en qué se vendía entonces y que sugieras algún producto que sea típico de cada etapa (por ejemplo, en la primera de ellas, los productos artesanos que se utilizaban para la agricultura). Deberás explicar tu razonamiento en unas breves líneas.

Actividades finales

- Etapa del marketing como mera producción. Se compraban y vendían solo los productos necesarios para el trabajo.
- Etapa del marketing enfocado al producto físico. La organización de las empresas vendedoras giraba solamente en torno a la política del producto y sus esfuerzos se enfocaban solo a la mejora continua de estos productos.
- Etapa del marketing orientado a la venta. Los clientes compraban a la empresa que mejor les convencía de las propiedades beneficiosas de los productos que ellos necesitaban. Había más oferta que demanda y se hacía obligatorio aprender a vender.
- Etapa del marketing que usa ya publicidad y métodos promocionales. El cliente compraba aquellos productos que reconocía (por sus marcas) y aquellos que venían acompañados de regalos o de promociones atractivas.
- Etapa del marketing como valor percibido. Lo que importaba ya no era lo que el vendedor decía de sus productos, sino lo que el comprador percibía como calidad adecuada a sus necesidades, tanto a los materiales como a las psicológicas y emocionales.
- Etapa del marketing moderno. Se incorporan a las relaciones comerciales los servicios (productos no tangibles) y las ideas. Se hace imprescindible determinar con precisión técnica las necesidades de los clientes (actuales y potenciales) y capacitarse para gestionar más sabiamente que los competidores las preferencias compradoras, ajustando a estas preferencias los productos que se venden.
- Etapa del marketing global. La integración del concepto marketing con los modernos sistemas de comunicación e información (sobre todo los medios de comunicación e internet) hace que el concepto marketing sea ya un concepto planetario. Los clientes están en cualquier entorno; no necesitamos para nada la cercanía física de antaño.
- Etapa del marketing orientado a la sociedad. Se fundamenta este concepto del marketing en la responsabilidad social de la organización (sea empresarial o no), que habla ya de preservar y mejorar el bienestar de los ciudadanos y el de la sociedad en la que el marketing desarrolla sus actividades.

Caso práctico para trabajar en equipo

Sois vendedores de una importante empresa que fabrica en el Sudeste Asiático un teléfono móvil que se activa tan solo con la vista, es decir, que puede ser controlado sin necesidad de tocarlo, ya que es capaz de hacer cualquier desplazamiento en la pantalla, simplemente mirándola. Tenéis la exclusiva de venta en Europa.

Ha aparecido una oportunidad de hacer un contrato muy importante, porque un prescriptor os ha presentado a los responsables de marketing de una importante marca de cerveza que están buscando una idea para una promoción interna.

Os proponemos que presentéis a la empresa fabricante un pequeño plan de venta técnica. Vuestro objetivo es vender este modelo de teléfono inteligente a esa gran empresa española que fabrica cerveza y que vende más de 1000 millones de euros al año de este producto.

El destinatario de los terminales móviles sería el personal de venta (los vendedores que visitan bares, cafeterías, restaurantes, tiendas, etc.), de los más de 800 distribuidores (son en total unas 3000 personas) que la empresa tiene en toda España, como una promoción para fidelizarlos y para que se motiven, con el fin de lograr un incremento del 5 % de las ventas de cerveza en el último trimestre del presente año.

El coste de esta promoción para la empresa cervecera podría ascender a más de un millón de euros. Por ello, antes de ir a visitar al cliente, la empresa fabricante del móvil necesita que le presentéis un sencillo documento planificador, de dos o tres páginas.

El esquema de este documento, oferta o plan debería incluir los siguientes puntos:

a) Descripción breve de la empresa cliente y de sus necesidades.
b) Esquemas de la aproximación comercial.
c) Objetivos que se pretenden.
d) Argumentos vendedores.
e) Proceso de la venta: enfoque de la relación comercial que se va a utilizar y elementos que van a influir en la transacción.
f) Factores clave del éxito.

Analizad las características de la venta técnica que hemos visto en esta unidad y proyectadlas en este plan de venta compleja que proponemos a la empresa, para que lo autorice.

Actividades finales

Visita virtual

Visita tres de las siguientes páginas web de productos tecnológicos y dinos qué te han parecido según el esquema que más abajo te indicamos:

- Amazon.
- Google.
- Samsung.
- Nokia.
- Nintendo.
- Media Markt.
- Wikipedia.
- Worten.
- Tien21.
- Bosch.

Como guía, te facilitamos a continuación algunas «ideas» de trabajo:

- Describe el aspecto general (colorido, luminosidad, claridad, profesionalidad, facilidad de acceso, etc.), de cada web.
- Muestra dos o tres fotos de la web que te parezcan importantes.
- ¿Cuáles te parecen las secciones o los productos más relevantes?
- ¿Qué te parecen los diseños de sus productos?
- Califica estas webs con una puntuación de 1 a 9, siendo 1 la nota más baja, la peor calificación, y 9, la más favorable, la que representa tener más calidad como página web.

Visita presencial

Visitad en grupos de tres personas un hipermercado de electrodomésticos (o un establecimiento que tenga esta sección).

Realizad una redacción de unas dos o tres páginas con vuestros comentarios sobre algunos de los productos de la línea blanca y la línea marrón de electrodomésticos que venden y que os parezcan más sugerentes.

Es importante que podáis repasar el índice de contenidos de la unidad para elaborar un guion con los puntos principales a tener en cuenta a la hora de preparar la redacción. Os dará una idea general de lo que podéis incluir en vuestros comentarios.

Por último, podéis completar el documento de trabajo incluyendo algunas fotografías de cada apartado.

Tus ideas sobre... La venta de teléfonos móviles en España

Redacta un documento con lo que te sugiere el título de esta actividad. Como guía, te facilitamos a continuación algunas «ideas» de trabajo:

a) Repasa esta unidad y haz antes de nada un pequeño sumario de los puntos que vas a tratar.
b) Pon en cada punto el número de líneas escritas que le vas a dedicar. Con dos o tres páginas es suficiente. No importa tanto la cantidad, sino la calidad del texto escrito.
c) Escribe lo que te parece el fenómeno de la telefonía móvil en España, sus ventajas y sus inconvenientes y saca unas conclusiones finales para rematar el documento.

No olvides la forma estética del documento. Un buen contenido con una presentación atractiva, dan como resultado un trabajo excelente.

Actividades finales

Pasatiempos

Crucigrama

Resuelve el siguiente crucigrama en el que encontrarás distintos términos sobre la venta de productos tecnológicos.

	1	2	3	4	5	6	7	8	9	10
1								■		
2							■			
3		■							■	
4		■								
5		■		■	■					
6			■			■				
7			■	■		■				
8							■			
9						■		■	■	
10	■				■					

Horizontales

1. Al revés, saciase con exceso el apetito de comer o de beber. Pronombre personal 2. Libro en el que se compendia la más sustancial de una materia. Al revés, prefijo que significa nuevo, reciente. 3. Símbolo químico del fósforo. Doctores de la ley islámica. Letra que representa el término o la cantidad matemática que ocupa un lugar indeterminado en una serie. 4. Entorno y lenguaje de programación con un enfoque al análisis estadístico. Listado o libro que consiste en una relación ordenada de los productos de una empresa. 5. Número racional que se toma como base de los logaritmos neperianos. Vocal. Al revés, palos largos y delgados. 6. En las matrículas de los coches holandeses. Voz para detener a las caballerías. Costumbre o uso de un grupo de personas o de empresas en un periodo de tiempo o en un entorno determinado. 7. Segunda persona del singular del imperativo afirmativo del verbo decir. Símbolo químico del azufre. Al revés, cuidado, esmero, diligencia que alguien pone al hacer algo. 8. Apartan algún daño, peligro o molestia impidiendo que suceda. Al revés, Organización Internacional de Normalización. 9. Dar vueltas alrededor de un eje. En inglés, yo. Punto cardinal. 10. Adverbio de cantidad. Al revés, producto recién lanzado.

Verticales

1. Comenzar una obra, una empresa o un negocio. 2. Siglas para un tipo de sociedad mercantil. Al revés, tipo de aparato terminal portátil de un sistema de telefonía. 3. Al revés, mece al niño en la cuna para que se duerma. Instituto Tecnológico de Aragón. 4 Juego infantil en el que un niño persigue a otro hasta tocarle con la mano. Punto cardinal. Yunque pequeño que usan los plateros. 5. Al revés, lágrima en inglés. Atreverse. 6. En algunas religiones, en plural, sustancia espiritual e inmortal de los seres humanos. Símbolo químico del nitrógeno. Conjunción disyuntiva que se emplea por defecto. 7. Símbolo del elemento químico más abundante en el universo. Árbol de fronda perteneciente a la familia de las salicáceas. En números romanos, cuatro. 8. Al revés, que emana o exhala olor. Punto cardinal. 9. Infusión de hojas y brotes desecados. Nombre antiguo latino de la actual ciudad de Cádiz. Vigesimosegunda letra del alfabeto español. 10. Invención de los emprendedores muy importante para el crecimiento económico.

Sopa de letras

Localiza doce palabras relacionadas con la venta de productos tecnológicos en la siguiente sopa de letras. Pueden estar situadas tanto en vertical como en horizontal o en diagonal y tanto al derecho como al revés.

F	H	Y	S	S	D	F	B	L	T	H	L	E	R	Z	V	E
T	E	N	D	E	N	C	I	A	I	U	R	F	L	B	O	M
S	H	Y	T	G	L	I	T	Q	Y	X	R	E	G	A	E	P
L	E	C	P	E	E	N	D	G	N	O	A	I	O	D	S	R
I	F	I	P	O	L	T	T	A	E	B	S	W	S	M	I	E
L	P	A	O	O	X	E	Y	E	D	I	I	C	Q	M	O	N
L	I	M	O	D	A	R	F	O	C	R	N	A	H	M	O	D
R	L	N	O	R	I	N	F	O	W	N	N	T	J	C	A	E
I	H	Z	F	E	K	E	Q	U	N	I	O	A	V	W	Z	R
J	U	I	T	O	O	T	M	R	J	Í	V	L	E	R	G	T
E	L	E	C	T	R	O	N	I	C	A	A	O	O	Y	H	I
Y	A	J	E	I	M	M	D	A	B	I	C	G	O	G	J	Y
N	G	G	C	E	I	U	A	G	N	V	I	O	C	W	Í	Q
T	O	C	I	O	U	N	I	T	E	I	O	E	P	E	C	A
V	R	L	E	X	S	A	Z	B	I	N	N	I	P	P	I	I
Q	K	C	Y	I	T	U	S	Y	T	C	H	Z	J	Y	X	Q
S	D	I	O	G	E	N	J	R	U	P	A	I	W	D	E	M

Jeroglífico

Responde a la pregunta y descubrirás la solución al jeroglífico.

JEROGLÍFICO

Equipo de fútbol
de la ciudad de Milán

En inglés, red

Red informática que opera a nivel mundial

4

Desarrollo de actividades relacionadas con la venta de productos de alta gama

Objetivos

- Conocer el concepto de posicionamiento, de vital importancia para la aplicación de decisiones estratégicas generales y de marketing.
- Establecer las características que diferencian los productos de alta gama de los que no lo son.
- Determinar algunos de los segmentos de la oferta que incluyen en su gama productos de alto posicionamiento.
- Definir algunos elementos que sugieren, por su naturaleza, ser considerados como productos de alta gama.
- Aproximarnos al concepto de marca y a las características de su gestión exitosa.
- Aprender a elaborar ofertas comerciales.
- Identificar los factores que condicionan la comunicación publicitaria y la comercialización de los productos de lujo, haciendo especial énfasis en los distintos tipos de comunicación personal.
- Entender algunas de las técnicas diversas de empaquetado de los productos de alta gama y la necesidad de poner en marcha un excelente servicio posventa.

Contenidos

4.1. Comunicación del posicionamiento

4.2. Producto de alta gama. Definición y características

4.3. Mercados de alto posicionamiento. La distribución selectiva. Sectores de alta gama

4.4. Objetos exclusivos, series limitadas y modelos de autor

4.5. Análisis de la marca. *Branding* y lujo. Cliente que busca la marca

4.6. Imagen de marca e imagen personal. Marca de lujo y estilo de vida

4.7. Publicidad. Mensaje del lujo. Utilización de caras conocidas en la publicidad

4.8. Venta de productos de lujo. Punto de venta. Características y ambientación

4.9. Oferta de venta

4.10. Comunicación verbal. Comunicación no verbal. Imagen personal del vendedor

4.11. Técnicas de empaquetado según estilos, formas y tamaños

4.12. Servicio posventa de los productos de alta gama

INTRODUCCIÓN

En el ámbito de lo comercial la expresión «productos de alta gama» crea cierta confusión inicial en quienes la oyen, ya que, desde el punto de vista del marketing, la palabra «gama» sirve para denominar la totalidad de los productos de una empresa; es decir, el conjunto de los productos y servicios que esta empresa, sea de producción o de distribución, ofrece al mercado.

Por tanto, la expresión «alta gama» no debería en sí significar nada específico y mucho menos debería ser sinónimo —sin otras certificaciones más cualificadas— de «alta calidad», porque la calidad de un producto o un servicio no tiene que ver con que este sea o no de alta gama, ni con el precio que alguien paga por ello, sino con la excelencia o no de sus componentes técnicos o materiales y, sobre todo, con el valor que el cliente sea capaz de percibir subjetivamente sobre un producto o un servicio, en relación con las soluciones a las necesidades que a él le interesa satisfacer.

Pero, como es un hecho que los clientes entendemos por alta gama algo especial, algo que significa: «alta categoría», productos de lujo, productos *premium*, productos *gourmet*, productos y servicios de la parte más alta de la gama (sobre todo en lo que se refiere al precio), nos ha parecido conveniente que la venta de este tipo de productos y servicios (y su gestión técnica y comercial) sea en este libro considerada también como una venta especial, como una venta técnica sobre la que hay que afrontar su estudio de una manera profunda, específica y separada, como vamos a hacer en esta unidad.

4.1. Comunicación del posicionamiento

El **posicionamiento** es una expresión de lo que es una empresa, una marca o una organización, mediante la cual las empresas logran que los clientes que integran algún segmento de su mercado potencial tengan una idea clara (una idea sin lugar a dudas, no confusa) de las ventajas diferenciales competitivas de las marcas y de los productos o servicios que la empresa les propone.

En el ámbito de la empresa hay tres tipos de posicionamiento:

a) El **posicionamiento informático.** Es el lugar que una empresa ocupa en las listas de páginas web de los buscadores de internet. Se suele llamar **posicionamiento web** (Figura 4.1).

Figura 4.1. Posicionamiento informático o posicionamiento web es el proceso técnico mediante el cual se realizan cambios en la estructura e información de una página web con la finalidad de mejorar la visibilidad de la misma en los resultados orgánicos de los diferentes buscadores.

b) El **posicionamiento físico** de un producto en el lineal. Es el lugar que ocupa en el mueble de que se trate (Figura 4.2).

Figura 4.2. En merchandising se denomina lineal al espacio en el que se ubica todo el mobiliario comercial (góndolas, expositores, mostradores, vitrinas, cámaras frigoríficas, escaparates, etc.), de un establecimiento en autoservicio (sea del tipo que sea y que esté colocado a ras del suelo, en horizontal o en altura) donde se muestran al cliente los productos de las diferentes empresas proveedoras para que este los adquiera.

c) El **posicionamiento de marketing.** Es la manera la forma en que nuestra marca ha penetrado y se ha asentado en la mente del cliente, en la memoria colectiva de nuestro mercado.

Como es lógico, aquí vamos a referirnos tan solo al tercero de ellos.

Nota técnica

Aunque el posicionamiento suele comenzar a percibirse como acompañamiento de un producto, de un servicio, o de la comunicación publicitaria de una empresa, no es muy correcto denominarlo posicionamiento del producto, ya que no activamos ni ponemos en marcha ninguno de sus elementos característicos. La posición de nuestra empresa en la mente del mercado se basa más en un conjunto de consideraciones sutiles —entre las que destacan nuestras propias fortalezas y sus debilidades— que en las características materiales de los productos que vendemos.

Este posicionamiento es un concepto de marketing que tiene que ver con la forma en la que la empresa o la marca son percibidas por los consumidores. Más exactamente se refiere a la manera en que la empresa y la marca se sitúan, se colocan, se posicionan, en suma, dentro de la mente de los clientes; es decir, dentro de la mente del mercado. Es un concepto estratégico fundamental en el plan de marketing y, lógicamente, en el plan de empresa, porque se refiere a cómo se recuerda nuestra marca o nuestra empresa en la memoria de nuestro mercado (sea este actual o potencial), en la mente de esos clientes que perciben subjetivamente un valor que en gran medida, emociona (Figura 4.3).

Figura 4.3. El posicionamiento de marketing hace referencia a la percepción (cuestión eminentemente subjetiva y emocional) que el consumidor tiene sobre una determinada marca.

Recuerda que

Hay que considerar al posicionamiento como un arma de doble filo, puesto que es al mismo tiempo un corsé necesario que sostiene bien nuestra imagen, pero que también es un elemento inevitable que limita y condiciona nuestras decisiones y nuestros movimientos.

Nota técnica

Si preguntásemos a un millar de personas normales por la calle qué palabra les sugiere la marca Volvo, más del 80 % nos dirían espontáneamente: seguridad (no en vano fue la marca a la que le debemos los cinturones de seguridad de tres puntos). Si les mostráramos, aparte, antes de su respuesta, una lista de 20 o 30 términos o atributos calificativos de similar índole, la respuesta (así, inducida) nos acercaría entonces al 100 %.

Figura 4.4. Logo de Volvo. De acuerdo con la mitología clásica, Marte era el dios de la Guerra y la imagen con la que se representaba consistía en un círculo y una flecha diagonal ascendente señalando al cielo. Un signo de fuerza y resistencia que, a su vez, también constituye el símbolo del hierro, mineral clásico de las actividades de la marca sueca Volvo (que en latín significa «Yo Ruedo»). *Fuente:* Claes Hillén. Wikimedia Commons.

Hablando en concreto de los productos de alta gama, una de las decisiones que primero tenemos que tomar es la de definir nuestro actual posicionamiento. ¿Cómo queremos ser recordados en la mente y en la memoria de nuestros clientes, de nuestros mercados? ¿Con qué palabra? ¿Con qué expresión? Para ello, deberíamos concentrarnos más en la manera de percibir que tiene el otro, el comprador y no en la mera realidad (a veces etérea) que nosotros unilateralmente «añadimos» al producto. También deberíamos darnos cuenta de que el comportamiento comprador individual de los clientes es algo subjetivo y emocional.

El posicionamiento, como percepción resumida que de nosotros tiene el mercado, es muchas veces solo una palabra o un pequeño grupo de palabras: L´Oreal/Paris —en francés, sin acento, para significar exactamente lo chic y el *glamour* exclusivo parisino;

que no tanto francés—; Iberia, en su juego con la letra ñ, de España; El Corte Inglés como variedad de surtido, confianza y garantía; etc. (Figura 4.5).

Figura 4.5. Todo el producto está orientado a comunicar al cliente potencial que se encuentra ante un producto de alto precio, pero también de alta calidad.

Recuerda que

La publicidad, la comunicación que enviamos al mercado y que de él recibimos es tanta y tan recargada, que inhibe nuestros sentidos e impide la asimilación de los mensajes. Por eso, debemos comunicar lo esencial y utilizar palabras escogidas profesional y meticulosamente, para obtener así un lugar en la mente de nuestro público objetivo (los clientes y otros colectivos con influencias compradoras).

Actividad propuesta 4.1

Selecciona 10 marcas de productos de lujo y determina después (en una o dos palabras), lo que asocias con cada una de las marcas seleccionadas.

Es conveniente que la determinación de esa o esas palabras sea sincera y rápida. No es necesario que pienses mucho sobre ello, puesto que se trata de ver lo que cada marca te sugiere espontáneamente en la memoria.

No hay respuestas correctas o incorrectas. Cualquier expresión, cualquier palabra, sirve para comprender y comparar lo que cada uno piensa de las marcas seleccionadas. Te mostramos un ejemplo:

1. Volvo me sugiere con su marca coche seguro. Un coche en el que los usuarios viajan con mayor seguridad que en los vehículos de otras marcas.
2.
3.
4.
5.
6.
7.
8.
9.
10.

¿Quieres realizar algún comentario adicional?

Sabías que

El profesor estadounidense Jack Trout (uno de los mayores expertos en estrategia competitiva en todo el mundo, que fue quien acuñó el concepto **posicionamiento,** junto con quien era entonces su socio, en 1982, el también profesor Al Ries) escribió el *best seller*: «*Posicionamiento. La batalla por su mente*», que ha sido traducido a varios idiomas en todo el mundo.

El posicionamiento que no se comunica no existe. Ello significa que, una vez determinado nuestro posicionamiento hay que **comunicarlo al mercado** a través de mensajes sencillos que penetren en la mente de los clientes de manera concreta y duradera. Esta comunicación debe tener su fundamento en los factores siguientes (Figura 4.6):

Figura 4.6. La publicidad de marcas de alta gama de vehículos, normalmente el creador hace hincapié en el concepto seguridad como protección de los usuarios del vehículo. La capa de malla señala protección ante la fragilidad.

Nota técnica

Para muchos ciudadanos, la marca Volvo es igual a seguridad. El diseño de la sencilla imagen que se ve en las fotos publicitarias —original del famoso creativo con papel burbuja, Carlos Perrinó y premiado en varios certámenes nacionales e internacionales de publicidad— traduce exactamente lo que Volvo quería expresar en su posicionamiento y en su eslogan: ***Volvo For Life***. Es decir, Volvo apostando por la vida, por la seguridad de sus usuarios.

- Las propias características del producto (Figura 4.7).

Figura 4.7. Imagen de marca que incide en las características intrínsecas del producto: el lavavajillas Fairy friega más cantidad de platos con menos jabón. *Fuente:* QUte.

- La relación calidad/precio existente en la gama de los productos y servicios de la empresa (Figura 4.8)

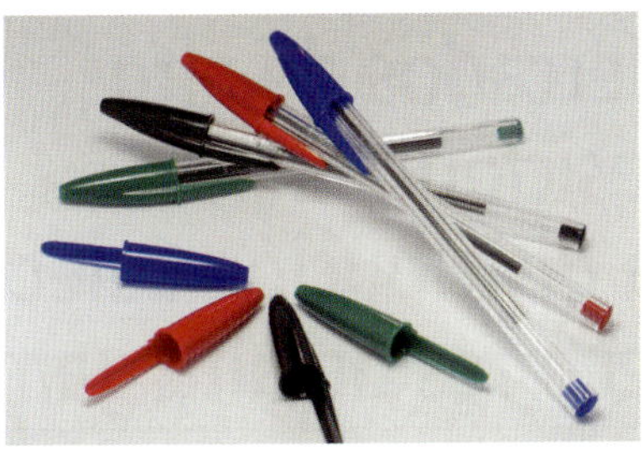

Figura 4.8. Imagen de marca que incide en la relación calidad/precio: los bolígrafos BIC son los más baratos. *Fuente:* Carlos Delgado; CC-BY-SA.

- Las diferentes maneras de uso de los productos y su racional conexión intergama. Por ejemplo, el limpiador Don Limpio tiene un dosificador especial que incrementa el ahorro.
- Las características de los diferentes estilos de vida de los clientes. Por ejemplo, «*Para Usted, que viaja mucho, tenemos la mejor de las Agencias*» (El Corte Inglés).
- Las circunstancias de la gama de productos en relación con los productos de los competidores. Por ejemplo, nuestra marca Volvo es más segura que las demás.
- La posición (de líder o de seguidor) que deseemos en los listados de participación y de penetración en el mercado (Figura 4.9).

Figura 4.9. Imagen de marca que incide en la posición de líder en el sector: Coca-Cola, la número 1 en ventas *Fuente:* I, Kevster.

- La relevancia de nuestra marca como marca genérica en el mercado. Por ejemplo, los colchones Pikolín o los ordenadores IBM.

Sabías que

El posicionamiento no es eterno. Sirve para épocas y momentos determinados y debe estar siempre de acuerdo con las expectativas y las tendencias del mercado.

Figura 4.10. El verbo posicionar se debe referir tanto al arte de diseñar la oferta completa del producto, como a la manera de mostrar la imagen de la empresa a los clientes (actuales y futuros), para que ocupe un lugar relevante y principal en su mente.

4.2. Producto de alta gama. Definición y características

Quizá la mejor manera de definir qué es un producto de **alta gama** es determinando algunas de sus características y no señalando sectores concretos o tipos de productos que en principio nos crearían más confusión, ya que la calificación de un producto como de alta gama no tiene que ver tanto con el producto en sí, sino con sus propias características y, sobre todo, con la percepción y la personalidad de los clientes que los compran. Por ejemplo, un bombón, en sí mismo, no es un producto de alta gama; lo que sucede es que hay bombones que sí lo son y bombones que no lo han sido nunca ni lo serán jamás.

Las características principales de los productos de alta gama son las siguientes:

- Las empresas que venden productos de alta gama venden confianza y garantía de satisfacción del cliente a corto y a largo plazo.
- Las marcas de productos de alta gama no suelen establecer canales de comunicación con sus clientes en los medios de comunicación de masas.
- Los productos de alta gama suelen ser adquiridos por un reducido número de personas.
- Los productos de alta gama suelen incorporar elementos de lujo en sus componentes y también incorporan diferentes servicios complementarios asociados al producto.
- La exclusividad y su carácter único suelen ser componentes esenciales de este tipo de productos.
- Los productos de alta gama suelen ser innovadores y creativos.
- El ámbito de su cobertura comercial y de su imagen es internacional; supera las fronteras y los pequeños entornos.
- Las expectativas de satisfacción que exigen los clientes a estos productos de alta gama tienen elevados componentes de calidad máxima.
- La compra de productos de alta gama tiene altos niveles de subjetividad (social y personal) y de sentimentalismo.
- El concepto precio es relativo. No se trata tanto de que el precio sea o no elevado (una máquina tuneladora tiene un precio muy alto, pero no es un producto de alta gama), sino de que el producto cueste o no mucho dinero.
- El cliente exige un exquisito nivel de servicio anejo a las características del propio producto.
- Los clientes de productos de alta gama son muy exigentes y tienen una excelente información acerca de lo que compran.
- Las empresas que venden productos de alta gama tienen con sus clientes (y con el mercado, en general) una relación clara y transparente que les proporciona una imagen de calidad y de prestigio.

Actividad propuesta 4.2

Eres vendedor de una marca de lujo y conoces ahora muchas de las características de tus clientes potenciales. Tienes delante de ti a un posible comprador. Debes explicarle brevemente algunos argumentos relacionados con:

- La alta calidad del vehículo.
- Su carácter exclusivo y único.
- Los pocos clientes que tienen un vehículo como el que él puede comprar.
- Los elementos innovadores y creativos del coche.
- Su imagen internacional.
- Los elementos sociales y emocionales asociados al vehículo.
- El precio del vehículo.
- El nivel del servicio posventa.

Redacta en no más de 10 líneas lo que argumentarías para lograr la venta. No tengas en cuenta ahora sus posibles respuestas.

Puedes elegir cualquier otra marca que te guste. Pero, piensa siempre que los clientes de este tipo de productos de alta gama son muy exigentes y que tienen una excelente información acerca de lo que compran.

4.3. Mercados de alto posicionamiento. La distribución selectiva. Sectores de alta gama

La **búsqueda de un posicionamiento** de alto nivel es una decisión estratégica que emana directamente de los más altos responsables de la empresa y que requiere de una decisión que no se limita al corto plazo (Figura 4.11).

Duracell señala el rendimiento (la duración) de sus pilas como un atributo de posicionamiento esencial. Agatha Ruiz de la Prada muestra un estilo único, diferente y propio en sus creaciones.

Figura 4.11. Ejemplo de posicionamiento de alto nivel: Bang & Olufsen sugiere con su marca una calidad extrema y personalizada (alta gama) en todos sus productos. *Fuente:* Thomersch. Music Control Panel. Wikimedia Commons.

Nota técnica

La marca L'Oréal Paris (sin tilde en la i, es decir, en francés) pretende asimilar la ciudad de París y lo que ella representa simbólicamente a los efectos sentimentales o emocionales de la compra de sus productos. A pesar de algunos casos negativos circunstanciales (que son la excepción que confirma la regla principal), este comportamiento mental se parece mucho a lo que nos sucede cuando vemos que en un producto se indica su origen de fabricación en China o en Alemania.

Para determinar si el posicionamiento alto, medio o bajo seleccionado para nuestra marca (la marca BIC no busca un alto posicionamiento para sus bolígrafos, por ejemplo, en tanto que la marca de bolígrafos de lujo Cartier sí lo hace) cumple o no el objetivo de estar situado en el nivel que pretendemos estratégicamente, debemos realizar un mapa de posicionamiento (Figuras 4.12 y 4.13). A partir de este mapa, podremos establecer ya las decisiones estratégicas más adecuadas, en relación con los segmentos de mercado que pretendamos atacar.

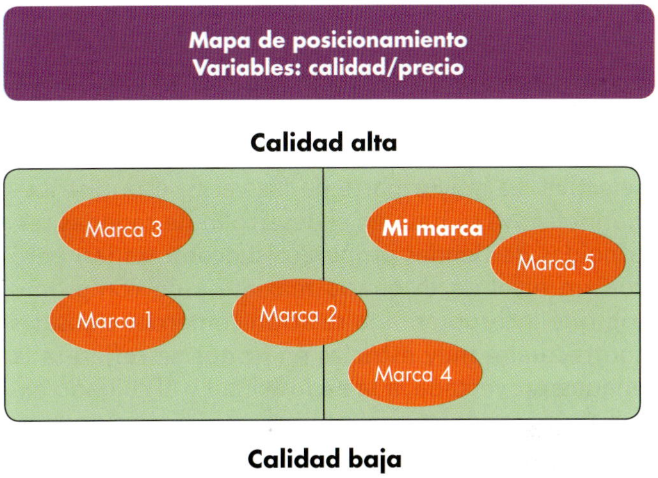

Figura 4.12. Ejemplo de una matriz o mapa de posicionamiento con cuatro casillas iguales y varias marcas situadas en ellas, en donde se aprecia la situación de las marcas de los demás frente a la nuestra.

Figura 4.13. Un experto en marketing diseña una matriz o mapa de posicionamiento para el mercado del producto.

Recuerda que

Los diferentes posicionamientos posibles suelen girar alrededor de los atributos principales de la marca, o de algunas otras variables relevantes, tales como: el beneficio esperado, la posición frente a la competencia, un uso específico de los productos de la marca, su posición de liderazgo, su calidad y su precio, el estilo personal de vida de sus clientes, alguna característica clave, etcétera.

Actividad propuesta 4.3

Selecciona diez marcas de leche españolas y trata de elaborar una matriz (un mapa de posicionamiento) en el que muestres sus logotipos según estimes que deben colocarse atendiendo a los siguientes cuatro parámetros: precio alto/precio bajo y mucha variedad de productos/ poca variedad de productos.

Distribuir productos de lujo (es decir, llegar a los clientes finales que adquieren este tipo de productos) no es sencillo y reclama seriamente una **distribución selectiva.** La mayor parte de las veces, esta distribución selectiva se basa en el desarrollo de cadenas restringidas de tiendas propias (o subcontratadas, pero con un nivel de exigencia máxima y de compromiso), que incorporan a la relación comercial cláusulas contractuales muy estrictas en lo que se refiere a la imagen proyectada, a la exclusividad y al cuidado exquisito de todos los parámetros con ella relacionados.

Figura 4.14. El top de los coches más lujosos es el Maybach Exelero, del que solamente existe una unidad en todo el mundo. Se dice que su precio supera los ocho millones de dólares y que el rapero Bryan Williams (Birdman) es su propietario. *Fuente:* LSDSL. Wikimedia Commons.

Nota técnica

Referidas a las ideas, a los productos y a los servicios, las palabras «exclusivo» o «exclusividad» significan que no son productos de compra masiva, bien porque solamente son accesibles para un determinado segmento del mercado (en este caso, de los productos de alta gama, adquiridos por un grupo de alto poder adquisitivo) o bien porque el momento o el espacio de su compra son muy limitados.

Siguiendo pautas del Instituto de Tendencias del Lujo Español podemos destacar como sectores de alta gama los siguientes:

- **Vehículos.** Coches únicos que cuestan varios centenares de miles de euros o incluso varios millones, coches cuya excelencia técnica es la más alta que se puede encontrar y cuyos propietarios son magnates y famosos a los que el precio de tres o cuatro millones de euros no asusta (Figura 4.14).
- **Joyería.** Son productos exclusivos y únicos, de una calidad fuera de cualquier duda. Al igual que sucede con los coches, muchas de estas marcas de joyería (como Harry Winston, Bucelatti o Graff) ni siquiera las habremos oído nunca. Pero, es seguro que para sus clientes habituales son marcas familiares (Figura 4.15).

Figura 4.15. Tiffany´s es una joyería famosa de la Quinta Avenida de Nueva York, que tiene tiendas en las ciudades más importantes del mundo. *Fuente:* Tiffany & Co., near Union Square, San Francisco. BrokenSphere. Wikimedia Commons.

- **Peletería.** Es este un sector muy polémico por la procedencia animal de la materia prima con la que se confeccionan sus productos. Los grandes diseñadores afirman que las pieles originales son mucho más ecológicas que las sintéticas y garantizan que se trata de un material biodegradable de inmensa calidad y durabilidad y que, sin embargo, las pieles sintéticas proceden directamente del petróleo, lo que abre el debate hacia otras circunstancia asimismo muy controvertidas (Figura 4.16).

Figura 4.16. El debate abierto sobre el uso de las pieles (naturales o sintéticas) en la moda cuenta con detractores y defensores por igual. Hay que informarse muy a fondo para tomar partido por una u otra parte.

¿Sabías que

En algunas zonas de Perú se hacen muñecos de peluche con la piel de alpacas (son una especie de vicuña) que mueren prematuramente, siendo aún crías. En este caso, no hay sacrificio del animal, sino muerte natural. Los pastores, en vez de enterrar a la cría con su piel, se la quitan y elaboran muñecos para niños (osos y animales con pelo parecidos) de una altísima calidad peletera. Aplicarles los argumentos de una de las partes en debate (los contrarios al uso de pieles para el consumo) significaría dejarles sin esa manera de subsistencia que les permite unos ingresos adicionales y que no significa en absoluto maltrato animal.

- **Moda.** Marcas como Chanel Gucci, Armani, Prada, Dior, Hermès, Loewe o Louis Vuitton son las más reconocidas mundialmente en este sector y son las que venden la ropa más cara del mundo. Sus productos son exclusivos y su diseño es creativo y único (Figura 4.17).
- **Ropa.** Las mismas marcas de lujo en moda son las que mandan en el sector de la ropa. En España, firmas como Balenciaga, Paco Rabanne o Felipe Varela se han abierto paso en el mundo de la alta costura (Figura 4.18).

Figura 4.17. Hermès es una marca de modas francesa muy reconocida por su logotipo de un carruaje con un caballo. Como vemos, la palabra Paris (escrita en francés, sin acento) es incorporada al logotipo para obtener un plus de imagen. *Fuente: Hermès Soap.* Jess Lander de Culver City, CA, USA. Wikimedia Commons.

Figura 4.18. Cristóbal Balenciaga Eizaguirre (Guetaria 1985-Valencia 1972), más conocido como Balenciaga, fue un prestigioso diseñador de moda considerado como el mayor exponente de la alta costura española de todos los tiempos. Hasta tal punto llega su renombre que en su ciudad natal se inauguró el 10 de junio de 2010 el Museo Balenciaga, el cual cuenta con unas 1200 piezas de su colección (aunque no todas se exponen simultáneamente). *Fuente:* Vestido de cóctel de tafetán. Rijksmuseum, Wikimedia Commons.

- **Calzado de firma.** Marcas como Lolita Blu, Antía o Myblüchers son firmas españolas muy reconocidas en este sector. Destaca por su fama mundial Manolo Blahnik (Figura 4.19).

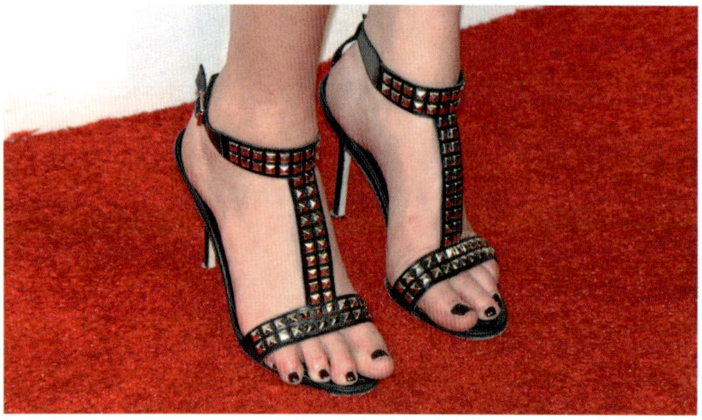

Figura 4.19. En 2012, el prestigioso diseñador canario Manolo Blahnik, fue galardonado con el Premio Nacional de Diseño de Moda, que se concede cada año en España. Sus zapatos, conocidos como *Manolos,* se venden por encima de los 4000 euros en las tiendas propias del diseñador o en establecimientos muy exclusivos. *Fuente: Manolo Blahnik shoes on Whitney Port's feet at the 2009 w: Tribeca Film Festival.* David Shankbone. Wikimedia Commons.

- **Complementos.** Bolsos, cinturones, corbatas y cientos de productos similares sirven de complemento a los artículos de moda más lujosos. Generalmente, las marcas de lujo (de los distintos sectores) dan vida comercial a complementos que acompañan a sus creaciones principales. Guerlain, Cartier, Nicol's, Nebotti y muchas otras marcas son las más reconocidas (Figura 4.20).

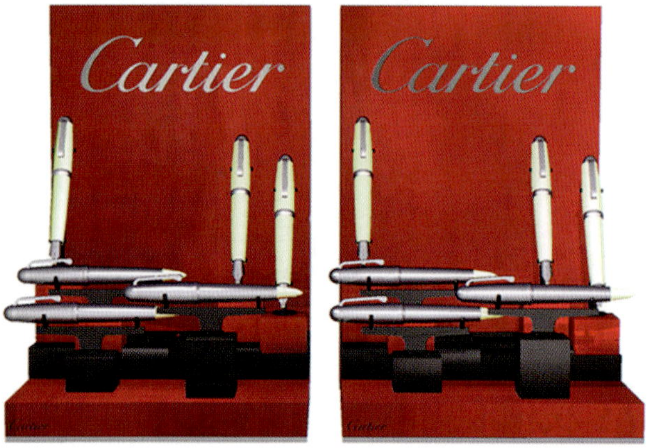

Figura 4.20. El lujo se encuentra también en diversos complementos, como los bolsos, las corbatas o, como vemos en la figura, las plumas estilográficas y otros productos complementarios (de ahí su nombre), que pueden alcanzar precios muy altos. *Fuente:* Ch. Clement. Creative Commons.

- **El mercado *gourmet*.** Este vocablo de origen francés (asociado por lo general a la gastronomía) califica los productos de elaboración muy refinada. Lo *gourmet* representa la más alta calidad de los ingredientes, lo más perfecto y delicado de la forma de su preparación y la excelencia de las personas que lo realizan (Figura 4.21).

Figura 4.21. Los productos *gourmet* (como las diferentes marcas de caviar de la foto) son elaborados cuidadosamente por personas que aman su trabajo y que practican la excelencia en lo que venden. Estas son asimismo características propias de los productos de alta gama. *Fuente: 10 Caviar tins (Russian and Iranian): Beluga on the left, Ossetra on the center, Sevruga on the right.* The Ogre. Wikimedia Commons.

- **Deportes que implican grandes desembolsos monetarios.** La hípica, el polo, la náutica, el golf o el tenis de alto nivel son deportes exclusivos (aunque su popularidad sea cada vez mayor) que, para su práctica técnica, requieren normalmente la pertenencia a un club exclusivo y grandes desembolsos de dinero (Figura 4.22).

Figura 4.22. Los deportes de élite exigen, además, para comenzar a practicarlos, equipamientos de última moda que suponen grandes desembolsos monetarios.

Nota técnica

Un anuncio de una marca exclusiva y de un producto de lujo en una revista popular, o de bajo nivel estético y comunicativo produciría desajustes graves en quien lo viera, y viceversa. Los posicionamientos del medio y del soporte de comunicación y la imagen de los clientes de una empresa tienen que estar equilibrados con el producto de alta gama que se desea comunicar, para que la comunicación con el mercado se perciba como perfecta y cumpla sus objetivos.

Actividad propuesta 4.4

Selecciona una marca de cada uno de los apartados que acabamos de ver y redacta un par de líneas con lo que tú destacarías de cada una de ellas, sobre todo en lo que se refiere a los aspectos relacionados con el marketing de los productos de lujo.

Los apartados son los siguientes:

- Vehículos.
- Joyería.
- Peletería.
- Moda.
- Ropa.
- Calzado de firma.
- Complementos.
- Mercado *gourmet*.
- Deportes que exigen desembolso económico fuerte.

4.4. Objetos exclusivos, series limitadas y modelos de autor

La **exclusividad** sigue siendo uno de los motivos de compra que multimillonarios, grandes magnates, artistas, cantantes de fama, actores, boxeadores, deportistas de élite, jugadores de fútbol, etc. exigen a la hora de realizar sus compras. En este sentido, los objetos exclusivos, las series limitadas y los modelos de autor son sus preferencias más relevantes.

Los **objetos exclusivos** son productos de muy alta gama que están fuera del alcance de la inmensa mayoría de los ciudadanos. Es un concepto de producto exclusivo frente a producto masivo. Coches que cuestan varios millones de euros, un teléfono móvil con diamantes incrustados por el que se pueden llegar a pagar cientos de miles de euros, yates, casas impresionantes, perfumes de casi un cuarto de millón de euros, televisores de película cubiertos de oro, libros únicos, antigüedades, joyas, obras de arte, zapatos o licores (por poner tan solo unos ejemplos) son objetos exclusivos que tienen curiosamente una venta rentable incluso en los momentos de mayor crisis (Figura 4.23).

Figura 4.23. Los productos pueden llegar a considerarse de tan altísima gama que automáticamente ostenten el atributo de exclusivos. Generalmente suelen responder a una petición individual y son realizados a medida por el fabricante para el cliente, lo cual implica que el precio los mismos sea absolutamente inalcanzable para la mayoría de los individuos.

Las **series limitadas** son series de producción que se fabrican en un número corto y conocido de unidades que otorgan al comprador sensación de exclusividad. Pueden ser series especiales (que incorporan elementos excepcionales, fuera de la fabricación normal) o ediciones limitadas (con un número de sus copias muy reducido: un grabado de un pintor con copias numeradas y firmadas personalmente por él, por ejemplo; Figuras 4.24 y 4.25).

Sabías que

Muchas empresas fabrican series limitadas de sus productos. Por ejemplo, es muy conocido que la marca de guitarras eléctricas Gibson lanzó en el año 2008 una tirada reducida de una de sus guitarras más emblemáticas, la Gibson Le Paul LP-295. Otro ejemplo es la edición en vinilo del CD *Sirope* de Alejandro Sanz. En pocos días ha vendido todas las copias, como un elemento de colección. Incluso, hay países donde el lanzamiento de series limitadas está regulado por ley, como sucede en los Estados Unidos.

Figura 4.24. Las series limitadas son series de producción que se fabrican en un número corto y conocido de unidades (generalmente numeradas). Otorgan al comprador sensación de exclusividad. En la fotografía podemos observar un modelo de guitarra Gibson. *Fuente:* Rachmaninoff. Wikimedia Commons.

Figura 4.25. Otro ejemplo adicional de serie limitada: el Ferrari GTO 599 Edición Limitada. Este tipo de productos es un plus que distingue al cliente comprador, porque incorporan elementos diferenciadores exquisitos. *Fuente:* Nate Hawbaker. *Ferrari 599 GTO photographed in Redmond, WA.* Wikimedia Commons.

Los **modelos de autor** son productos que han sido realizados directamente por un autor cuya fama se relaciona siempre con la búsqueda de la perfección en cada una de sus obras. La cocina de autor es un buen ejemplo de lo que decimos. Es un concepto en el cual el cocinero actúa como un artista de lo efímero que, sin embargo, expresa un estilo propio y peculiar, por medio de propuestas gastronómicas personales que demuestran su madurez creativa y su originalidad, elementos todos ellos que el cliente evalúa como positivos y por los que está dispuesto a gastar su dinero (Figura 4.26).

Nota técnica

Ferrán Adrià es el mito vivo e internacional de la cocina española. De él se dice que es el «Salvador Dalí de la gastronomía», por la originalidad de sus platos y la creatividad de su cocina de autor. Para obtener como lo ha hecho el reconocimiento mundial Adrià ha tenido que utilizar una técnica exquisita basada en su especial y profundo conocimiento de la cocina, a partir de una exhaustiva investigación creativa. Sus platos tienen un sentido de la realidad que trasciende la estética y la funcionalidad.

Figura 4.26. A la derecha de la imagen reconocemos al famoso cocinero Ferrán Adriá en la cocina de su renombrado restaurante El Bulli (cerrado en 2011), galardonado con tres estrellas Michelin y considerado en 2002, 2006, 2007, 2008 y 2009 por la revista Restaurant Magazine como el mejor restaurante del mundo. *Fuente:* Charles Haynes. *The Kitchen at El Bulli.* Wikimedia Commons.

4.5. Análisis de la marca. *Branding* y lujo. Cliente que busca la marca

En marketing, se entiende por **marca** el conjunto de signos distintivos e identificadores de un producto o de un servicio en el **mercado.** Esta realidad de la marca debe analizarse en dos vertientes: una meramente material, a la que se llama **identidad de la marca** y una más avanzada, psicológica y emocional, que se denomina **imagen de la marca.** La imagen de la empresa que proporciona una marca no es algo etéreo; es una realidad emocional y simbólica que actúa de manera subjetiva dentro de la mente de los clientes en un mercado; una realidad que debería reunir todos los elementos informativos y de marketing que el cliente espera conseguir del producto que esa marca identifica, en caso de que termine comprándolo. La marca, además, garantiza objetivamente la calidad de los productos y transmite confianza o recelo dependiendo de sus niveles de calidad.

Nota técnica

Según la AMA, la Asociación Americana de marketing, la marca es un nombre, un término, una señal, un símbolo, un diseño, o la combinación de algunos o de todos ellos, que identifica los productos de una empresa y los diferencia (positiva o negativamente) de los productos de sus competidores.

Para hacer un correcto **análisis** de lo que una marca significa hay que acudir siempre al concepto *branding*. Según la Asociación Española de Empresas de *Branding*, AEBRAND, el *branding* es la manera más excelente de gestionar los elementos diferenciadores (tangibles o intangibles) de la marca de un producto, con el objetivo de hacerla ventajosa, distinta, relevante y sostenible en la mente de su mercado (Figura 4.27).

Figura 4.27. El *branding* (del inglés, *brand,* marca) hace referencia al proceso de construir una marca comercial mediante la gestión estratégica del conjunto total de sus activos empresariales, con el objetivo de incrementar su valor en el mercado.

Para gestionar correctamente una marca se debe tener en cuenta:

- La creación y el desarrollo de un nombre distintivo.
- La gestión global de la identidad corporativa de la empresa.
- Su posicionamiento.
- El desarrollo efectivo de la marca y de la arquitectura de su diseño.
- Las consecuencias previsibles en forma de respuestas del mercado.
- Las variables sutiles que se repiten en la mayoría de las marcas de lujo. Entre ellas:
  - El origen histórico de prestigio, artesanal y familiar de las empresas.
  - La generación de vínculos de relación potentes de las marcas con sus clientes.
  - La identificación plena del cliente con la marca.
  - La adecuación permanente del punto de venta como lugar de relación.
  - La publicidad selectiva y profunda que sublima el mito.
  - La comercialización de confianza, de exclusividad y de estatus.

Recuerda que

No debemos confundir el concepto marca con el logo que la identifica, ya que este es solo la representación visual y gráfica de una marca, en tanto que la marca es (o debería ser) algo que va más allá de la mera representación gráfica y visual.

Sabías que

La palabra inglesa *brand* significaba originariamente «acción de realizar una marca a fuego al ganado, para poder demostrar frente a terceros la propiedad del mismo». Más adelante, esta voz empezó a designar la señal cuyo registro (*trade mark* o marca registrada) demostraba la calidad y el origen de cada producto y sus características físicas y funcionales, lo que permitía a los fabricantes de esos productos justificar objetivamente su valor, para poder venderlos a un precio más alto que el de sus competidores.

Sabías que

A quien gestiona la marca dentro de las empresas se le llama *brand manager.* Es esencialmente un experto en los procesos que sirven para conseguir relacionarse de forma cada vez más positiva con sus clientes.

Nota técnica

El profesor estadounidense Philip Kotler asegura que en el nuevo marketing actual —un tipo de marketing que busca siempre la gestión óptima de la percepción subjetiva del valor de una idea, de un producto o de un servicio que tienen los clientes, todas las empresas se verán obligadas a potenciar las actividades de su *branding,* con el fin de relacionarse emocionalmente mejor con su mercado. En el ámbito de los productos de lujo, esto tiene una importancia vital.

En marketing, al cliente que busca una marca y que compra sus productos se le suele denominar (con un sentido muchas veces peyorativo) como **marquista.** Se trata de un tipo de cliente que busca para sus compras una marca determinada.

Sabías que

Algunos expertos señalan, por ejemplo, que muchos ciudadanos españoles siguen siendo marquistas, a pesar de que la crisis ha provocado un traslado masivo desde el consumismo más absoluto a los productos de precios más bajos en el mercado.

Las características principales de los clientes que buscan una marca son:

- Suelen ser clientes que buscan y compran sus marcas favoritas en los sectores de alta gama.
- Suelen tener un poder adquisitivo «desahogado».
- Son fieles a la marca y demuestran esta fidelidad comprando.
- No son factores prioritarios el precio y los demás factores del producto.
- Siguen apegados a sus marcas favoritas incluso en épocas de crisis.

Nota técnica

Si una marca cuenta ya con un universo de marketing creado previamente, con un alto posicionamiento y con unos valores comerciales y de imagen reconocidos, puede atacar otro segmento de mercado distinto de su segmento base, a partir de una submarca que se aprovecha de la esencia histórica de la marca principal (lo que se llama **la herencia del imaginario:** llaveros, perfumes, complementos, etc.), para construir un universo propio en este nuevo segmento.

Figura 4.28. En China (donde los vehículos no pueden ir más deprisa que a 100 kilómetros por hora), las ventas de los coches Ferrari (que pueden superar los 300 kilómetros por hora) suponen ya más del 10 % del total de sus ventas mundiales. *Fuente: Ferrari 458 Spider at Ferrari factory and head office facility in Maranello. Italy.* SurfAst. Wikimedia Commons.

Sabías que

El año 2012, en plena crisis económica, la marca de coches Ferrari anunció que habían tenido el mejor año de su historia, con unas ventas de 7318 unidades en todo el mundo (solamente en EE. UU., más de 2000), lo que representaba un 8 % más que en el mismo semestre de 2010 y que estas ventas se correspondían con unos beneficios netos de cerca de 100 millones de euros.

4.6. Imagen de marca e imagen personal. Marca de lujo y estilo de vida

La **imagen de marca** es el conjunto de las percepciones (de nuevo el valor percibido) que los ciudadanos de un entorno geográfico determinado tienen de una marca o de una empresa. La **imagen personal** o **imagen propia** es el conjunto de impresiones, conocimiento y expectativas que alguien tiene de sí mismo, referido (en nuestro caso) a la propia personalidad compradora, al entorno social al que el cliente pertenece y al nivel de relaciones que maneja.

Los clientes que compran productos específicos de un mercado no solo compran ese producto; compran al mismo tiempo un estilo de vida. De esta manera, el estilo de vida y lo que los ciudadanos compran, en muchos casos, es una combinación inseparable.

Recuerda que

Para medir la imagen percibida hay que trabajar con técnicas de investigación de marketing, no valen las meras opiniones personales. Saber cómo ven los demás nuestra marca, qué saben de ella, cuál será su actitud ante la compra y cuál su disposición a comprarla, por ejemplo, requiere tener muy claros y con una absoluta fiabilidad los niveles de respuesta del mercado. Nuestras decisiones futuras dependen de ello.

Nota técnica

Teniendo en cuenta que la marca es un derecho inmaterial en el activo de una persona o de una empresa, la herencia de marca es el legado no material que recibe una empresa, sea desde su origen, por traspaso a una nueva generación familiar, o por la compra de unos activos simbólicos que se transmiten al comprador.

El conocimiento simbólico de la marca

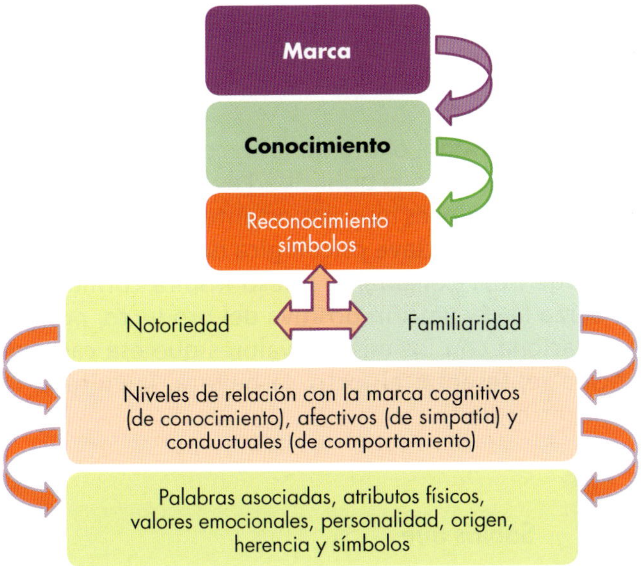

Figura 4.29. El conocimiento simbólico de la marca sigue un proceso que culmina en un cierto nivel de notoriedad y que debería tener como consecuencia la familiarización del cliente con la marca y la orientación de sus preferencias compradoras.

4.7. Publicidad. Mensaje del lujo. Utilización de caras conocidas en la publicidad

Se equivocan quienes creen que el lujo está asociado únicamente al dinero. El lujo, como la mayoría de los productos con un cierto significado, vende sueños, expectativas emocionales, originalidad e innovación creativa, refinamiento artístico, confianza, detalles afectivos, belleza, estilo de vida (como ya hemos visto), calidad de servicio y exclusividad (Figura 4.30).

Figura 4.30. Los componentes del lujo requieren de fuertes capacidades de marketing para proponer al mercado una comunicación publicitaria excelente acorde con sus elementos característicos diferenciadores. *Fuente:* BF25. Damian Morys. Wikimedia Commons.

Hacer publicidad para una marca de lujo no es lo mismo que hacerla para una marca de productos de consumo normal. Tiene sus especificaciones específicas:

- Consideración de los productos de esa marca como únicos.
- Este carácter excepcional y único implica diferenciaciones asimismo excepcionales y únicas; no meros cambios estéticos o materiales.
- La investigación del mercado es una base de decisión meramente comparativa.
- Las marcas de productos de lujo no compiten por la captación masiva de clientes ni por la captación de clientes de su competencia.
- Las marcas de lujo presumen de sus ventas limitadas al mercado de sus clientes.

¿Sabías que

La marca de coches Ferrari fabrica, a propósito (para no perder el carácter de exclusivo), muy pocas unidades de sus vehículos cada año. Sin embargo, los pedidos siempre superan las cifras de producción. Del Ferrari modelo LaFerrari, se fabricaron solamente 499 unidades, pero (a pesar del precio de más de un millón de euros cada unidad) los más de 1000 pedidos recibidos superaron en pocas semanas todas las expectativas.

- Las marcas de lujo respetan a sus clientes, pero tienen sus propios criterios en todos los procesos estratégicos de sus empresas.
- El primer objetivo de la publicidad de las marcas de lujo no es esencialmente la venta del producto.

Figura 4.31. Los productos de lujo marcan publicitariamente sus diferencias a partir de elementos emocionales, tales como: el prestigio, la tradición, la elaboración muchas veces artesana, la historia de la empresa y otros factores similares. En la imagen, el Chateau de Chambord, el castillo más grande en el Valle del Loira (Francia).

- Siempre hay un objetivo adicional: ser reconocidas asimismo por aquellos que jamás las comprarán.

Actividad propuesta 4.5

Selecciona una marca de productos de lujo (la que tú decidas) y elabora un posible anuncio publicitario considerando las características que acabamos de ver. No es necesario que introduzcas todas ellas. Trata de analizar la que tiene más relevancia.

Un ejemplo. Hace tiempo, se publicó en el diario «*El País*» un anuncio (en una página impar entera) de una marca muy conocida de coches de alta gama. El mensaje que el anuncio enviaba era simple y claro: en el centro de la página se veía una muy pequeña foto del vehículo y debajo, con letras no muy grandes, la frase: «*No lo veas tan lejos*». Obviamente el objetivo que se pretendía era captar a compradores que pensaban que el precio de esos coches era para ellos poco accesible.

No conocemos el resultado de aquella campaña, pero sí podemos juzgar su perfecta sincronía con lo que la empresa entonces deseaba transmitir. Intenta conseguir algo similar.

Prueba. Al final, muchas veces, solo se deja de lograr lo que no se intenta.

Los mensajes publicitarios que envían al mercado las marcas de lujo van más allá de los objetivos publicitarios convencionales. La estrategia de sus mensajes se basa, sobre todo, en su prestigio (no tiene nada que ver con los canales masivos de comunicación, claro), en su historia y en el respeto por la tradición; incluso en sus productos más creativos e innovadores.

Recuerda que

Nadie se compra un reloj de una marca de lujo para saber la hora. Se compra porque es una obra de arte, porque la tradición y la historia de la marca lo han convertido en leyenda, porque demuestra el estatus diferenciado del comprador, o por otros elementos emocionales similares, pero no para saber qué hora es.

En este sentido, el uso de caras conocidas y de personajes famosos en la publicidad es bastante general. Pero, sobre todo, es muy importante en los productos de alta gama. La clave psicológica de ello está en que la imagen del personaje famoso inspira confianza y refuerza la percepción positiva del producto, porque se relaciona con los mismos valores que esa cara conocida representa: el éxito, la belleza, la cultura, la fama, etcétera.

¿Sabías que

En las numerosas encuestas que se realizan frecuentemente a los consumidores, ellos dicen que consideran más atractivo un producto si es presentado por una cara famosa.

4.8. Venta de productos de lujo. Punto de venta. Características y ambientación

Vender productos de lujo implica la conjunción de muchos de estos matices, que, por el contrario, son diferentes (no mejores o peores, sino distintos) en otros mercados y para otros productos. Por supuesto, también son diferentes los esquemas de venta y de marketing de los productos de lujo según se trate de una venta al cliente final o de una oferta de venta al canal intermediario. Los productos de alta gama, los productos de lujo, no se pueden vender en cualquier sitio. Se tienen que vender en **puntos de venta** especiales; es decir, en espacios de lujo.

Las características comunes de las tiendas de productos de alta gama son las siguientes:

- Se establecen en ciudades cuyo posicionamiento se corresponde con el concepto: lujo, en sus calles más emblemáticas, en edificios con tradición y solera y con fachadas cargadas de historia.
- Suelen ser tiendas exclusivas de una marca o de varias del mismo sector.
- Disponen de espacio suficiente y aparentemente sobrante.
- Están diseñadas por arquitectos y diseñadores de moda, con enfoques innovadores y creativos.
- Contratan personal bien seleccionado y preparado para una exquisita atención al cliente.
- Deben combinar elementos clásicos con elementos modernos: artesanía, arte y cultura, música, etc., y contar con elementos de ambientación y adorno que representen lo mismo que los productos que en ellas se venden: chimeneas, mármol, cuadros de valor, metales altamente decorativos, maderas de lujo, etc. (Figura 4.32).
- La decoración tiene que conseguir una sensación de calidez y de acogida cercana.

La aplicación del marketing en el punto de venta se llama **merchandising.** Cuando hablamos de puntos de venta en los que se venden productos de lujo, el merchandising se debe referir preferentemente a (Figura 4.33):

a) La fachada del establecimiento.
b) La localización geográfica (urbana o no) del mismo.
c) Su logotipo y los demás elementos de comunicación gráfica.
d) Los escaparates.
e) La situación de los productos en el interior.

Figura 4.32. Tanto el interior como el exterior de una tienda de productos de lujo tienen que ser adecuados al posicionamiento de la marca. *Fuente:* Gryffindor. *Hermès shop in Paris, rue Fabourg St. Honoré.* Wikimedia Commons.

Figura 4.33. El uso de materiales de alta calidad en los escaparates de las tiendas de lujo proporciona un sentido de exclusividad que es percibido por el cliente. En lo que se refiere al etiquetado de los productos de lujo, parece lógico pensar que el uso de un diseño creativo e innovador va a incrementar el valor de la marca. *Fuente:* Tengis Bilegsaikhan. Tienda Gucci en Via Montenapoleone (Milán). Wikimedia Commons.

Nota técnica

La etiqueta de una botella de vino de marca normalmente informa de (Figura 4.34):

- La marca o el nombre del vino. Suele ser la tipografía más relevante de la etiqueta.
- La variedad de la uva con que fue elaborado.
- El año de la cosecha de las uvas.

- La razón social de la empresa productora o elaboradora.
- El grado alcohólico expresado en porcentaje de alcohol en relación con el volumen total del líquido.
- La capacidad de la botella o el contenido neto expresado en mililitros.
- El tipo de vino, sus características cromáticas o su color.
- El número de registro del embotellador que figura en los registros oficiales.
- El nombre y los datos de localización de la bodega.
- La Denominación de Origen: la procedencia de la uva, la región, la provincia y la zona de su producción.
- El país de origen.
- Otras informaciones adicionales y complementarias.

Figura 4.34. El etiquetado del vino de lujo es específico del sector. Por ejemplo, la expresión REN 2342/VA señala inequívocamente que esa botella es de las Bodegas Vega Sicilia, de Valladolid. *Fuente:* Log. *Collection of Spanish wines and decanters including the Ribera del Duero producer Vega Sicilia.* Wikimedia Commons.

Al ser productos generalmente de alto precio, los productos de alta gama sufren con frecuencia hurtos y robos que complican los resultados y la integridad de las personas den los puntos de venta (Figura 4.35). Por ello, estos productos suelen incorporar distintos **sistemas de alarma** que sirven de barrera a los hurtos (o robos) que se puedan producir: camiones sellados, alarmas electrónicas, cámaras, elementos de seguimiento logístico, sistemas de radiofrecuencia (RFID), vigilancia con seguridad personal experta, etc. (Figura 4.36). Los hurtos, los robos y los atracos con violencia son una de las mayores preocupaciones de los comerciantes de estos productos, porque siempre les suponen riesgos personales y pérdidas materiales y de imagen muy considerables.

¿Sabías que

El **hurto** se refiere a quedarse con cosas muebles ajenas (en contraposición a las cosas inmuebles) sin la voluntad de su dueño y el **robo** consiste en apoderarse de las cosas muebles ajenas, pero empleando fuerza en las cosas o violencia e intimidación en las personas, siempre, claro, con ánimo de lucrarse de lo hurtado o de lo robado.

Figura 4.35. Momento del hurto de una botella de vino de lujo en la zona *gourmet* de un supermercado. La persona que sustrae esconde bajo su ropa la botella de vino que pretende hurtar.

¿Sabías que

Los hurtos y robos en los establecimientos de venta de productos de alta gama equivalen al 5 % de sus ingresos. Su coste estimado supera los tres mil millones de euros al año, a lo que, si se le añade el coste de la necesaria prevención, las cifras de pérdidas económicas de estas empresas son muy elevadas.

Figura 4.36. Sistema de anclaje de material fotográfico de alta gama.

Vigilar, recibir a tiempo **advertencias y avisos** de hurto y **proteger** debidamente el establecimiento son las tres medidas clave para evitar complicaciones delictivas en el punto de venta (Figuras 4.37 y 4.38).

Figura 4.37. Una correcta selección de las personas que trabajan en el punto de venta y los contratos laborales estables disminuyen la vulnerabilidad del establecimiento de lujo.

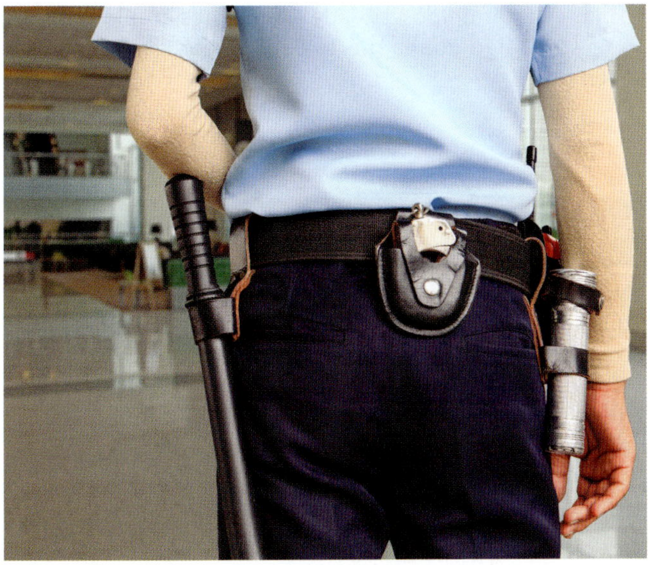

Figura 4.38. Los agentes de seguridad y vigilancia suelen acometer su trabajo portando elementos disuasorios que previenen el hurto.

Actividad propuesta 4.6

Valora de 1 a 9 (según la percepción personal que tengas de su eficacia) cada una de estas medidas de vigilancia, aviso y protección contra el hurto.

- Poner a punto puertas y ventanas.
- Estado de alerta ante extraños.
- No tener dinero en metálico.
- No mantener rutinas fijas de transporte de fondos.
- Instalar un sistema de alarma.
- Comprobar que el sistema antirrobo funciona.
- Controlar la abundancia de elementos en el escaparate.
- Instalar cámaras de televisión.
- Instalar espejos.
- Instalar dispositivos de aviso de entrada y salida de personas.
- Cuidar la iluminación del establecimiento.

Para finalizar, indica qué otros elementos pondrías tú en un establecimiento de productos de lujo para prevenir los actos delictivos.

....
....
....
....

Recuerda que

En el caso de que el hurto fuera adicionalmente calificado con alguna de las agravantes que el Código Penal determina como tales, sería calificado como grave y el juez podría condenar al infractor a una pena de prisión de entre 1 y 3 años.

Sabías que

Los *smartphones,* las tabletas, las referencias de calzado y ropa más de moda, los vinos de marca, los licores, los productos navideños y *gourmet* y los más fáciles de ocultar o los que tienen una mejor salida en el mercado de reventa, se encuentran entre los artículos de lujo más hurtados.

4.9. Oferta de venta

Generalmente, los proyectos que implican la utilización de técnicas de **venta compleja** (sean productos o servicios de alta gama, tecnológicos u otros) empiezan casi siempre con la expresión de una idea y continúan con la preparación de una propuesta comercial dirigida por escrito (generalmente, aunque puede

no ser así) al cliente. A este documento formal en el que el vendedor propone al cliente las soluciones a sus necesidades se le llama: **oferta de venta, oferta comercial** o, simplemente, **oferta:** un documento argumentado de venta, que busca, primero, definir en detalle el problema (la necesidad) de un cliente y que aporta después las propuestas técnicas y comerciales que demuestran las capacidades de la empresa vendedora para solucionarlo positivamente.

Este documento debe prepararse siempre con mucho rigor técnico y con suma seriedad por el vendedor y considerar en cada caso, como mínimo, los aspectos siguientes:

- No es un folleto, ni un catálogo. Es un documento formal de venta.
- Es un documento contractual que genera compromisos que, en caso de aceptación mutua, incorpora derechos y obligaciones para las partes.
- Será un documento claro, bien escrito; equilibrando el espacio escrito con el espacio en blanco.
- Generalmente, debería tener siempre un carácter confidencial.
- Es bueno señalar al comprador la urgencia de su decisión compradora. Las ofertas no se hacen «para siempre».
- La oferta debe integrar distintos elementos formales:
  - Describir con precisión las necesidades del cliente.
  - Acomodar a ellas las soluciones previstas.
  - Determinar en detalle los equipos y las personas implicadas en la solución aportada.
  - Señalar fases, etapas, plazos y vencimientos de esta solución, ya sea una idea, un producto o un servicio.
  - Definir sistemas, métodos y procedimientos de entrega, logísticos y los lugares de la acción.
  - Incorporar calendarios y esquemas formales de la aceptación y del posterior seguimiento.
  - Identificar con precisión la solución para acotar posibles futuros incumplimientos de una o de las dos partes.
  - Mostrar al cliente las características que confieren un plus adicional al contenido central de la oferta.
  - Intentar desbloquear los riesgos potenciales que impiden la decisión compradora del cliente.
- La oferta tiene que establecer con toda claridad las bases económicas de la solución: precio, formas de pago, descuentos, etcétera.
- Si es posible, es mejor dar la oportunidad al cliente de no elegir entre sí se acepta o no se acepta, sino entre varias alternativas opcionales que nos favorezcan. Ejemplos: ¿Por la mañana o por la tarde? ¿Más de 1000 euros o más de 2000?
- El documento tiene que señalar el marco legal y normativo que va a regir sus futuras relaciones y las posibles figuras amistosas de solución, como el arbitraje o la mediación.
- Debe atender en detalle (y tratar de adelantarse a ella) la situación esperada por el cliente. Es bueno tener una visión global, de conjunto, lo que los expertos llaman **fotografía del futuro.**

¿Sabías que

Aunque con frecuencia se dice lo contrario, el cliente no siempre tiene razón. Lo que sí tiene el cliente es el dinero para efectuar la compra; y también tiene la capacidad para decidir comprar o no comprar. Por supuesto, también puede de comprárnoslo a nosotros o a nuestros competidores.

Para que nuestra oferta tenga éxito, llevar o no llevar razón no es lo importante. Lo que importa mucho más es estar en posesión de los mejores argumentos. Y eso es algo que la oferta debe integrar en su contenido.

Actividad propuesta 4.7

No te pedimos que redactes una oferta de venta, pero sí que trates de hacer una lista comentada de los 10 puntos que consideras como indispensables para constituir el contenido global de un documento de este tipo. Te mostramos un ejemplo de la manera en la que puedes enunciar cada uno de estos apartados:

1. El precio y la forma de pago. porque si este factor no se incluye en la oferta, el cliente no puede saber a qué se está comprometiendo.
2.
3.
4.
5.
6.
7.
8.
9.
10.

4.10. Comunicación verbal. Comunicación no verbal. Imagen personal del vendedor

La comunicación entre las personas es otro de los elementos sustanciales del mix de marketing moderno, más específicamente del marketing de los productos de alta gama.

El proceso de la **comunicación** necesita de la combinación activa de varios elementos, pero necesita, sobre todo, un **emisor**, un **receptor** y un **mensaje** (Figura 4.39).

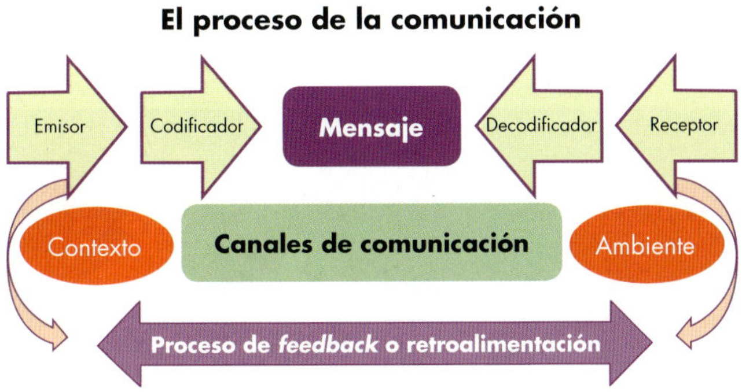

Figura 4.39. En el proceso de la comunicación hay siempre un emisor, un receptor y un mensaje. Existen asimismo elementos de codificación (la voz, por ejemplo) y de decodificación (el oído, por ejemplo) del mensaje.

Las reglas de la comunicación interpersonal serán diferentes según nuestra comunicación sea de tipo verbal (con palabras) o de tipo no verbal (con gestos). La **comunicación verbal** puede ser oral (hablada) o escrita. La **comunicación no verbal** es la que se realiza con gestos, miradas, silencios, expresiones, etc. (Figura 4.41).

Figura 4.40. Los emoticonos (contracción de las palabras: emoción e icono), expresan emociones o sentimientos. Se emplean con mucha frecuencia en mensajes de correo electrónico, en foros, en la comunicación vía WhatsApp, en los mensajes SMS y en los chats de internet.

Figura 4.41. La comunicación gestual (no verbal) acompaña a la comunicación verbal modificándola completándola y (a veces) sustituyéndola, según sean las circunstancias.

Figura 4.42. Los gestos nos transmiten estados emocionales del otro. Una correcta percepción de los gestos en la venta suele ser determinante para el éxito de la misma.

Recuerda que

Debes tratar de causar una buena impresión en los diez primeros segundos de tu comunicación con el cliente, Porque no vas a tener nunca otra oportunidad de causarle una buena **primera impresión.** En este sentido, el cuidado del cuerpo, las maneras de comportarse y muchos otros factores personales son factores que dan contenido a una imagen personal impecable, que va a favorecer el éxito comercial que pretendemos (Figura 4.43).

Figura 4.43. Un trato adecuado para con el cliente favorece el éxito de las operaciones; y, viceversa, un trato desconsiderado las perjudica, las bloquea y las aboca al fracaso.

Los vendedores de productos de alta gama tienen que cuidar su imagen y mantener una fuerte capacidad de servicio, una excelente formación (que, como es obvio, incluye los idiomas). Deben cuidar también mucho su aspecto personal, estar al día en la moda y en las tendencias de los productos que venden y ser capaces de comunicar ordenadmente y con eficacia sus argumentos comerciales.

Nota técnica

El número de personas que consumen productos y servicios categorizados como de lujo se ha triplicado en las últimas dos décadas. De los casi 100 millones de clientes de productos de lujo estimados que había hace diez años en el mundo, se calcula que esta cifra se ha multiplicado por cuatro en los primeros años de la década presente. Se cree que cada año pueden incorporarse a este segmento de clientes 19 millones más y, como es lógico, la carrera de las marcas por captarlos es cada vez más potente.

4.11. Técnicas de empaquetado según estilos, formas y tamaños

Es evidente que el empaquetado de este tipo de productos de alta gama es asimismo una variable esencial de su mix de marketing. Saber determinar el proceso de empaquetado a llevar a cabo según sea el tipo de producto que deben envolver es una de las principales tareas, porque la forma, el tamaño y el estilo de cada producto condicionan un tipo de empaquetado que siempre es especial pero, asimismo, diferente (Figura 4.44).

a) Según el **estilo** del producto, los tipos de empaquetado pueden ser: **sencillo, cruzado** y **recargado.**

Figura 4.44. Muestras fotográficas de algunas de las técnicas de empaquetado de los productos de alta gama.

b) Según el **tamaño** del producto, los tipos de empaquetado son: **grande, mediano** y **pequeño.**
c) Según la **forma** del producto los tipos de empaquetado son: **regular** e **irregular.**

Un aspecto importante a considerar en este tipo de productos de alta gama es que el empaquetado suele conllevar un alto precio de coste que la marca debe considerar. Por ello, la ecuación que relaciona el valor percibido (la calidad que el cliente percibe) con el valor añadido (el coste directo del empaquetado) tiene que resultarle siempre favorable.

El ***packaging*** (el conjunto de actividades que desembocan en un perfecto empaquetado) es uno de los instrumentos más importantes que los *brand managers* del lujo deben gestionar. Nadie mejor que ellos sabe que el empaquetado es, a la vez que contenedor del producto, un elemento importante de marketing y de seducción que debe transmitir muy satisfactoriamente la identidad y la imagen de la marca.

4.12. Servicio posventa de los productos de alta gama

Tras la venta, el cliente de lujo necesita sentir seguridad en su compra. Necesita saber que lo que ha comprado va a producir los efectos deseados.

En este sentido, la relación vendedor-cliente (o marca-cliente, si se quiere) tiene que mantenerse siempre cercana, cordial y efectiva.

El principal reto para las marcas de lujo es ganar la lealtad de sus clientes a través (también) de un excelente servicio posventa, con el que ellos valorarán positivamente la experiencia de su compra; y la marca generará lealtad y nuevas ventas en el futuro.

Nota técnica

Las marcas de lujo cuidan al detalle todos los aspectos relacionados con el empaquetado de los productos de lujo. Una buena muestra de ello es que la cultura comercial nipona sea una de las que más valora la tradición y de las que ensalza el valor de las marcas de lujo europeas, al considerar que son portadoras de la tradición que ha sabido combinar la calidad de los productos con la historia, con el trabajo artesano y con la exclusividad.

Mapa conceptual

- **Desarrollo de actividades relacionadas con la venta de productos de alta gama**
  - **Posicionamiento**
    - Informático
    - Físico
    - De marketing
  - **Producto de alta gama**
    - Definición
    - Características
      - Confianza y garantía
      - Sin canal de comunicación
      - Mercado reducido
      - Lujo y servicios complementarios
      - Exclusividad
      - Innovación
      - Mercado internacional
      - Alta satisfacción del cliente
      - No importa el precio
      - Cliente bien informado y muy exigente
  - **Mercados de alto posicionamiento**
    - Matriz de posicionamiento
    - Distribución selectiva
    - Sectores
      - Joyería
      - Vehículos
      - Peletería
      - Moda, calzado y complementos
      - Deportes
  - **Objetos exclusivos**
    - Series limitadas
    - Modelos de autor
    - Marca (*branding*)
    - Productos *gourmet*

Mapa conceptual

- **Desarrollo de actividades relacionadas con la venta de productos de alta gama**
  - **Imagen de marca e imagen personal**
    - Conocimiento simbólico
  - **Publicidad**
    - Mensaje de lujo
    - Caras conocidas
  - **Venta de productos de lujo**
    - Ciudades lujosas
    - Tiendas exclusivas
    - Locales espaciosos
    - Buena selección de personal
    - Decoración elegante y funcional
    - Escaparate lujoso
    - Sistemas antirrobo
  - **Oferta de venta**
  - **Comunicación**
    - Verbal
    - No verbal
  - **Empaquetado**
    - Estilo
      - Sencillo
      - Cruzado
      - Recargado
    - Tamaño
      - Grande
      - Mediano
      - Pequeño
    - Forma
      - Regular
      - Irregular
  - **Servicio posventa**

Actividades finales

TIPO TEST • Verdadero o falso

4.1. El posicionamiento es un concepto estratégico fundamental en el plan de marketing y, lógicamente, en el plan de empresa.

☐ Verdadero. ☐ Falso.

4.2. Las empresas y las marcas de productos de alta gama no necesitan definir ningún tipo de posicionamiento. Les vale con su imagen.

☐ Verdadero. ☐ Falso.

4.3. Cada día hay que aprender a captar nuevos segmentos de mercado, a trabajar con otros canales de distribución, a comunicarse con el mercado y a posicionarse de forma diferente a nuestros competidores.

☐ Verdadero. ☐ Falso.

4.4. Los productos de alta gama no suelen ser muy exclusivos; por eso es bueno para ellos anunciarse en la televisión.

☐ Verdadero. ☐ Falso.

4.5. Los clientes de productos de alta gama no son muy exigentes ni tienen mucha información de los productos que compran. Realmente, solo tienen dinero y se lo gastan comprando.

☐ Verdadero. ☐ Falso.

4.6. A partir de los mapas de posicionamiento podremos establecer las decisiones estratégicas más adecuadas, en relación con los segmentos de mercado que pretendamos atacar.

☐ Verdadero. ☐ Falso.

4.7. La distribución selectiva es un tipo de distribución de los productos de alta gama que se basa en seleccionar los intermediarios idóneos y expertos para trabajarlos.

☐ Verdadero. ☐ Falso.

4.8. Calificar un producto como de lujo o de alta gama depende de lo que el propio fabricante decida. Si él piensa que su producto es un producto de lujo, es suficiente. El mercado lo entenderá.

☐ Verdadero. ☐ Falso.

4.9. Lo *gourmet* representa la más alta calidad de los ingredientes, lo más perfecto y delicado de la forma de su preparación y la excelencia de las personas que lo realizan.

☐ Verdadero. ☐ Falso.

4.10. Las series limitadas son series de producción que se fabrican en un número corto y conocido de unidades y que otorgan al comprador una sensación de exclusividad.

☐ Verdadero. ☐ Falso.

4.11. La cocina de autor es un concepto en el cual el cocinero actúa como un artista de lo efímero, expresando un estilo propio y peculiar con propuestas gastronómicas que demuestran su madurez creativa y su originalidad.

☐ Verdadero. ☐ Falso.

4.12. Una oferta es un documento de venta, que define la necesidad de un cliente y que aporta propuestas positivas y satisfactorias.

☐ Verdadero. ☐ Falso.

4.13. La marca solamente sirve para consolidar en la mente del cliente lo que la empresa le desea transmitir por medio de su posicionamiento. Nada más.

☐ Verdadero. ☐ Falso.

4.14. En el actual nuevo marketing todas las empresas se ven obligadas a potenciar las actividades de su *branding,* para relacionarse emocionalmente con su mercado. En el ámbito de los productos de lujo, esto es vital.

☐ Verdadero. ☐ Falso.

4.15. La imagen de marca es el conjunto de las percepciones que los ciudadanos de un entorno geográfico determinado tienen de una marca o de una empresa.

☐ Verdadero. ☐ Falso.

4.16. El lujo vende sueños, expectativas emocionales, originalidad e innovación creativa, refinamiento artístico, confianza, detalles afectivos, belleza, estilo de vida, calidad de servicio y exclusividad.

☐ Verdadero. ☐ Falso.

4.17. En la publicidad de los productos de lujo no importa que la imagen que transmita el famoso se ajuste a la imagen de la marca que anuncia.

☐ Verdadero. ☐ Falso.

4.18. Según la Asociación Española de Empresas de *Branding,* el *branding* es la manera excelente de gestionar los elementos diferenciadores (tangibles o intangibles) de la marca de un producto.

☐ Verdadero. ☐ Falso.

Actividades finales

De comprobación

4.1. El posicionamiento de marketing es:

a) El lugar que una empresa ocupa en las listas de páginas web de los buscadores de internet.
b) El lugar que ocupa el producto en el mueble de que se trate.
c) La manera en que nuestra marca se ha asentado en la mente del cliente, en la memoria colectiva de nuestro mercado.
d) Todas las respuestas anteriores son correctas.

4.2. Siempre que el posicionamiento en los medios de comunicación no interfiera ni produzca desajustes con el posicionamiento que nosotros deseamos comunicar para nuestros productos de lujo, es bueno:

a) Anunciarse solo en revistas del corazón.
b) Utilizar correctamente los medios de comunicación a nuestro alcance.
c) Anunciarse en los periódicos deportivos de más tirada.
d) Todas las respuestas anteriores son correctas.

4.3. En una matriz de posicionamiento hay cuatro casillas. Señala la respuesta que no es correcta:

a) Precio alto/calidad alta (caro, pero muy bueno, en la percepción estimada del mercado).
b) Precio bajo/calidad baja (barato, pero no muy bueno).
c) Precio bajo/calidad alta (barato y muy bueno).
d) Precio regular/calidad intermedia (ni caro ni barato y no muy bueno).

4.4. En la siguiente lista de respuestas hay un sector que no se debería considerar como un sector de alta gama. Señala cuál es:

a) Sector de las gestorías de servicios.
b) Sector de vehículos.
c) Sector de joyería.
d) Mercado *gourmet.*

4.5. Para gestionar correctamente una marca, las técnicas de *branding* deben tener en cuenta:

a) La creación y el desarrollo de un nombre distintivo.
b) La gestión global de la identidad corporativa de la empresa.
c) El desarrollo efectivo de la marca y de la arquitectura de su diseño.
d) Todas las respuestas anteriores son correctas.

4.6. Para ser gestionadas correctamente, la mayoría de las marcas de lujo toman en consideración:

a) El origen histórico de prestigio, artesanal y familiar de las empresas.
b) La generación de vínculos de relación potentes de las marcas con sus clientes.
c) La identificación plena del cliente con la marca.
d) Todas las respuestas anteriores son correctas.

4.7. Al conjunto de impresiones, conocimiento y expectativas que alguien tiene de sí mismo, referido a la propia personalidad compradora, al entorno social al que el cliente pertenece y al nivel de relaciones que maneja se le llama.

a) Imagen personal.
b) Imagen de empresa.
c) Identidad corporativa.
d) Ninguna de las respuestas anteriores es correcta.

4.8. Las características comunes de las tiendas de productos de alta gama son:

a) Se establecen en ciudades cuyo posicionamiento se corresponde con el concepto del lujo.
b) Se instalan en las calles más emblemáticas de estas ciudades.
c) Se ubican en edificios con tradición y solera.
d) Todas las respuestas anteriores son correctas.

4.9. Una oferta sirve para:

a) Definir sistemas, métodos y procedimientos de entrega del producto objeto de la misma.
b) Incorporar calendarios y esquemas formales de la aceptación del compromiso de compra.
c) Identificar con precisión la solución propuesta al cliente potencial, para acotar posibles futuros incumplimientos de una o de las dos partes.
d) Todas las respuestas anteriores son correctas.

4.10. Los vendedores de productos de lujo deben tener varias características para llevar bien a cabo su trabajo. Señala cuál de las que figuran en la siguiente lista no es correcta:

a) Fuerte capacidad de servicio.
b) Escasa formación.
c) Un cuidado aspecto personal.
d) Una buena capacidad de comunicación.

Actividades finales

Respuesta correcta

Escribe en tu cuaderno las respuestas correctas para completar las siguientes frases:

4.1. Posicionamiento es un concepto de marketing que tiene que ver con la forma en la que la empresa o la marca son ______________ por los consumidores.

4.2. El posicionamiento, como percepción resumida que de nosotros tiene el mercado, es muchas veces solo una ______________ o un pequeño grupo de palabras.

4.3. Una de las etapas del proceso a seguir para realizar un correcto posicionamiento, es identificar previamente cuál es la ______________ más importante (a ser posible, únicamente una) de nuestro producto.

4.4. Una vez determinado nuestro posicionamiento hay que comunicarlo al mercado a través de mensajes sencillos que penetren en la ______________ de los clientes de manera concreta y duradera.

4.5. Las empresas que venden productos de alta gama venden ______________ y garantía de satisfacción del cliente a corto y largo plazo.

4.6. Los clientes de productos de alta gama son muy ______________ y tienen una excelente información acerca de lo que compran.

4.7. La calificación como de alta gama de un producto depende sobre todo del propio ______________ del producto que se vende y de las características de sus clientes y no tanto del sector.

4.8. Algunas marcas de moda combinan la moda del vestido con otros productos como relojes, perfumes o ______________, a los que prestan adicionalmente el glamour de su posicionamiento.

4.9. Los deportes que implican grandes desembolsos monetarios requieren normalmente la pertenencia a un club ______________ y grandes desembolsos de dinero.

4.10. En marketing, se entiende por marca el conjunto de ______________ distintivos e identificadores de un producto o de un servicio en el mercado.

4.11. Se denomina ______________ a la gestión sabia de la marca de una empresa.

4.12. El mejor exponente del éxito de una marca de lujo es cuando se convierte en parte del ______________ de vida de sus clientes.

4.13. El primer objetivo de la publicidad de las marcas de lujo no es esencialmente la venta del producto. Su objetivo tiene más que ver con el ______________, el misterio, la leyenda y el halo mágico que se desprende de ella.

4.14. La imagen que transmite el famoso en un anuncio publicitario de una marca de lujo debe ______________ milimétricamente a la imagen de la marca que se anuncia.

4.15. Los establecimientos de venta de productos de lujo deben contar con personal bien ______________ ______________ y preparado para dar una exquisita atención al cliente.

4.16. Vigilar, recibir a tiempo ______________ y avisos de hurto y proteger debidamente el establecimiento son las tres medidas clave para proteger un establecimiento de venta de productos de lujo contra la delincuencia.

4.17. Al documento formal en el que el vendedor propone al cliente las soluciones a sus ______________ se le llama oferta de venta, oferta comercial o, simplemente, oferta.

4.18. Hay que ser conscientes de que el documento que llamamos oferta comercial no es un folleto, ni un ______________. Es un documento formal de venta.

4.19. La comunicación no verbal actúa como elemento regulador del proceso, contribuye a ampliar o a reducir el ______________ del mensaje.

4.20. La imagen personal del vendedor de productos de lujo está íntimamente relacionada con el éxito o el fracaso de las ______________ de venta.

Actividades finales

4.21. El empaquetado de los productos de alta gama es una ______________ esencial del mix de marketing de las marcas vendedoras.

4.22. Un aspecto importante a considerar en la venta de productos de alta gama es que el empaquetado suele conllevar un alto ______________ de coste que la marca debe considerar.

4.23. Los diseñadores de envoltorios y de empaquetado de productos de alta gama tienen que encontrar nuevos ______________ creativos, para tratar de seducir a los clientes, que cada día son más exigentes.

4.24. El *packaging* (el conjunto de actividades que desembocan en un perfecto empaquetado) es uno de los instrumentos más importantes que los *brand managers* del ______________ deben gestionar.

4.25. El principal reto para las marcas de lujo es ganar la lealtad de sus clientes a través de un ______________ ______________ servicio posventa.

4.26. Activar programas de fidelidad (y no solo esperar que el cliente vuelva, sin más) es un paso adelante en el objetivo de lograr que los ______________ ______________ repitan sus compras.

Casos prácticos

Caso práctico individual

A continuación, te mostramos de manera no ordenada, dos listados: uno de marcas de coches y otro de posicionamientos (o percepciones genéricas de los ciudadanos). El de marcas tiene 15 entradas; el de posicionamientos solamente 14. Tienes que emparejarlas hasta que solamente te quede una.

Se trata de ver si la opinión del profesor y del resto de la clase coincide o no con la que tú sugieres. Lee bien ambas columnas antes de emparejarlas.

MARCAS	POSICIONAMIENTO
Ferrari	Coreano
Volvo	Barato
Seat	James Bond
BMW	Poco conocido
Aston Martin	Urbano y divertido
Audi	Coche seguro
Dacia	Sueño
Hyundai	Alemán deportivo
Range Rover	Popular
Mini	Checo
Renault	Todo terreno
KIA	Lujo asequible
Tata	Italiano
Škoda	Español
Mercedes Benz	Francés
Fiat	__________

Actividades finales

Caso práctico para trabajar en equipo

Elegid tres marcas de coches de lujo y haced luego con cada una el siguiente experimento.

Un vehículo de la marca (a) aparece por la esquina de la calle. Se trata de averiguar la edad del conductor. Vamos a elegir entre uno de estos rangos de edad:

a) De 25 a 35 años.
b) De 35 a 45 años.
c) De 45 a 55 años.
d) De 55 años en adelante.

Cuando hayáis hecho este ejercicio para cada una de las tres marcas, estableced cuál es la profesión del conductor.

a) Deportista.
b) Músico famoso.
c) Abogado.
d) Médico.

Tras estas respuestas, ahora vais a decidir dónde vive este conductor, del que sabemos ya su edad y su profesión.

a) En el campo.
b) En el centro histórico de una ciudad.
c) En una urbanización de moda.
d) En la playa.

Por último, señalad si este conductor es un hombre o una mujer.

Con todas estas cuestiones resueltas, haced un retrato robot del comprador típico de estas marcas.

Visita virtual

Visita tres de las siguientes páginas web de empresas que ofrecen (de una u otra manera) productos de alta gama y dinos qué te han parecido sus contenidos según el esquema que más abajo te indicamos:

- Ferrero Roché.
- Turrón 1880.
- Ferrari.
- Loewe.
- Iberia.
- RENFE.
- Supermercados Sánchez Romero.
- El Corte Inglés.
- Bulgari.
- Felipe Varela.

Como guía, te facilitamos a continuación algunas «ideas» de trabajo:

- Describe el aspecto general (colorido, luminosidad, claridad, profesionalidad, facilidad de acceso, etc.) de la web.
- Muestra dos o tres fotos de la web que te parezcan importantes.
- ¿Cuáles te parecen las secciones más relevantes?
- ¿Qué te parecen los diseños de sus productos?
- Califica estas webs con una puntuación de 1 a 9, siendo 1 la nota más baja, la peor calificación, y 9, la más favorable, la que representa tener más calidad como página web.

Actividades finales

Visita presencial

Visitad en grupos de tres personas la zona *gourmet* de un supermercado que tenga esta sección.

Realizad una redacción de unas dos o tres páginas con vuestros comentarios sobre algunos de los productos de alta gama más sugerentes que encontréis.

Es importante que podáis repasar el índice de contenidos de la unidad para elaborar un guion con los puntos principales a tener en cuenta a la hora de preparar la redacción. Os dará una idea general de lo que podéis incluir en vuestros comentarios.

Finalmente, podéis completar el documento de trabajo incluyendo algunas fotografías de cada apartado.

Tus ideas sobre... Los productos de lujo, en general

Como pistas de trabajo te damos las siguientes:

a) Repasa esta unidad y haz antes de nada un pequeño sumario de los puntos que vas a tratar.

b) Pon en cada punto el número de líneas escritas que le vas a dedicar. Con dos o tres páginas es suficiente. No importa tanto la cantidad, sino la calidad del texto escrito.

c) Escribe lo que te parecen los productos de lujo, sus ventajas y sus inconvenientes y saca unas conclusiones finales para rematar el documento.

No olvides la forma estética del documento. Un buen contenido con una presentación atractiva, dan como resultado un trabajo excelente.

Pasatiempos

Crucigrama

Resuelve el siguiente crucigrama en el que encontrarás distintos términos sobre la venta de productos de alta gama.

	1	2	3	4	5	6	7	8	9	10
1					■		■			
2				■						
3								■		
4								■		
5			■		■	■				■
6		■					■		■	
7				■		■				
8			■				■			
9				■		■				
10	■									

Horizontales

1. Al revés, flote avanzando en el agua. Punto cardinal. Hijo de Jacob. 2. Al revés, en inglés impuesto. Rasgos que caracterizan a un artista. 3. Persona o empresa que compra habitualmente los productos de una empresa. Marchad. 4. Algunos productos de alta gama del sector bebidas. En las antiguas matrículas de Tarragona. 5. Interjección que indica susto. Cincuenta, en números romanos. Oficina de Atención al Estudiante de la UAM. 6. Sur. En inglés, jabón. Símbolo químico del nitrógeno. Letra con cuyo sonido fonético se denomina también a un baile regional. 7. Átomo en los polos del electrólito. Punto cardinal. Conjunto de productos de alta gama. 8. Modelo de visor de realidad virtual de Microsoft. Juego popular de cartas. Relativo a la homosexualidad. 9. Al revés, hermano del padre o de la madre. Símbolo de litro. Conjunto de los productos de una empresa. 10. En plural, un tipo de productos de alta gama.

Actividades finales

Verticales

1. Un reloj de alta gama suele serlo. 2. Al revés, trabajad el hilo. Al revés, giro, cambio mi dirección con el volante en la marcha de un vehículo. 3. Al revés, reunión o encuentro previamente acordado entre dos o más personas. Al revés, conjunto de dos siglas que se emplea en las encuestas para quienes no saben la respuesta. Al revés, personaje de película. 4. Punto cardinal. En la mitología griega, dios de los vientos. Símbolo de la principal unidad de longitud del sistema métrico decimal. Símbolo químico del hidrógeno. 5. Al revés, siglas de Radio Nacional de España. Al revés, propensa a ilusionarse con demasiada facilidad. 6. Pronombre demostrativo. Símbolo químico del fósforo. Punto cardinal. En números romanos, 100. 7. Pongo tirantes los cabos y las cadenas, las velas, los toldos y cosas semejantes. Personaje de manga *Death Note*. En las antiguas matrículas de Guadalajara. 8. Afirmación. Al revés, depósito natural de agua, generalmente dulce y de menores dimensiones que el lago. 9. Minoría selecta. Coloquialmente, ingiero alimento. 10. Uso, modo o costumbre que está en boga durante algún tiempo en un determinado entorno. Adornos de oro, plata o platino, con perlas o piedras preciosas.

Sopa de letras

Localiza doce palabras relacionadas con la venta de productos de alta gama en la siguiente sopa de letras. Pueden estar situadas tanto en vertical como en horizontal o en diagonal y tanto al derecho como al revés.

M	Y	W	M	Z	S	Q	F	L	H	Y	Q	T	T	D	M	O
O	O	P	Y	O	I	F	E	T		K	G	K	Y	E	Y	A
P	G	D	H	X	Y	P	X	T	S	C	X	K	L	O	F	D
S	P	Y	A	N	P	C	C	D	H	H	O	Y	P	V	I	F
E	M	N	T	P	E	H	L	A	F	C	Y	R	D	C	I	B
L	U	J	O	S	G	T	U	U	I	M	A	G	E	N	E	A
V	U	P	R	O	I	P	S	J	O	D	E	O	Y	S	G	B
F	E	S	O	I	G	U	I	X	W	E	M	D	R	Y	F	J
O	N	H	I	S	U	K	V	Y	P	J	P	J	H	B	A	X
L	R	A	Í	A	T	N	O	S	K	X	A	O	V	R	K	E
G	U	U	F	C	S	V	C	M	K	M	Q	Y	Q	A	A	Q
L	Y	N	W	K	U	A	E	L	P	A	U	A	H	N	C	A
O	Z	Q	T	M	Y	L	E	N	P	R	E	S	V	D	X	D
L	A	K	B	G	Y	Z	O	H	T	C	T	D	Z	I	C	S
Y	U	A	L	G	A	M	A	S	O	A	A	X	Z	N	Y	J
A	Q	I	O	A	D	V	E	O	F	Y	D	V	Y	G	R	Y
I	T	M	J	J	U	Y	L	E	C	C	O	V	P	E	P	T

Jeroglífico

Responde a la pregunta y descubrirás la solución al jeroglífico.

JEROGLÍFICO

Río italiano

Nota musical

Ando, camino hacia atrás

En las antiguas matrículas de Navarra

No digo la verdad

Está en la mente de los clientes

5

Preparación de acciones promocionales de bienes inmuebles

Objetivos

- Comprender qué es una agencia inmobiliaria y cuáles son sus cometidos en este importante sector de la economía.
- Diferenciar los conceptos de agente inmobiliario, agente comercial y agente de la propiedad inmobiliaria, así como otros conceptos importantes, como el de promotor o el de constructor.
- Entender qué es la promoción de inmuebles y cuáles son los medios y los canales de publicidad utilizados, así como la importancia del escaparate de la agencia y las características principales del diseño de los mensajes publicitarios.
- Conocer algunos de los detalles del contrato de alquiler con opción a compra y las distintas modalidades de venta presencial, por teléfono y por internet, sus ventajas e inconvenientes y sus costes.
- Identificar las pautas para calificar a los diferentes tipos de clientes potenciales.
- Interpretar lo que las distintas normativas establecen sobre la gestión inmobiliaria y sobre el tratamiento confidencial de los datos de los clientes.
- Reconocer la legislación específica vigente sobre protección al consumidor en las operaciones de compraventa y alquiler de inmuebles.
- Distinguir los distintos tipos de filtro de una cartera de inmuebles y los criterios para determinarlos.

Contenidos

INTRODUCCIÓN

La presente unidad es la primera de las dos (las Unidades 5 y 6) que en este libro se dedican al sector inmobiliario y a sus concretas circunstancias de marketing, comerciales y legales.

A lo largo del texto nos vamos a familiarizar con los principales conceptos de este mercado tan importante para la economía española y para la sociedad, en general.

Analizaremos a fondo qué es una agencia inmobiliaria y quiénes son las personas que gestionan sus intereses y diferenciaremos bien la figura del agente inmobiliario de otras figuras afines, centrando con precisión sus funciones y las de otras instituciones importantes dentro de este mercado, como son las empresas constructoras y las compañías promotoras.

Una vez concretados estos conceptos, veremos los medios y los soportes en los cuales se basa principalmente la promoción comercial de la compraventa de viviendas, de plazas de garaje, de locales de negocio y de otros inmuebles similares y analizaremos los elementos de comunicación publicitaria más utilizados y las maneras de aplicar el marketing en el establecimiento que les sirve de apoyo para la acción de ventas, poniendo especial énfasis en el diseño de los mensajes publicitarios y en sus contenidos principales.

En nuestro texto queremos dar cumplida información también sobre las diferentes fórmulas comerciales que este sector usa y sobre las distintas formas de comercialización más interesantes.

Una vez efectuado todo este recorrido, nos detendremos en el estudio de los clientes finales (compradores), en sus relaciones con la oferta (vendedores) y en los esquemas principales de conocimiento de sus características y de su calificación objetiva.

5.1. Agencia inmobiliaria

Una **agencia inmobiliaria** es una oficina (aunque hay ya opciones de funcionamiento de agencias inmobiliarias que operan vía internet) que tiene como finalidad principal la intermediación en las operaciones de tasación, asesoramiento y compraventa de bienes inmuebles, ya sea entre particulares, entre empresas, o entre ambos (Figura 5.1). En este sentido, los **inmuebles** son todos aquellos bienes que (al contrario que los bienes muebles) tienen una situación fija y están unidos (física o jurídicamente) de manera inseparable al terreno y que, por tanto, son imposibles de trasladar a otros emplazamientos o de separar del suelo que ocupan. Estos bienes inmuebles pueden serlo por su propia naturaleza, por incorporación, o por algunas otras causas similares.

Figura 5.1. Las agencias inmobiliarias tienen como finalidad principal la intermediación en las operaciones de tasación, asesoramiento y compraventa de bienes inmuebles, ya sea entre particulares, entre empresas, o entre ambos.

El conjunto de las agencias inmobiliarias, las compañías promotoras y constructoras que construyen y venden pisos, los bancos implicados en las operaciones crediticias inmobiliarias y los clientes finales que quieren comprar o alquilar sus propiedades, así como los propietarios que desean venderlas o alquilarlas, conforman el núcleo central de lo que llamamos genéricamente **sector inmobiliario.**

Figura 5.2. Tras casi diez años de crisis económica en la que el sector inmobiliario ha sido el que ha experimentado con mayor virulencia sus consecuencias, parece que se empiezan a observar francos signos de recuperación y mejoría que se traducen en un leve incremento de los precios de las viviendas nuevas y usadas, así como de los alquileres.

Tras los avatares de este sector en la crisis de los años pasados y tomando en consideración los datos correspondientes al año 2016, todo parece indicar que el sector inmobiliario español ha entrado ya en una fase de franca recuperación. En este sentido, parece que tanto la demanda de viviendas y locales como los precios de las compraventas y de los alquileres están consolidando repuntes moderados, lo que hace prever que las cosas sigan —en 2017 y en los cuatro o cinco años siguientes— la senda positiva de los últimos dos años; aunque, eso sí, parece sumamente difícil que el sector inmobiliario recupere alguna vez (al menos a medio plazo) los niveles de demanda de los años fuertes del *boom* (Figura 5.2).

Nota técnica

El descenso relativo de la población española, dadas las bajas tasas de la natalidad y también la prolongación de la ya elevada tasa de supervivencia de los ciudadanos, el saldo migratorio negativo y la existencia aún de muchos compradores potenciales que piensan que los precios inmobiliarios pueden todavía seguir bajando, suponen cambios estructurales de tal calado que hacen inalcanzables los niveles de la demanda de los años finales de la década pasada. Eso sí, la lejanía de esos máximos históricos no significa que los escenarios de crecimiento dejen de ser una positiva realidad.

5.2. Las figuras del agente comercial y del asesor comercial inmobiliario

La **gestión** de una agencia inmobiliaria está encomendada a personas que deben tener obligatoriamente una determinada cualificación específica para ello. Todas estas personas se califican como **asesores inmobiliarios,** ya sean agentes comerciales, agentes inmobiliarios o agentes de la propiedad inmobiliaria (API). Vamos a ver a continuación quiénes son estas personas y cómo se diferencian de otras figuras similares.

Los **agentes inmobiliarios** son personas físicas o personas jurídicas (empresas) que prestan sus servicios expertos en mediación, asesoramiento, tasación, arbitraje y gestión, con carácter habitual y de manera remunerada, en las operaciones relacionadas con la compraventa, el alquiler, la permuta o la cesión de bienes inmuebles (pisos, locales, plazas de garaje y otros inmuebles) y, asimismo, en todo lo relativo a las obligaciones y los derechos de las partes derivados de estas operaciones.

Las distintas normativas referidas a los agentes inmobiliarios les obligan a actuar con la diligencia debida a su responsabilidad, a su independencia profesional y a los códigos éticos de su sector, con especial consideración a la protección de los derechos de sus clientes y al carácter de su condición de gestores inmobiliarios.

Una figura a la que se le otorga una especial cualificación en este mercado es el **agente de la propiedad inmobiliaria (API)**. Es un profesional que cumple los requisitos profesionales que se establecen en su reglamentación específica y en las normas legales relacionadas con esta actividad y que ofrece servicios de intermediación entre el comprador y el vendedor de un bien inmueble (una vivienda, una plaza de garaje, etc.), durante el proceso de su alquiler o de su compraventa, a cambio de una comisión pagadera por una o las dos partes (según acuerdos), como retribución por sus servicios expertos de búsqueda y de puesta en contacto de las partes. Una vez concretada una operación de alquiler o de venta, el API puede también ayudar a las partes (compradores y vendedores) a gestionar la finalización exitosa de la operación de alquiler o compraventa (Figura 5.3). La actuación del API está sujeta al Real Decreto 1294/2007, de 28 de septiembre, que regula los Estatutos Generales de los Colegios Oficiales de agentes de la Propiedad Inmobiliaria y de su Consejo General.

Figura 5.3. Los API son personas que prestan un servicio de intermediación entre comprador/arrendatario y vendedor/arrendador, de manera que actúan como nexo de unión entre ambos para perfeccionar la operación inmobiliaria (generalmente una transmisión o un arrendamiento) a cambio de una remuneración.

¿Sabías que

Los API prestan sus servicios de mediación, asesoramiento, arbitraje y gestión en sus transacciones inmobiliarias (compraventa, alquiler, permuta o cesión de bienes inmuebles), no solo a los particulares sino, asimismo, a empresas y a otras instituciones, como, por ejemplo, a los Registros Públicos, a la Administración del Estado o a los juzgados y tribunales de justicia.

Con el fin de diferenciar bien sus funciones y las características de sus compromisos legales, merece la pena analizar también la figura del **agente comercial.** Es un profesional independiente (no asalariado) que se encarga de manera permanente (mediante la firma conjunta de un contrato de agencia, entre él y la empresa que le contrata, en el que se especificará el mandato determinado para efectuar un trabajo comercial específico y concreto) de promover, negociar o puntualizar operaciones mercantiles, en nombre y por cuenta de una o varias empresas, en una zona concreta y mediante una retribución (generalmente variable, según sea el nivel de éxito de las operaciones) fijada de antemano (Figura 5.4).

Figura 5.4. Un agente comercial es un profesional liberal (no asalariado) que se vincula a una determinada empresa u organización a través de un contrato mercantil de agencia, el cual constituye un mandato determinado para efectuar un trabajo comercial específico y concreto en nombre y por cuenta ajena.

En general, el ejercicio de la actividad de un agente comercial vincula a la empresa en cuyo nombre actúa y, por tanto, no será el agente comercial quien responda del buen fin de las operaciones (esta es una condición indispensable en el contrato de agencia), sino que será la propia empresa la obligada siempre a responder de ello.

Como sucede en muchos otros órdenes del comercio, los conceptos de promotor inmobiliario, constructor de inmuebles y agencia inmobiliaria también se solapan y dan lugar a una cierta confusión. El nexo común entre ellos es que todos suministran a la relación comercial final (al objetivo de que un cliente compre el bien inmueble) una parte de sus esfuerzos profesionales.

El momento en el que cada uno de ellos interviene en este proceso es el factor más claro de su identificación. En un proyecto para construir un inmueble, la primera etapa suele ser la adquisición del suelo, del terreno en que se va a construir el inmueble que posteriormente será vendido. Los **promotores inmobiliarios** son los que intervienen para efectuar la compra del mismo. Cuando el promotor inmobiliario ya es propietario del terreno, encarga a un constructor o a una **empresa constructora** el desarrollo y la realización del producto a vender: piso, chalé, garaje, nave, edificio singular, etc. El constructor es quien contrata y dirige a las personas que van a intervenir (arquitectos, albañiles, pintores, etc.) y quien gestiona totalmente la construcción del inmueble (Figura 5.5).

Figura 5.5. En las fases iniciales de un proyecto de construcción intervienen un promotor (o adquirente del suelo) y un constructor (encargado de levantar la edificación sobre el suelo del promotor). Aunque ambas figuras son diferentes, nada obsta para que promotor y constructor confluyan en la misma persona. Terminada la construcción, serán las agencias inmobiliarias las que intervengan para ejecutar la transmisión de los bienes inmuebles.

Sabías que

Los agentes comerciales tienen estatuto de trabajadores autónomos, ligados al empresario mediante un compromiso de mandato y que en ningún caso adquieren la propiedad de lo que venden, puesto que, de hacerlo, se convertirían en clientes o en distribuidores intermediarios, cosa que se debería regular por medio de otros tipos de contrato.

Tras la construcción, hay que vender las viviendas, los garajes o los demás productos derivados de ella. Es ahora cuando la agencia inmobiliaria interviene y gestiona el desarrollo completo de la acción de venta.

Antes de iniciar cualquier tipo de gestión, los asesores inmobiliarios, a quienes un propietario solicita su ayuda profesional para llevar a cabo una transacción inmobiliaria, deberán suscribir con él previamente una **nota de encargo** que les habilite para comunicar su oferta públicamente, para percibir cantidades de dinero relacionadas con las operaciones encargadas y para formalizar con terceros interesados cualquier tipo de compromiso, contrato o precontrato (Figura 5.6).

Figura 5.6. La nota de encargo es el documento firmado por el asesor inmobiliario y por el propietario del bien mediante el cual autoriza al primero a actuar en su nombre para dar publicidad a la oferta, recibir cantidades a cuenta de la futura transmisión y a formalizar con un tercero contratos, precontratos y compromisos (todos ellos vinculantes para ambas partes) tendentes a la adquisición del bien.

En esta nota de encargo tienen que constar necesariamente los siguientes datos:

- La identidad y las informaciones concernientes al agente inmobiliario y a la agencia.
- La identidad y los datos del propietario del inmueble y los de las demás partes implicadas en la operación inmobiliaria.
- El número de inscripción del agente en el correspondiente registro oficial.
- El plazo de duración del encargo.
- La descripción de la operación encomendada.
- La descripción detallada de la finca objeto de la operación inmobiliaria.
- El régimen de protección de la vivienda (cuando sea preceptivo hacerlo).
- El precio de la oferta.
- Los aspectos jurídicos o judiciales que afecten al inmueble.
- La retribución del agente inmobiliario y la forma en la que se efectuará el pago.

Sabías que

La retribución que percibe el agente inmobiliario por su gestión experta está regulada por normativas específicas. En este sentido, con carácter general, la remuneración del agente debe consistir en un porcentaje del precio o en un importe fijo; pero en ningún caso el agente puede percibir estas cantidades de las dos partes que intervienen en la transacción por la misma operación, salvo que haya un acuerdo previo, expreso y fehaciente entre las partes para ello.

Figura 5.7. La famosa frase de Smeagol «mi tesoro» en la saga de «*El Señor de los Anillos*» puede asociarse al contrato de exclusividad de las agencias inmobiliarias: con la formalización del mismo están blindando, tanto su trabajo como la inversión que tengan que realizar en recursos de cualquier índole, impidiendo con ello la entrada de nuevas agencias competidoras mediante la imposición de fuertes penalizaciones económicas ante incumplimientos potenciales por parte de los vendedores.

Con una cierta asiduidad y como un documento complementario de la nota de encargo, las agencias inmobiliarias solicitan también a sus clientes la firma de un **contrato de exclusividad** que les garantice un cierto «blindaje» de su trabajo y de la inversión que ellos van a realizar en recursos técnicos, humanos y financieros. Estos contratos pretenden asegurar al cliente la protección de sus intereses, la determinación clara de los aspectos económicos, tanto de la transacción como de la intervención experta del agente inmobiliario en la misma y sirven también de garantía al agente inmobiliario como cobertura de su trabajo (Figura 5.7).

El contenido de estos documentos suele reflejar:

- La voluntad de las partes de trabajar en exclusividad.
- Las fórmulas de promoción activa que la agencia va a llevar a cabo.
- Los plazos, el precio y las demás condiciones relativas a la operación inmobiliaria.

Actividad propuesta 5.1

Examina el siguiente contrato y señala lo que, en tu opinión, le faltaría especificar.

CONTRATO DE EXCLUSIVIDAD

Datos generales del propietario y de la agencia inmobiliaria:

D/Dña. .... mayor de edad, con domicilio en ...., en la calle ...., número ...., (C.P. ....) y DNI número .... cede en exclusiva a la Agencia Inmobiliaria .... la gestión de la compraventa de su piso, situado en ...., en la calle ...., número .... (C.P. ....), por un periodo de dos meses a partir de la fecha de la firma de este compromiso.

Prórroga del contrato

En caso de que las partes decidan prorrogar el presente compromiso, deberán expresarlo fehacientemente por escrito en un documento formal que se adjuntará al presente contrato.

Cantidades a cuenta de la compraventa

El propietario autoriza expresamente a la agencia inmobiliaria, como depositaria, a recibir las cantidades que se consideren necesarias en concepto de arras o señal, si bien todo ello quedará condicionado a la aceptación expresa por el propietario.

Reconociéndose su buena fe, se firma el presente documento en la ciudad de ...., el día .... de .... de 20........

El Propietario

....

5.3. Promoción de inmuebles. Medios y canales

Ya hemos visto en el apartado anterior que la venta de inmuebles no es tarea fácil; mucho menos cuando las circunstancias del entorno resultan negativas. Por ello, es necesario que especialistas expertos en este tipo de operaciones sean los que gestionen directamente las operaciones de compraventa, de alquiler u otras, para tratar de culminarlas exitosamente (Figura 5.8).

Figura 5.8. La operativa de una agencia inmobiliaria es tremendamente simple, percibiendo una comisión por la venta tras la firma del oportuno contrato, evidentemente contando con la aceptación de comprador y vendedor para la transmisión del bien.

En los años de bonanza (hace unos diez años, a mediados de la primera década del siglo actual), los promotores y las agencias daban de lado a las técnicas comerciales y de marketing porque los clientes compradores les llegaban con suma facilidad. Los bancos, dada la condescendencia legal del sistema hipotecario español que les favorecía, concedían créditos hipotecarios casi a cualquiera y financiaban miles de operaciones. Eran momentos de prosperidad para muchos y eso se reflejaba en las ventas, que alimentaban peligrosamente la llamada «burbuja inmobiliaria». Las empresas ganaban dinero y lo reinvertían en gastos corrientes o en nuevas inversiones en terrenos, pero no tanto en acciones de marketing y de comunicación, que estimaban como costes innecesarios.

La situación ahora ha cambiado de forma pendular (se ha ido al otro lado) y los promotores y las agencias inmobiliarias ven ahora desfilar por sus establecimientos a compradores solamente interesados en gangas (fruto del desplome de los precios) o a muchos vendedores abrumados por las pérdidas que les va a producir la venta de sus propiedades.

Así las cosas, los empresarios del sector inmobiliario se han visto en la necesidad de activar nuevas **estrategias** y **políticas de marketing y ventas** para tratar de gestionar de nuevo con éxito la situación: facilidades de pago, servicios especiales de atención al cliente, montaje de pisos-piloto, franquicias, formación especializada para sus vendedores (una de las variables de éxito más señaladas), participación en ferias y en otros eventos inmobiliarios, etc. Una de estas nuevas estrategias es la que se refiere específicamente a mejorar la gestión de los medios y los canales de comunicación que los empresarios del sector han tenido que poner en práctica para establecer (para reestablecer, sería mejor) las relaciones informativas y comerciales con sus mercados, lo que les ha llevado a consolidar una evolución hacia nuevos medios de comunicación y nuevos canales comerciales en detrimento de los medios y canales más tradicionales (Figura 5.9).

Figura 5.9. Los profesionales del sector inmobiliario se han visto en la necesidad de arbitrar sistemas diferentes a los tradicionales para ir soportando la crisis económica, principalmente en lo que respecta a los canales y los medios de comunicación empleados.

Nota técnica

Posicionarse correctamente para aparecer en las primeras páginas de los principales buscadores de internet tiene que ver con las técnicas SEM y SEO que podamos (y sepamos) utilizar. Posicionarse correctamente en estos buscadores es difícil (porque muchos desean lo mismo que nosotros), pero se puede hacer de dos maneras: con un posicionamiento **SEM,** pagando al buscador los anuncios preferentes sobre nuestra web; o con un posicionamiento **SEO,** que se produce precisamente a partir de los clics búsquedas que otros hagan de nuestra web. Este segundo posicionamiento es gratuito, pero precisa de un gran número de clics diarios (mucha gente entrando en nuestra página), para que el buscador vaya posicionando nuestra web hacia arriba, cada vez mejor.

Antiguamente, las agencias inmobiliarias no tenían ningún tipo de **escaparate.** No lo necesitaban. Hoy, sin embargo, es un elemento casi absolutamente necesario. Escaparates visuales, digitales o incluso interactivos (que permiten al cliente conectar con el producto de manera sencilla y motivadora) son hoy parte importante de este mercado y están modificando las categorías estratégicas del escaparatismo convencional, que se basaba solo en fotos del inmueble pegadas a un cristal (Figura 5.10).

Figura 5.10. Las agencias inmobiliarias no han tenido otra opción que evolucionar con el momento actual, de modo que han puesto a disposición de sus clientes escaparates virtuales e interactivos que permiten al cliente conectar con el producto de una manera cómoda y sencilla.

Actividad propuesta 5.2

Busca tres páginas web de agencias inmobiliarias de la zona donde vivas. Cuando las hayas seleccionado, deberás entrar en ellas para analizar la situación de su comunicación con los clientes (compradores de inmuebles y vendedores) y, sobre todo, para estudiar el uso (o no) de las modernas técnicas de relación, de acuerdo con el siguiente esquema de trabajo (escribe dos o tres líneas para cada apartado con tus comentarios):

- Apariencia de la web.
- Facilidad de contacto y relación.
- Áreas de trabajo (pestañas con los apartados más relevantes).
- Logotipo y eslogan principal.
- Muestra de los inmuebles.
- Facilidad de búsqueda.
- Conclusiones y calificación (de cero a diez) de cada web.

Recuerda que

La compraventa de un inmueble es con frecuencia una operación de alto precio (incluso en operaciones sencillas y menos costosas), por lo que es necesario considerarlas como productos especiales a los que hay que cuidar. Diseñar un buen escaparate (se les denomina **vendedores gratuitos** o **vendedores sin sueldo**) requiere más de una mentalidad avanzada que de un fuerte presupuesto. Es un complemento necesario de la venta técnica de estos productos.

Sabías que

Las empresas del sector inmobiliario están ya empezando a utilizar todas las fórmulas de contacto que se les ofrecen a través de internet. Las numerosas redes sociales disponibles, webs y portales inmobiliarios específicos, la publicidad en Google Adwords (campañas de pago por clic SEM), Twitter y Facebook, los mensajes por WhatsApp y los vídeos y otros soportes multimedia son hoy vías de comunicación y de relación que pueden cambiar la percepción de los clientes potenciales, orientar sus preferencias de compra, gestionar estadísticas de segmentación por zonas, por precios, por tipo de inmueble deseado, etc., y potenciar, finalmente, los resultados.

5.4. Diseño de los mensajes publicitarios

La **comunicación** es un proceso, una secuencia de actos, que consiste esencialmente en un intercambio de señales entre un **emisor** y un **receptor** a través de un **mensaje;** es decir, de un conjunto de textos, imágenes, sonidos, o símbolos (todo esto es un mensaje) con los que un emisor pretende captar la atención de un receptor, para transmitirle una idea o una información que apoye los argumentos comerciales del emisor, dirigidos normalmente (porque hay casos de mensajes sin intenciones claramente comerciales, en el marketing social, por ejemplo) a la identificación o al recuerdo de una marca o de una empresa y al apoyo para la culminación exitosa de sus operaciones de compraventa.

La publicidad es pues una herramienta del marketing que se encarga de estimular la demanda a través de los mensajes, con la intención de captar y fidelizar clientes. Es una forma de comunicación pagada e impersonal, iniciada por una empresa que emite un mensaje, con la intención de persuadir a los clientes (a la vez que de informar) y de crear una imagen que le lleve a aumentar las ventas y a fidelizar a su mercado. En este sentido, el mensaje introduce todo un conjunto de valores que conforman el contenido publicitario (Figura 5.11).

Figura 5.11. Las agencias de publicidad disponen de un equipo de creativos que son los encargados de generar un mensaje que conforma el contenido publicitario con la finalidad de que estimule suficientemente la demanda.

El diseño del mensaje publicitario, como pieza sustancial del proceso de la comunicación publicitaria, tiene que tomar en consideración dos características principales:

a) Que sea **creíble y persuasivo,** para que el receptor haga algo que nosotros le estamos sugiriendo: por ejemplo, pararse a mirar los anuncios del escaparate de la agencia.
b) Que **estimule** específicamente **la conducta compradora del receptor** en favor de nuestras propuestas comerciales.

Figura 5.12. El mensaje publicitario no solo debe ser verosímil, sino también atractivo y susceptible de generar una conducta positiva de su receptor que culmine en la compra del producto ofertado.

Por ello, el mensaje debe responder a unos objetivos específicos y viables, cuyos resultados se deben poder cuantificar y medir, en relación a lo previsto y a lo planificado con anterioridad en un plan de comunicación, que debe ser realista y confiable.

El mensaje publicitario tiene que estar diseñado de manera que pueda integrarse con facilidad en los siguientes esquemas convencionales de comunicación con los clientes (Figura 5.13):

- Periódicos y revistas.
- Tarjetas de visita de los agentes.
- Serigrafía en los vehículos corporativos.
- *Merchandising* (camisetas, bolígrafos, llaveros, pegatinas, agendas, mecheros, gorras, calendarios).
- *Flyers* (folletos de pequeñas dimensiones y gramaje reducido) repartidos en lugares estratégicos con alta concentración de personas.
- Ferias inmobiliarias y eventos nacionales e internacionales.
- Buzoneo.
- Mapas callejeros de distribución gratuita.
- Pantallas planas en la oficina comercial de la inmobiliaria.
- Publicidad estática (fachada de la oficina, autobuses y tranvías, aeropuertos, vallas en las carreteras, estaciones de Metro, paradas de autobuses).

Figura 5.13. En las fotografías observamos los sistemas de inserción convencional de la publicidad: tarjetas de visita, marquesinas del autobús, flota de vehículos de empresa y periódicos, entre otros muchos.

Asimismo, en los siguientes espacios virtuales o de internet (Figura 5.14):

- Web de la inmobiliaria.
- *Banners* en web y blogs del sector
- *Blogs* inmobiliarios.
- *Newsletters* inmobiliarios.
- Directorios de internet.
- Buscadores y portales inmobiliarios nacionales e internacionales.
- Páginas de la inmobiliaria en las redes sociales (Facebook, LinkedIn y otras).
- Redes de relación, como Twitter, por ejemplo.
- Campañas de anuncios en Google Adwords.

Figura 5.14. El avance del marketing digital ha permitido la introducción de la publicidad de una forma masiva a través de diferentes espacios virtuales, como las redes sociales, los portales inmobiliarios y los buscadores y páginas web de las agencias.

A través de un mecanismo de *feedback*, de retroalimentación informativa, la empresa tiene que ser capaz de verificar la coordinación entre el mensaje pretendido y el mensaje percibido por el mercado.

Actividad propuesta 5.3

Ya hemos visto que el mensaje publicitario tiene que estar diseñado de manera que pueda integrarse con facilidad en diferentes esquemas de comunicación con los clientes. A continuación, te mostramos algunos espacios virtuales en los que se pueden insertar mensajes publicitarios del sector inmobiliario.

Valora de 1 a 9 la importancia o el interés que crees que cada uno de ellos puede tener si fueras el responsable de una agencia inmobiliaria. Pon tu nota al lado de cada una y explica brevemente en un par de líneas por qué has tomado esta decisión.

- Web de la inmobiliaria.
- *Banners* en web y *blogs* del sector
- *Blogs* inmobiliarios.
- *Newsletters* inmobiliarios.
- Directorios de internet.
- Buscadores y portales inmobiliarios nacionales e internacionales.
- Páginas en las redes sociales (Facebook, LinkedIn y otras).
- Redes de relación, como Twitter, por ejemplo.
- Campañas de anuncios en Google Adwords.

Seguramente, se nos ha olvidado alguna. Puedes añadirlas ahora, si lo deseas.

Como acabamos de ver, en el mensaje publicitario coexisten dos universos bien diferentes. Por un lado, tenemos el emisor que construye los mensajes; y por otro, los ciudadanos, el mercado, cuyo comportamiento es tenido en cuenta por las empresas para asociarlos y comprometerlos comercialmente con el producto o con la marca (Figura 5.15).

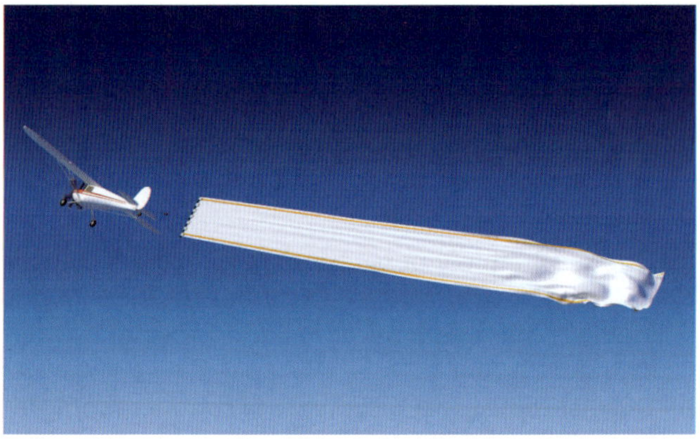

Figura 5.15. En cualquier mensaje publicitario su emisor debe tener en cuenta una multitud de variables que al final generen un comportamiento proactivo hacia el producto.

Recuerda que

El mensaje debe contener la idea que el emisor quiere transmitir y que es el elemento principal del proceso de la intercomunicación empresa-cliente. Es por ello que se tiene que diseñar de una forma persuasiva que pueda atraer al receptor con su creatividad y con su innovación. Su fin es vincular a los clientes a la marca de la empresa y conseguir que estos la perciban como diferenciada y positiva en relación con las demás marcas de otros competidores.

Actividad propuesta 5.4

Vamos a tratar de profundizar en los mensajes publicitarios.

Aunque no se trate de un anuncio referido al mercado inmobiliario, pensamos que los anuncios de Loterías y Apuestas del Estado (sobre todo los de la Lotería de Navidad) gozan de un carácter transversal (es decir, que afectan a todos los sectores sociales y profesionales) que merece la pena estudiar y que nos sirven para comprender exactamente el mensaje que desean transmitir.

Observa uno de los tres últimos anuncios de esta empresa estatal (están en internet) y comenta con una cierta profundidad lo que te sugiere el mensaje que desde la empresa intentan transmitir.

Como pistas de trabajo sobre las que comentar te ofrecemos las siguientes:

- Historias tiernas que comparten valores personales.
- Apelación a los factores sentimentales de la compra de un décimo.
- Valoración de las posibles consecuencias positivas de esta compra
- Carácter social de los valores añadidos al mensaje: amistad, familia, afecto, etcétera.
- Contagio colectivo de las ilusiones, sobre todo, de las ilusiones relacionadas con la prosperidad y con el bienestar.
- Componentes melancólicos del anuncio.
- Sus efectos en el espectador.
- Las dificultades publicitarias para ayudar a vender un pedazo de papel.

Actividad propuesta 5.5

Ya hemos avanzado mucho en el conocimiento de la actividad inmobiliaria. Vamos a dar ahora un paso más.

Selecciona una actividad de compraventa o de alquiler típica del sector inmobiliario (la que tú decidas) y elabora un posible anuncio publicitario en el que emplees algo de creatividad y un poco de humor. Ten especial cuidado con el mensaje que desees lanzar, pues a veces nuestra percepción personal no coincide exactamente con la de los clientes.

Mira fijamente a los ojos del cliente potencial.

Entonces, cuando estés seguro de lo que quieres decir, utiliza una frase impactante que atraiga a los clientes.

Un consejo: prueba sin miedo. Haznos caso. Al final, muchas veces, solo se deja de lograr lo que no se intenta.

5.5. Alquiler con opción a compra

Cuando hablamos de alquiler estamos hablando de una figura contractual que se denomina jurídicamente **arrendamiento** y que se regula formalmente con arreglo a normas del Derecho. El **alquiler con derecho a compra** es una variante jurídica de este arrendamiento. Es un contrato por el cual una parte (el propietario o arrendador) se obliga a vender el inmueble a otra (el inquilino o arrendatario) con la opción de capitalizar las rentas pagadas hasta el vencimiento, si decide finalmente comprar el inmueble, en las condiciones establecidas a la firma del contrato.

Se trata de una fórmula que permite al arrendatario alquilar una vivienda durante un tiempo previamente acordado y tener una posibilidad a medio plazo de comprar, asimismo, el inmueble de acuerdo con unas condiciones previamente pactadas. Estas condiciones implican que, llegado el momento establecido, el inquilino tiene derecho a comprar el inmueble descontando del precio a pagar pactado en el documento contractual, la parte del precio pagada durante ese tiempo, con anterioridad, en forma de alquiler o renta mensual. Es decir, que si existe este tipo de acuerdo y el inquilino paga 500 euros al mes y el vencimiento es a dos años, el inquilino tendrá derecho (si compra) a descontar 12 000 euros (500 euros por 24 meses) del precio pactado en el contrato con el arrendador (Figura 5.16).

Figura 5.16. El alquiler con opción a compra constituye una figura jurídica a caballo entre el arrendamiento del inmueble y su transmisión: el arrendatario (posible futuro comprador) pacta con el arrendador (posible futuro vendedor) la adquisición del inmueble en un plazo determinado, capitalizando las rentas satisfechas hasta ese momento en concepto de alquiler y, por tanto, reduciendo el precio final a pagar.

Si a la llegada la fecha establecida el inquilino no desea comprar las cantidades ya abonadas (los 12 000 euros del ejemplo), no servirán para asociarlas a ninguna reducción del precio y el contrato se regirá, como si se tratara de un contrato de arrendamiento normal, por lo pactado entre las partes (prórroga o finalización), pues no existe una normativa legal específica para ello, aparte la propia Ley de Arrendamientos Urbanos, con carácter general.

Como el alquiler con opción de compra es un compromiso formal (que incluso puede inscribirse en el Registro de la Propiedad), es necesario que el texto contractual indique, tanto el precio para ejercer la opción de compra como el plazo (la fecha del vencimiento) en el que el inquilino puede ejercer esta opción y las posibles penalizaciones (por ejemplo, perder la opción de compra totalmente) por no ejercerla. Este contrato, que es positivo para ambas partes, sobre todo cuando existen dudas sobre el momento de comprar o no el inmueble, tiene también tiene algún condicionante: el propietario no podrá vender el inmueble mientras exista esta opción y el inquilino quizá se comprometa a pagar un tipo de renta mensual algo más elevada, ya que el precio se tiene que mantener inalterable, a pesar de los posibles cambios al alza o a la baja del mercado.

Actividad propuesta 5.6

Como ya hemos hablado bastante de compra y de alquileres de bienes inmuebles, entra en este *link* y verás lo que algunos consideran que es el mejor anuncio publicitario del sector inmobiliario de la historia.

http://www.listalis.com/blog/el-cartel-de-publicidad-inmobiliaria-con-mas-impacto-de-tota-la-historia

Escribe, en unas diez o quince líneas (en una hoja), lo que el anuncio te sugiere.

Te recomendamos que lo veas cuatro o cinco veces y que tomes notas en un cuaderno sobre lo que te llama más la atención de cada una de las secuencias y, sobre todo, de la efectividad que crees que habrá tenido este anuncio para su objetivo de vender, que es el objetivo principal.

Como verás es, sin duda, una forma novedosa y dinámica de atraer a posibles interesados. Esencialmente, se trata del cartel tradicional de venta de pisos, el de siempre, pero con una salvedad creativa novedosa: el cartel persigue a los viandantes durante su paso por la fachada del local. Marca una diferencia ventajosa con respecto al resto de los anuncios inmobiliarios, atrae la atención de las personas y provoca que estas personas hagan después publicidad viral del inmueble en cuestión.

Para realizar esta *performance* publicitaria los diseñadores del escaparate utilizaron cámaras que filmaban a los transeúntes y asimismo un software complementario que situaba el cartel siempre a la altura de los viandantes, que les seguía y que realizaba estadísticas comerciales y de realidad virtual, posteriormente.

5.6. Comercialización de inmuebles. Venta presencial, por teléfono y por ordenador

La **comercialización inmobiliaria** (la compraventa, el alquiler y las demás formas de relación comercial referidas a bienes inmuebles), a diferencia de otras modalidades comerciales, requiere de una **especialización** y de un nivel avanzado de información y conocimiento; no solamente en técnicas de venta sino, además, en todos aquellos aspectos relacionados con el mercado, las finanzas, los condicionantes bancarios, la legislación, etc., ya que las transacciones inmobiliarias conciernen a productos de alto precio y que suponen decisiones importantes y poco frecuentes en la vida personal, para las que los actores principales (compradores y vendedores, por ejemplo) no están habitualmente preparados.

Como en otros sistemas de venta, la acción comercial en el ámbito de los bienes inmuebles se puede desarrollar por diferentes vías. Cualquiera de las vías comerciales de venta de inmuebles tiene ventajas y tiene inconvenientes. No hay una fórmula mágica que convierta a una de ellas en la «vía universal, sin problemas». Hay que analizar los costes de cada una y los esfuerzos requeridos en cada forma y tomar las decisiones pertinentes. Las vías más frecuentes son: la **venta directa** en presencia del cliente (el cliente visita la agencia directamente), la **venta por teléfono** (al cliente se le contacta por vía telefónica) y la venta a través de herramientas virtuales **por ordenador** (el cliente accede por internet a la información que necesita para comprar). Por tanto, la elección de una de estas vías, o de alguna fórmula mixta que las emplee a todas depende de los objetivos planificados. Como es evidente, las técnicas comerciales serán muy distintas en uno u otro caso.

La relación directa entre el vendedor y el cliente será forzosa cuando algunas de las variables que influyen en la compra del inmueble lo requieran: el precio, un ambiente lujoso, la imagen social del inmueble, etc. (Figura 5.17).

Figura 5.17. La venta directa o presencial supone la presencia física del cliente en la agencia inmobiliaria, lo cual exige una red cualificada de vendedores con experiencia en negociaciones complejas.

Las características principales de este tipo de **venta directa** son las siguientes:

- Son ventas técnicas y complejas que no se resuelven en poco tiempo.
- Hay mucha competencia entre agencias.
- Intervienen muchos factores casuales e imprevistos en el proceso
- Requieren de una planificación metódica y avanzada y también, de un profundo conocimiento del mercado.
- No es fácil clasificar al cliente. Cada uno es «un mundo».
- Tienen unas necesidades múltiples (los clientes).
- Los factores de influencia en el cliente son muy opacos.
- No siempre el precio es el factor clave.

La **venta presencial** implica poseer y transmitir una potente imagen de marca (por parte de la agencia inmobiliaria) y la intervención de vendedores cualificados, que sean capaces de vender credibilidad y confianza y que estén preparados para una compleja negociación, tanto si captan propietarios que desean vender, como si venden ya los inmuebles comprometidos con los propietarios.

Cada día (a pesar de que nos parezca lo contrario) se vende más **por teléfono.** Esto es así porque los costes comerciales y de relación se han vuelto prohibitivos para muchos productos; sobre todo, para los de precio no muy elevado. Pero también porque el teléfono es hoy para muchos ciudadanos un elemento esencial de su vida diaria. Si el objetivo primero de cualquier contacto comercial es generar confianza en el cliente, esta vía de contacto y de relación sirve para la venta de bienes inmuebles y es cada vez una alternativa más utilizada, porque los costes son más asequibles, porque no existen los tiempos muertos (desplazamientos, esperas, etc.), y porque el esfuerzo puede especializarse concretamente, sino para cerrar definitivamente la venta (lo que quizá exige siempre la presencia del vendedor) para establecer contactos directos y proponer movimientos de aproximación y de avance en la compraventa (Figura 5.18).

Figura 5.18. La venta telefónica permite la optimización de recursos (particularmente los tiempos de desplazamiento o esperas) y la minimización de los costes asociados a la propia negociación, lo cual favorece la rapidez de la transmisión definitiva.

El aprendizaje profundo del manejo de este elemento de comunicación y la experiencia motivada de los agentes, son factores que garantizan un elevado porcentaje de éxito. Preparar a fondo las visitas telefónicas, aprender a modular la voz y hasta los gestos a distancia (perceptibles por el interlocutor), formarse y entrenarse con personas expertas, manejar con soltura los tiempos, los horarios y las agendas y adquirir una fuerte tolerancia a las negativas de los clientes y a un elevado porcentaje de fracaso (habitual) en sus entrevistas, permiten al vendedor por teléfono ser eficaz y lograr sus objetivos.

La venta presencial obliga a mantener una o varias oficinas (a pie de calle o no) para la atención directa y personal del público. Las cargas financieras y de gestión que esto supone hacen que muchos agentes inmobiliarios se hayan planteado utilizar **la venta por ordenador** (es decir, aprovechar las inmensas posibilidades de internet) para intentar captar propietarios y vender bienes inmuebles por esta vía.

Figura 5.19. La venta *online* o a través del ordenador es una de las alternativas que evita la asunción por parte de los agentes inmobiliarios de los costes fijos derivados de la atención personal y directa al cliente, fundamentalmente los vinculados al local u oficina donde prestan sus servicios.

Normalmente, las tres vías de relación se utilizan de forma conjunta, sin problemas.

5.7. Capacidad de compra o alquiler de los clientes potenciales. Tipos de clientes

Comprar o alquilar inmuebles son las alternativas más frecuentes en el sector inmobiliario. Conocer de antemano la **capacidad de compra** de los clientes potenciales ayuda mucho al éxito final de las operaciones inmobiliarias. A estos efectos, se llama **cliente potencial** a toda persona física o jurídica que aún no ha sido cliente real de una empresa, pero que tiene las características (económicas, demográficas, sociales, etc.) para llegar a serlo en un futuro inmediato.

Sabías que

El *coworking* (Figura 5.20) es una manera de trabajar en cooperación que permite a profesionales de distintas áreas empresariales compartir un espacio de trabajo común (físico y virtual), para desarrollar con independencia cada uno sus negocios y sus proyectos. Trabajar en *coworking* significa para un empresario compartir con otros profesionales un determinado espacio común, que se complementa con servicios adicionales: cafetería, salas de reuniones, aulas, etc., y que les permite reducir considerablemente sus costes.

Sabías que

La palabra «potencial» deriva del verbo latino *potere* que significa «poder», no en el sentido de dominación, sino en el sentido de capacidad, de posibilidad. En este sentido, un cliente potencial hoy **puede** (del verbo poder) llegar a ser un cliente real mañana.

Figura 5.20. El *coworking* supone una forma de trabajo que permite a profesionales independientes, emprendedores y pymes de diferentes sectores compartir un mismo espacio de trabajo, tanto físico como virtual, para desarrollar sus proyectos profesionales de manera independiente, a la vez que fomentan proyectos conjuntos.

Los propietarios de inmuebles —sean estos de la naturaleza que sean e independientemente del volumen dinerario que vaya a suponer el alquiler o la compraventa— que desean encontrar clientes que compren o alquilen sus bienes centran sus objetivos en tres aspectos principales:

a) Que el inmueble se venda o se alquile al precio que a él le interesa.
b) Que se venda o se alquile con rapidez.
c) Que no surjan problemas añadidos a la ya natural complejidad de este tipo de operaciones.

Para conseguir estos tres objetivos fundamentales de las compraventas inmobiliarias y de los alquileres, es un requisito imprescindible conocer de antemano y con una cierta precisión objetiva la capacidad del cliente potencial para finalizar con éxito (puntual o continuado; dependerá del tipo de operación) el alquiler o la compraventa del inmueble.

Evaluar el perfil del cliente potencial implica profundizar en sus datos personales, en sus rasgos subjetivos y personales, en su capacidad estimada de compra y en sus posibilidades financieras para ello (Figura 5.21).

Figura 5.21. Conocer el perfil del cliente es fundamental y supone un exhaustivo trabajo de evaluación y revisión de toda la información facilitada para contrastar su veracidad. La profesionalidad en el tratamiento de estos datos posibilitará desechar al cliente no deseado.

Muchos vendedores del sector inmobiliario creen que la cantidad de clientes que visitan los inmuebles en venta es directamente proporcional al número de operaciones exitosas. Si esto fuera siempre así, bastaría con incrementar sin más el número de visitantes (a partir de «vendedores muestrapisos») para lograr objetivos rentables. Afortunadamente (porque si no todo sería absolutamente lineal y ganarían siempre los que tuvieran más capacidad de personas y de dinero para hacer visitas vendedoras), las cosas son distintas y requieren de una combinación perfecta de calidad y de cantidad. Muchas visitas de clientes que no tienen capacidad para comprar o para alquilar el inmueble darán siempre un pobre resultado. Lo mismo sucederá en el caso contrario. Encontrar el equilibrio sabio entre la calidad de las visitas y la cantidad de las mismas supone ofrecer un servicio altamente especializado y es algo que concierne a la profesionalidad del asesor inmobiliario y a la de su agencia.

Si un cliente potencial visita un inmueble es porque ya tiene claros (otra cosa es que negocie sobre algo posteriormente) la mayoría de sus características y condicionantes. Y si un vendedor acompaña a este cliente es porque ya conoce sobradamente sus capacidades de compra y las ha evaluado previamente.

Lo que el vendedor y la agencia inmobiliaria tiene que tener muy claro es:

- Cuál es el interés real del cliente para comprar o alquilar, del que va a derivarse el plan de visitas y acompañamiento.
- Cuál es su capacidad económica (y de otros tipos) para comprar o para alquilar.
- Cuáles son las necesidades específicas del cliente potencial, para mostrarle así el inmueble más idóneo.
- Cómo ha valorado el vendedor, antes de la visita, su base de datos de inmuebles y la relación del cliente con estas necesidades.

Como es lógico (y por fortuna), los clientes en cualquier sector de la economía o del comercio no son todos iguales. El sector inmobiliario no es una excepción. En este mercado, los clientes no son iguales ni lo son tampoco los vendedores o las agencias. Tratar con clientes desordenados, sabihondos, entrometidos, desesperados, oportunistas gruñones, insoportables, egoístas, indecisos, herederos, divorciados o miedosos, requiere de una sabiduría especial para la que es preciso prepararse. El «café para todos», el tratarlos a todos por igual conduce a fracasos inevitables que a nadie interesan (Figura 5.22).

Figura 5.22. La igualdad, uno de los principios básicos enunciados por primera vez en la Declaración Universal de Derechos Humanos (DUDH) de París de 1948, nunca puede trasladarse a los clientes: cada uno tiene un perfil, un carácter y un gusto difícilmente asimilable a los del resto; de ahí que el éxito radique en la capacidad de entender la diversidad de circunstancias que rodean a cada persona.

Pero, ¿existe el cliente ideal? ¿Hay alguna categoría, algún perfil, algún retrato-robot de cliente perfecto que se pueda asumir con carácter universal y que sea válido para cualquier momento y para cualquier lugar? La respuesta es: no. No existe este retrato-robot. Hay que utilizar tiempo, esfuerzo y preparación para tratar de averiguar cómo es cada uno de nuestros clientes, para dar a cada uno el trato correspondiente, sobre todo, para tratar de encontrar clientes colaboradores y comprometidos en lugar de clientes que supongan todo lo contrario.

Recuerda que

En cualquier mercado, el resultado comercial de un vendedor exitoso no se diferencia mucho del resultado comercial de un vendedor fracasado. Este último hace veinte visitas y vende (por ejemplo) un producto al mes; el otro, con las mismas visitas, vende solamente dos. Pero lo cierto es que uno vende por un valor económico 100; y el otro, por un valor económico 200, es decir, el doble. La diferencia es muy sutil: un vendedor es bueno; y el otro, no tanto. Unos ocupan los puestos principales de su profesión y otros son desconocidos para el público. En el sector inmobiliario sucede exactamente lo mismo. Depende del propio vendedor y de su eficacia estar en un lugar o en el otro.

5.8. Legislación vigente en materia de protección de datos

La lucha por la **protección de la intimidad** y, por tanto, la **protección de datos** de carácter personal comenzó realmente con la Declaración Universal de los Derechos Humanos.

Sabías que

La Declaración Universal de los Derechos Humanos se firmó en París, en 1948 y que se trata de una declaración formal, de un documento de la Asamblea General de las Naciones Unidas (ONU) que recoge en sus 30 artículos los derechos humanos que son considerados como básicos.

Buscar un equilibrio razonable que garantice los derechos fundamentales de los ciudadanos, pero que no perjudique al comercio ni a la economía son las principales bases para todo lo que hoy concierne a la protección de los datos. En este sentido, el artículo 18 de la vigente Constitución Española de 1978 dispone que:

- Se garantiza el derecho al honor, a la intimidad personal y familiar y a la propia imagen.
- El domicilio es inviolable. Ninguna entrada o registro podrá hacerse en él sin consentimiento del titular o resolución judicial, salvo en caso de flagrante delito.
- Se garantiza el secreto de las comunicaciones y, en especial, de las postales, telegráficas y telefónicas, salvo resolución judicial.
- La ley limitará el uso de la informática para garantizar el honor y la intimidad personal y familiar de los ciudadanos y el pleno ejercicio de sus derechos.

Para concretar la legislación vigente de carácter especial sobre protección de datos personales en España, hay que referirse a Ley Orgánica 15/1999, de 13 de diciembre, de **Protección de Datos de Carácter Personal,** (en siglas, **LOPD**). Esta ley tiene por objeto garantizar y proteger las libertades públicas y los derechos fundamentales de las personas físicas (estén o no registradas sobre cualquier soporte informático o sobre otros) en todo lo que concierna al tratamiento de sus datos personales y, más específicamente, de los datos que afecten a su honor, a su intimidad y a su privacidad personal y familiar y al secreto de las comunicaciones. Su objetivo principal es regular el tratamiento de los datos de carácter personal, independientemente del soporte en el cual se encuentren localizados, proteger los derechos de los ciudadanos sobre estos datos y las obligaciones imprescindibles que tienen que gestionar aquellos que los crean o que los tratan.

Sabías que

A partir de la LOPD se creó la Agencia Española de Protección de Datos, de ámbito estatal, que vela por el cumplimiento de las normas de esta ley.

Como consecuencia, en la medida en que se violen estos derechos recogidos claramente en la norma principal, serán de aplicación los mecanismos internacionales de denuncia y de protección establecidos legalmente. Las leyes sobre protección de datos obligan a todas las personas, empresas y organismos (privados o públicos) a que dispongan de datos de carácter personal a cumplir una serie de requisitos y a aplicar determinadas medidas de seguridad en función del tipo de datos que posean. Estas obligaciones (en términos generales) son:

- Dar de alta sus ficheros en la Agencia Española de Protección de Datos.
- Elaborar y mantener actualizado el documento de seguridad.
- Obtener la legitimidad de las empresas o los ciudadanos afectados.

Cualquier ciudadano puede solicitar la tutela de los derechos fundamentales recogidos en este artículo 18 de la Constitución, ante los tribunales ordinarios y ante el Tribunal Constitucional por la vía de los recursos de amparo o de inconstitucionalidad, o ante el Defensor del Pueblo, sin que el Estado ni los organismos internacionales puedan adoptar leyes o normas en contrario. Como es lógico, la normativa nacional española se tiene que ceñir siempre a las normas emanadas de la UE, a cuyos tribunales también pueden acudir todos los ciudadanos europeos.

Las sanciones que la LOPD prevé para las infracciones por acción o por omisión son muy elevadas. Por ejemplo, una falta leve como no declarar un fichero, puede dar lugar a una multa de hasta 60 000 euros, cifra que puede subir hasta los 600 000 euros, en el caso de una cesión de datos sin consentimiento de interesado (Figura 5.23).

Figura 5.23. La LOPD tipifica las infracciones derivadas de la transgresión de la obligación de proteger los datos personales, de manera que en función de la gravedad de esta las sanciones pecuniarias aplicables al infractor pueden llegar a ser de elevadísima cuantía.

Recuerda que

El derecho a la protección de los datos personales es un derecho fundamental de todos los ciudadanos. Este derecho da a las personas la potestad de controlar sus datos personales directamente, por sí mismos y sin la intervención no autorizada de terceros. Este control permite evitar que, a través del tratamiento de nuestros datos, se pueda llegar a disponer de información sobre nosotros que afecte a nuestra intimidad o a los demás derechos fundamentales y libertades públicas.

5.9. Protección al consumidor en operaciones de compraventa y alquiler de inmuebles

Una de las bases de la democracia es la existencia de leyes que sirvan para proteger a los ciudadanos. Conocer estas leyes es sustancial al sistema democrático. Y, en ese sentido, dice un principio jurídico (concretado expresamente en el artículo 6 del vigente Código Civil español) que «*la ignorancia de las leyes no excusa del cumplimiento de las mismas*», lo que tiene su lógica, porque así se protege contra la excusa que muchos podrían alegar.

¿Quiere decir que hay que conocer todas las leyes que se promulgan cada año? No exactamente; pero, sí quiere decir que si trabajamos en un determinado ámbito profesional (por ejemplo, en nuestro caso, en el sector inmobiliario) sería bueno al menos conocer las normas generales que lo regulan.

En este sentido, habría que tener muy en cuenta tanto el Real Decreto Legislativo 1/2007, de 16 de noviembre, que aprobó la promulgación del Texto Refundido de la ley 26/1984, de 19 de julio, Ley General para la Defensa de los Consumidores y Usuarios, como las demás leyes y normas complementarias

El texto refundido de esta ley consagra como derechos básicos de los consumidores y los usuarios poder recibir la información completa y correcta sobre los diferentes productos o servicios que son objeto del comercio y, también, recibir la educación, la formación y la precisa divulgación para facilitarles el conocimiento sobre su adecuado uso, su consumo o su disfrute. La ley señala expresamente que este derecho (junto con los demás derechos de los consumidores y usuarios), será protegido prioritariamente cuando guarde relación directa con la adquisición o la utilización de productos y servicios de uso común, ordinario y generalizado.

Hay alguna legislación complementaria de interés para el ámbito de las operaciones inmobiliarias, como el Real Decreto 515/1989, de 21 de abril, sobre Protección de los Consumidores en cuanto a la información a suministrar en las compraventas y en los arrendamientos de viviendas.

Nota técnica

La vivienda constituye en la actualidad un producto de uso ordinario y generalizado. Su uso —mediante compra o en arrendamiento— constituye un hecho, no solo cotidiano, sino de gran trascendencia en la vida de los ciudadanos. La propia Ley General para la Defensa de los Consumidores y Usuarios menciona expresamente a la vivienda en tres de sus artículos: en el que habla de los materiales de construcción, en el que se refiere a los gastos que pueden repercutir en el comprador de un inmueble y en el que señala la documentación a entregar al comprador cuando adquiere una vivienda.

Sabías que

La ley exige que toda oferta, promoción y publicidad dirigida a la venta o al arrendamiento de viviendas se tiene que ajustar a las verdaderas características, condiciones y utilidad de la vivienda, expresando siempre si la misma se encuentra en construcción o si la edificación ha concluido.

Los contenidos principales de estas normas se refieren a que:

- La oferta, la promoción y la publicidad dirigidas a la venta o al arrendamiento de viviendas se tendrá que hacer de manera que no induzca ni pueda inducir a error a sus destinatarios, ni que silencie datos fundamentales de las mismas.
- Los datos, las características y las condiciones relativas a la construcción de la vivienda, a su ubicación, los servicios e instalaciones, la adquisición, la utilización y el pago que se incluyan en la oferta, en la promoción y en la publicidad serán exigibles aun cuando no figuren expresamente en el contrato celebrado.
- Quienes realicen las actividades sujetas a este real decreto deberán tener a disposición del público y, en su caso, de las autoridades competentes, la información siguiente de manera específica y fehaciente:
  - El nombre o razón social, el domicilio y los datos de la inscripción en el Registro Mercantil, del vendedor o del arrendador.
  - El plano general del emplazamiento de la vivienda y el plano de la vivienda misma.
  - La descripción de la vivienda con expresión de su superficie útil y la descripción general del edificio en el que se encuentra, de las zonas comunes y de los servicios accesorios.
  - La referencia a los materiales empleados en su construcción.
  - Las instrucciones sobre el uso y la conservación de aquellas instalaciones que exijan algún tipo de actuación o conocimiento especial, esencialmente, las que afecten a la vivienda o local en venta.
  - Las normas de evacuación en caso de emergencia.
  - Los datos identificadores de la inscripción del inmueble en el Registro de la Propiedad.
  - El precio total o la renta mensual de la vivienda y los servicios accesorios, así como la forma de su pago, incluyendo, en su caso, los honorarios de agente y el IVA, si la venta está sujeta a este impuesto. En otros casos se indicará la cuota que corresponda por el Impuesto de Transmisiones Patrimoniales y Actos Jurídicos Documentados.

Además, cuando se promocionen viviendas para su venta se tendrá a disposición del público o de las autoridades competentes:

- Copia de las autorizaciones legalmente exigidas para la construcción de la vivienda y de la cédula urbanística o certificación acreditativa de las circunstancias urbanísticas de la finca.
- Estatutos y normas de funcionamiento de la comunidad de propietarios, en su caso, así como información de los contratos de servicios y suministros de la comunidad.
- Información del pago de los tributos de toda clase que graven la propiedad o la utilización de la vivienda.
- Forma en que está previsto documentar el contrato con sus condiciones generales y especiales.
- Otros aspectos relativos a otras circunstancias (publicidad responsabilidades de las partes, reformas necesarias, tipos de infracciones y penalización de las mismas, etcétera.

5.10. Política de confidencialidad de los datos de la organización

Se entiende por **confidencialidad** la garantía de que la información correspondiente a las operaciones inmobiliarias estará accesible únicamente al personal expresamente autorizado de forma fehaciente para ello. Esta garantía explícita es uno de los elementos clave de la seguridad en las transacciones inmobiliarias (Figura 5.24).

Figura 5.24. La confidencialidad implica la garantía de que la información relativa a las transacciones inmobiliarias únicamente será accesible para el personal concretamente autorizado para ello y que, además, dichos datos únicamente serán recabados para la finalidad de que se trate y, en ningún caso, cedidos a terceros (salvo autorización expresa de su titular).

> **Sabías que**
>
> La confidencialidad que se relaciona con algunas profesiones específicas (la medicina, el derecho, la religión y las creencias, la psicología profesional o el periodismo, por ejemplo) se denomina secreto profesional y su violación es fuertemente sancionable.

Las agencias inmobiliarias tienen que contar con una clara **política de confidencialidad** y de **tratamiento de los datos** de sus clientes. Esta política se puede resumir como sigue:

- Los datos identificativos y personales necesarios para la prestación del servicio proporcionados por las partes que intervienen en las operaciones inmobiliarias son confidenciales y forman parte principal de los ficheros de la agencia inmobiliaria que interviene en las operaciones de compraventa, de arrendamiento u otras. Esta confidencialidad garantiza formalmente la custodia de los datos o su destrucción real y el tratamiento de los mismos de acuerdo con la legislación vigente en materia de protección de datos personales.
- Las partes tienen que autorizar expresamente la utilización de estos datos. En el caso de que desearan que no se hiciera uso de esta información, deberán notificarlo a la agencia inmobiliaria por cualquier vía fehaciente, en cualquier momento.
- Los datos personales recogidos para estas operaciones serán objeto de tratamiento automatizado y se incorporarán por la agencia inmobiliaria a los correspondientes ficheros, siendo esta la responsable de la gestión de los mismos y de su inscripción en el Registro General de Protección de Datos de la Agencia Española de Protección de Datos.

> **Recuerda que**
>
> Los titulares de los datos de carácter personal tendrán derecho de oposición, de acceso, de rectificación y de cancelación respecto a cuantos datos suyos existan almacenados en las bases de datos de la agencia inmobiliaria y que dichos derechos podrán ser ejercitados ante ella a través de cualquier medio fehaciente de comunicación.

La finalidad de estos ficheros es servir como soporte de información a la gestión comercial y administrativa de la agencia inmobiliaria, por lo que en ningún caso serán utilizados para fines distintos ni podrán ser cedidos a terceros.

5.11. Cartera de inmuebles. Clasificación por filtros

Para prestar correctamente el servicio de intermediación que habitualmente prestan, las agencias inmobiliarias deben contar forzosamente con una cartera de inmuebles.

Se denomina **cartera** el total estable, el conjunto de los bienes inmuebles de todo tipo que una agencia puede vender, alquilar o cualquiera de las demás opciones legales o comerciales inmobiliarias en su poder. Ello es lo que les permite intermediar con suficiente fundamento legal y comercial en las operaciones que se les planteen (Figura 5.25).

Figura 5.25. Puede definirse la cartera de una agencia inmobiliaria como el conjunto de bienes inmuebles de cualquier índole (garajes, trasteros, viviendas, naves industriales, etc.) susceptibles de ser puestos a disposición de sus clientes bajo el régimen jurídico (alquiler, compra, etc.) que más se ajuste a sus necesidades e intereses.

Para gestionar mejor esta cartera de inmuebles es necesario disponer de un sistema de filtros que facilite y optimice su gestión. Estos filtros pueden obedecer a diferentes criterios: por tipo de inmueble (pisos, chalés, etc.); por agrupamiento de los inmuebles (locales comerciales, oficinas, apartamentos y áticos, etc.); por la situación del inmueble (disponible, reservado, vendido, etc.); por el tipo de operación a realizar (venta, alquiler, etc.); y por otros filtros parecidos: inmuebles de segunda mano, inmuebles que tienen clientes interesados, etc. Los filtros más frecuentes son los siguientes (Figura 5.26):

- Por compra o por alquiler: si los inmuebles están disponibles para ser comprados o alquilados.
- Por tipo de vivienda: piso, local, nave, oficina, terreno, plaza de garaje, etcétera.
- Por situación del bien inmueble: ciudad, montaña, playa, barrio, calle, zona, etcétera.
- Por su estado de habitabilidad: obra nueva, usado, a reformar, etcétera.
- Por su precio: diversos rangos de filtrado.
- Por el tipo de bien inmueble: ático, dúplex, bajo, nivel calle, etcétera.
- Por sus características: habitaciones, metros cuadrados, plaza de garaje, trastero, piscina, jardín, exterior, terraza, aire acondicionado, calefacción, etcétera.

Un filtro muy interesante es el que se refiere a la clasificación del bien inmueble a vender, según la **preferencia comercial** de sus clientes actuales o futuros. Existen ya diferentes tipos de software que permiten cruzar de forma automática las informaciones de la cartera de inmuebles de una agencia inmobiliaria con las preferencias concretas de cada uno de sus clientes. Con ello, la agencia consigue detectar las oportunidades de avance en las operaciones pendientes y conocer en tiempo real cuál es el potencial de cada cliente y cuál es la **mejor estrategia** para cerrar con éxito las operaciones inmobiliarias en las que trabajan.

Figura 5.26. La diversidad de inmuebles que componen la cartera de una agencia inmobiliaria obliga a esta a aplicar filtros que faciliten y optimicen su gestión.

Actividad propuesta 5.7

Selecciona tres empresas que trabajen alguno de los siguientes segmentos de la oferta inmobiliaria y redacta unas cuantas líneas con lo que tú destacarías de la actividad de cada una de ellas en lo que se refiere a los aspectos de marketing.

Las actividades comerciales de las empresas que deberás encontrar son las siguientes:

- Pisos de gran ciudad.
- Pisos y apartamentos de playa.
- Alquiler de apartamento rural.
- Venta de plazas de garaje.
- Venta y alquiler de naves industriales.
- Venta o alquiler de edificios completos.
- Venta de hoteles y restaurantes.
- Alquiler de espacios lúdicos.

Actividad propuesta 5.8

No te pedimos que redactes un contrato de alquiler de una vivienda, pero sí que trates de hacer una lista de los 10 puntos que tú consideras como indispensables para constituir el contenido global de un documento de este tipo.

Te ponemos un ejemplo de la manera en la que puedes enunciar cada uno de estos apartados:

1. El precio y la forma de pago.
2.
3.
4.
5.
6.
7.
8.
9.
10.

Mapa conceptual

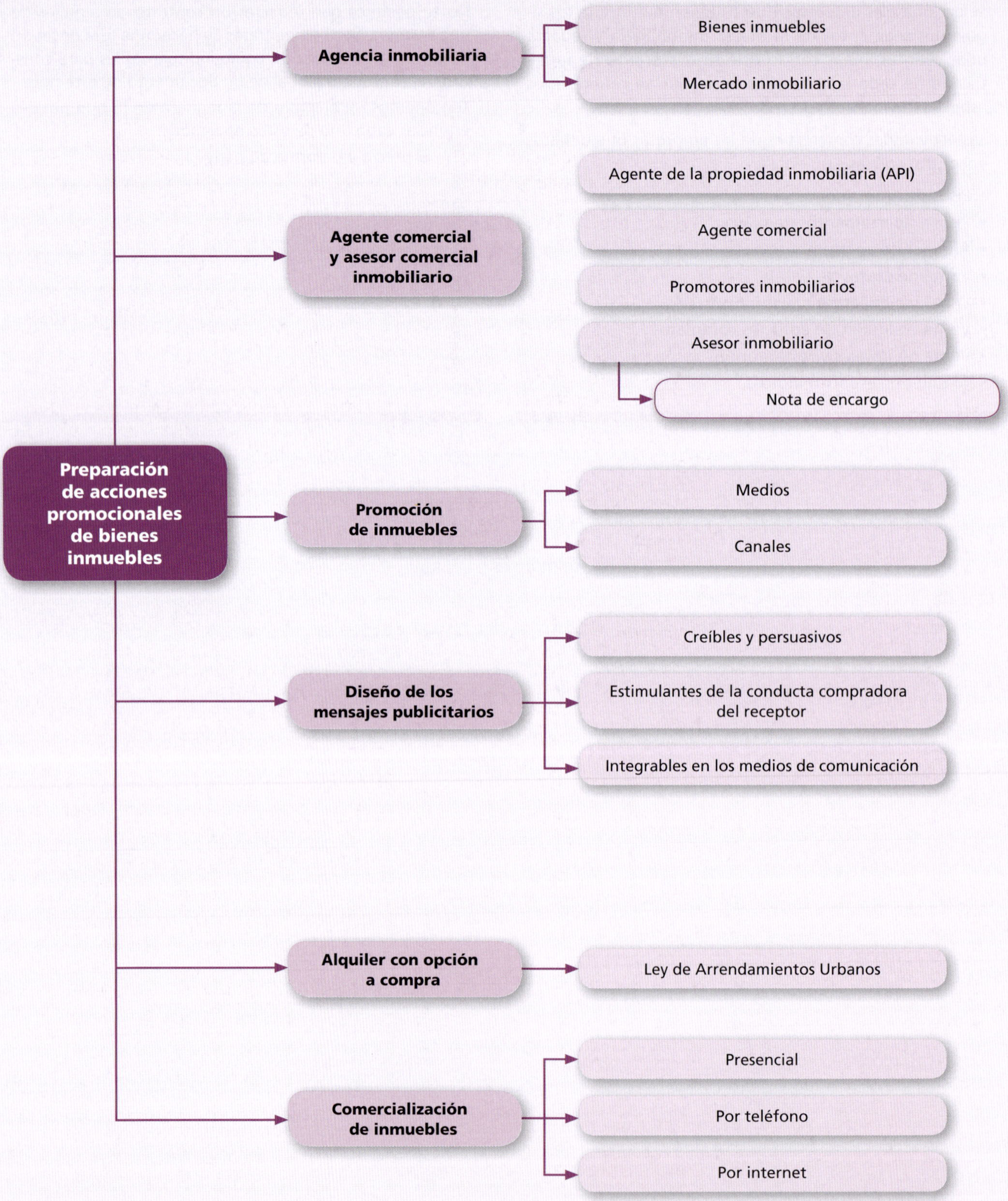

Mapa conceptual

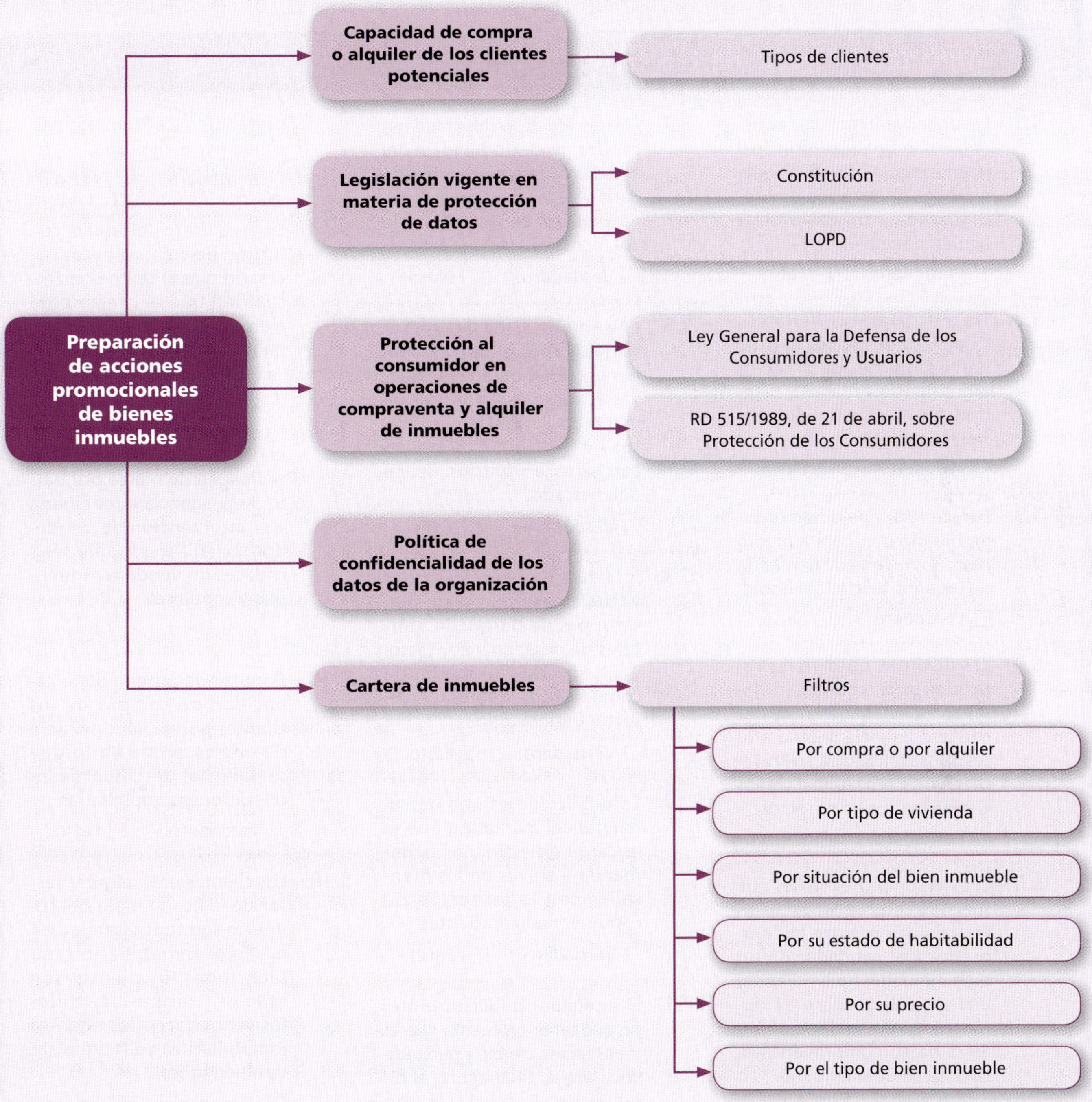

Actividades finales

TIPO TEST • Verdadero o falso

5.1. Las agencias inmobiliarias tienen como finalidad principal la intermediación en las operaciones de tasación, asesoramiento y compraventa de bienes inmuebles.

☐ Verdadero. ☐ Falso.

5.2. Tras los avatares de la crisis de los años pasados, todo parece indicar que el sector inmobiliario español ha entrado ya en una fase de franca recuperación.

☐ Verdadero. ☐ Falso.

5.3. Parece fácil que el sector inmobiliario recupere a medio plazo los niveles de demanda de los años fuertes del *boom.*

☐ Verdadero. ☐ Falso.

5.4. Las distintas normativas referidas a los agentes inmobiliarios les obligan a actuar con la diligencia debida a su responsabilidad, a su independencia profesional y a los códigos éticos de su sector.

☐ Verdadero. ☐ Falso.

5.5. Los API son profesionales que suelen ofrecer servicios de intermediación entre el comprador y el vendedor de un bien inmueble (una vivienda, una plaza de garaje, etc.), durante el proceso de su alquiler o de su compraventa, a cambio de un salario fijo.

☐ Verdadero. ☐ Falso.

5.6. En general, el ejercicio de la actividad de un agente comercial no vincula a la empresa en cuyo nombre actúa. Por tanto, es el propio agente comercial quien responde del buen fin de las operaciones.

☐ Verdadero. ☐ Falso.

5.7. El contrato de exclusividad garantiza un cierto blindaje del trabajo de la agencia inmobiliaria y de la inversión que ella va a realizar en recursos técnicos, humanos y financieros.

☐ Verdadero. ☐ Falso.

5.8. Los empresarios del sector inmobiliario se han visto en la necesidad de activar nuevas estrategias y políticas de marketing y ventas para tratar de gestionar de nuevo con éxito la situación actual del mercado.

☐ Verdadero. ☐ Falso.

5.9. Internet y sus aplicaciones virtuales (páginas web, plataformas de búsqueda, portales de relación y contacto, etc.), son hoy un medio de comunicación habitual en el sector inmobiliario.

☐ Verdadero. ☐ Falso.

5.10. La publicidad es una herramienta del marketing que se encarga de estimular la demanda a través de los mensajes, con la intención de captar y fidelizar clientes.

☐ Verdadero. ☐ Falso.

5.11. El diseñador publicitario tiene que tener en cuenta que el mensaje sea creíble y persuasivo, aunque, finalmente, al diseñador no le importa mucho que el receptor haga algo de lo que le estamos sugiriendo.

☐ Verdadero. ☐ Falso.

5.12. Para que la publicidad sea eficaz, sería bueno que la agencia inmobiliaria que emite el mensaje verificara la sintonía entre el mensaje pretendido y el mensaje percibido por el mercado.

☐ Verdadero. ☐ Falso.

5.13. En el contrato de alquiler con opción de compra no es necesario que el texto contractual indique el precio para ejercer la opción de compra; da lo mismo.

☐ Verdadero. ☐ Falso.

5.14. La venta presencial directa implica transmitir una potente imagen de marca por parte de la agencia inmobiliaria y la intervención de vendedores cualificados, que sean capaces de vender credibilidad y confianza.

☐ Verdadero. ☐ Falso.

5.15. Conocer de antemano la capacidad de compra de los clientes potenciales no sirve de mucha ayuda en lo que se refiere al éxito final de las operaciones inmobiliarias.

☐ Verdadero. ☐ Falso.

5.16. Los clientes en cualquier sector de la economía o del comercio son todos iguales. En el sector inmobiliario también todos los clientes son iguales y, asimismo, todos los vendedores (los agentes inmobiliarios) y las agencias también lo son.

☐ Verdadero. ☐ Falso.

5.17. A partir de la Ley Orgánica de Protección de datos Personales (la LOPD) se creó la Agencia Española de Protección de Datos, de ámbito estatal, que vela por el cumplimiento de la misma.

☐ Verdadero. ☐ Falso.

Actividades finales

De comprobación

5.1. Una agencia inmobiliaria tiene como finalidad principal:

- **a)** Comprar pisos y revenderlos.
- **b)** Intermediar en las operaciones de tasación, asesoramiento y compraventa de bienes inmuebles.
- **c)** Alquilar locales y plazas de garaje, nada más.
- **d)** Todas las respuestas anteriores son correctas.

5.2. Los API prestan distintos servicios de intermediación en los procesos de transacción inmobiliaria (compraventa, alquiler, permuta o cesión de bienes inmuebles) a particulares, empresas y otras instituciones. Estos servicios son:

- **a)** Mediación.
- **b)** Asesoramiento.
- **c)** Arbitraje y gestión.
- **d)** Todas las respuestas anteriores son correctas.

5.3. En una nota de encargo, tienen que constar necesariamente los siguientes datos:

- **a)** La identidad y las informaciones concernientes al agente inmobiliario de la agencia.
- **b)** La identidad y los datos del propietario del inmueble y los de las demás partes implicadas en la operación inmobiliaria.
- **c)** El número de inscripción del agente inmobiliario en el correspondiente registro oficial.
- **d)** Todas las respuestas anteriores son correctas.

5.4. Escaparates visuales, digitales o incluso interactivos (que permiten al cliente del sector inmobiliario conectar con el producto de manera sencilla y motivadora) son hoy:

- **a)** Una herramienta ya abandonada por las agencias.
- **b)** Un gasto que hay que evitar.
- **c)** Una parte importante de este mercado.
- **d)** Ninguna de las respuestas anteriores es correcta.

5.5. El mensaje publicitario tiene que estar diseñado de manera que pueda integrarse con facilidad en los siguientes esquemas convencionales de comunicación con los clientes:

- **a)** Periódicos y revistas.
- **b)** Serigrafía en los vehículos corporativos.
- **c)** En los anuncios de la competencia.
- **d)** Las respuestas a) y b) son correctas.

5.6. La acción comercial en el ámbito de los bienes inmuebles se puede desarrollar:

- **a)** Solamente por vía telefónica.
- **b)** Solamente por vía presencial.
- **c)** Por vía presencial, telefónica, por internet y otras.
- **d)** Todas las respuestas anteriores son correctas.

5.7. Los clientes que quieren vender o alquilar sus bienes inmuebles suelen centrar sus objetivos en tres aspectos principales:

- **a)** Que el inmueble se venda o se alquile al precio que a ellos les interesa.
- **b)** Que se venda o se alquile con rapidez.
- **c)** Que no surjan problemas añadidos a la ya natural complejidad de este tipo de operaciones.
- **d)** Todas las respuestas anteriores son correctas.

5.8. Una de las cosas que las agencias inmobiliarias y los agentes tienen hoy que saber si quieren tener éxito es:

- **a)** Que tienen que comprar muchos pisos si desean después venderlos.
- **b)** Que a los clientes les da igual si tardan mucho o poco en vender sus inmuebles.
- **c)** Que lo más importante es tener muchos pisos en cartera, aunque no se vendan.
- **d)** Ninguna de las respuestas anteriores es correcta.

5.9. Las sanciones que la LOPD prevé para las infracciones por acción o por omisión:

- **a)** No son muy elevadas.
- **b)** No pasan nunca de 100 euros.
- **c)** La sanción por una falta leve puede dar lugar a una multa de 60 000 euros.
- **d)** Todas las respuestas anteriores son correctas.

5.10. La cartera de inmuebles es:

- **a)** En donde se guardan los expedientes de los inmuebles.
- **b)** El conjunto de los bienes inmuebles que una agencia inmobiliaria posee en su base de datos para intermediar con ellos en operaciones inmobiliarias.
- **c)** El dinero que cuestan todos los inmuebles que se han vendido en un día.
- **d)** Ninguna de las respuestas anteriores es correcta.

Actividades finales

Respuesta correcta

Escribe en tu cuaderno las respuestas correctas para completar las siguientes frases:

5.1. Las agencias inmobiliarias, las compañías ______ ______________ y constructoras que construyen y venden pisos, los bancos y los clientes finales (compradores y vendedores) conforman el núcleo central de lo que llamamos genéricamente: el sector inmobiliario.

5.2. La gestión de una agencia ______________ está encomendada a personas que deben tener obligatoriamente una determinada cualificación específica para ello.

5.3. Una vez concretada una operación de alquiler o de venta, los API pueden también ayudar a las partes (compradores y vendedores) a gestionar la finalización exitosa de la operación de ______________ o compraventa.

5.4. Los agentes comerciales tienen estatuto de trabajadores ______________, ligados al empresario mediante un compromiso de mandato.

5.5. Tras la construcción, hay que vender las viviendas, los garajes o los demás productos derivados de ella. Es ahora donde la ______________ inmobiliaria interviene y gestiona el desarrollo completo de la acción de venta.

5.6. El contenido los contratos de ______________ suele reflejar la voluntad de las partes de trabajar en exclusiva.

5.7. Los empresarios del sector inmobiliario se han visto en la necesidad de activar nuevas ______________ y políticas de marketing y ventas para tratar de gestionar de nuevo con éxito la situación del mercado.

5.8. La comunicación es un proceso, una secuencia de actos, que consiste esencialmente en un intercambio de señales entre un emisor y un ______________ a través de un mensaje.

5.9. En el mensaje publicitario coexisten dos universos bien diferentes. Por un lado, tenemos el emisor que construye los ______________, y por otro, los ciudadanos.

5.10. Cuando hablamos de alquiler estamos hablando de una figura contractual que se denomina jurídicamente ______________. Los contratos de alquiler o de arrendamiento son contratos que se regulan formalmente con arreglo a normas del derecho.

5.11. En el contrato de alquiler con ______________ de compra, el propietario no puede vender el inmueble mientras esta opción de compra esté en vigor.

5.12. Comprar o alquilar inmuebles son las alternativas más frecuentes en el sector inmobiliario. Conocer de antemano la ______________ de compra de los clientes potenciales ayuda mucho al éxito final de las operaciones inmobiliarias.

5.13. Si los vendedores de pisos propician muchas ______________ de clientes sin capacidad para comprar o para alquilar el inmueble, ello dará siempre un pobre resultado.

5.14. Como en todos los demás mercados económicos, en el sector inmobiliario no existe un retrato-robot del cliente ideal. Hay que utilizar tiempo y preparación para tratar de averiguar cómo es cada uno de los ______________, para dar a cada uno el trato correspondiente.

5.15. La Ley Orgánica 15/1999, de 13 de diciembre, llamada Ley de Protección de Datos de Carácter Personal, (en siglas, LOPD) tiene por objeto garantizar y ______________ las libertades públicas y los derechos fundamentales de las personas físicas en todo lo que concierna al tratamiento de sus datos personales.

5.16. La oferta, la promoción y la publicidad dirigidas a la ______________ o al arrendamiento de inmuebles se habrá de hacer de manera que no induzca ni pueda inducir a error a sus destinatarios, ni que silencie datos fundamentales de las mismas.

5.17. Se denomina cartera de inmuebles al conjunto de los bienes inmuebles que una agencia inmobiliaria posee en su base de datos para ______________ en operaciones inmobiliarias (compraventas y alquileres fundamentalmente) entre sus clientes.

Actividades finales

5.18. Quienes realicen las actividades sujetas al Real Decreto 515/1989, de 21 de abril, sobre Protección de los ____________ en cuanto a la información a suministrar en las compraventas y en los arrendamientos de viviendas. deberán tener a disposición del público y, en su caso, de las autoridades competentes, la información referida al nombre o razón social, al domicilio y a los datos de la inscripción en el Registro Mercantil, del vendedor o del arrendador.

5.19. En la medida en que se violen los ____________ recogidos claramente en la LOPD, serán de aplicación los mecanismos internacionales de denuncia y de protección establecidos legalmente.

5.20. El Texto Refundido de la Ley General para la Defensa de los Consumidores y Usuarios consagra como derechos básicos de los consumidores y los ____________ poder recibir la información completa y correcta sobre los diferentes productos o servicios que son objeto de este tipo de comercio.

5.21. Cuando se promocionen viviendas para su venta, se tendrá a disposición del público o de las autoridades competentes la ____________ que exige la ley.

5.22. Además de la documentación, le ley exige que se ponga a disposición del público o de las autoridades ____________ la información referente a los detalles de la compraventa.

5.23. Para gestionar mejor la cartera de inmuebles es necesario disponer de un sistema de ____________ que facilite su gestión.

5.24. Algunos de los filtros más frecuentes son por ____________ o por alquiler.

5.25. Otro filtro importante es el ____________ de inmueble: una vivienda, un piso, un local, una nave, una oficina, un terreno, una plaza de garaje u otros.

5.26. Un filtro interesante es el que se refiere a la clasificación del bien inmueble según sea la ____________ comercial de sus clientes actuales o futuros.

Casos prácticos

Caso práctico individual

A continuación, mostramos algunas de las variables diferentes que pueden influir en mayor o menor medida en las decisiones de compraventa o de alquiler de los bienes inmuebles por parte de los clientes.

Califica de 1 a 9 cada una de ellas según la importancia personal que, subjetivamente, les vayas a dar. Las puntuaciones cercanas al 1 significan que la variable tiene **poca** influencia; las puntuaciones cercanas al 9 significan que la variable tiene **bastante** influencia. Las notas intermedias son asimismo válidas y pueden usarlas. Pretendemos sumarlas todas al final y sacar juntos algunas conclusiones.

Variable	Calificación
La familia del cliente.	
Sus amigos.	
Sus vecinos.	
Los compañeros del trabajo.	
Las organizaciones y asociaciones profesionales, sindicales, religiosas, deportivas, sociales, etc., a las que pertenezca el cliente.	
La propia cultura del cliente (no tanto sus títulos y diplomas, sino sus creencias, valores, costumbres, etcétera).	

Actividades finales

Variable	Calificación
Su clase social.	
Su profesión, su ocupación y su empleo.	
Su situación laboral (en activo, desempleado, jubilado, etcétera).	
Su nacionalidad (el lugar de su nacimiento o de origen).	
Su raza o su etnia.	
La religión que practica.	
El poder adquisitivo del cliente.	
Su edad.	
Su sexo.	
El precio del inmueble.	
Su ubicación (ciudad, playa, pueblo, montaña, etcétera).	
Su ubicación concreta dentro de la ciudad (barrio, urbanización, centro, etcétera).	
Su situación dentro de la finca general (piso, chalé, local, ático, bajo, exterior, interior, etcétera).	
Las características concretas del inmueble objeto de la compraventa.	
Las facilidades de financiación.	
El tipo de educación (formación, sociedad, cultura, etc.) del cliente.	
Su propia personalidad como cliente (sumiso, agresivo, etcétera).	
Tu propia personalidad como vendedor.	
El nivel de autoestima del cliente.	
Tu propio nivel de autoestima.	
La seguridad cívica de la zona donde se encuentra el inmueble.	
La inversión necesaria.	
La comodidad de acceso y estancia (autobuses, metro, aparcamientos, etcétera).	
La cercanía al lugar de trabajo.	
La tranquilidad de la zona.	
La reputación de la empresa constructora del inmueble.	
La reputación de la empresa inmobiliaria que intermedia en la compraventa.	
El orgullo de mejorar socialmente.	
Que la zona donde se ubica el inmueble esté o no de moda.	
La posibilidad de acceder a la propiedad de un inmueble.	
Que la zona donde se ubica el inmueble sea la zona donde el cliente ha vivido desde siempre.	
El número de habitaciones.	

Actividades finales

Entre todas estas variables, probablemente se nos ha olvidado alguna interesante. Si las recuerdas, formúlalas, por favor, en estos apartados que siguen y dales la calificación correspondiente:

- ______________________________
- ______________________________
- ______________________________
- ______________________________
- ______________________________
- ______________________________
- ______________________________
- ______________________________

Caso práctico para trabajar en equipo

Una agencia inmobiliaria ha recibido la vista de un consultor experto en este mercado que le ha transmitido el siguiente mensaje:

«*Aunque te digan que no es lo habitual (los grandes cambios de la Humanidad han sido poco habituales), yo creo que mientras no seas capaz de dividir tu red comercial en dos grupos diferenciados (vendedores que venden un servicio de captación de propietarios y vendedores que venden luego los inmuebles cedidos para su venta por estos propietarios), las cosas no mejorarán para tu negocio; porque no es lo mismo captar propietarios que quieran vender su inmueble que vender después estos inmuebles a los compradores finales.*

Son dos actividades distintas, que tienen que ser desarrolladas por dos tipos de vendedores distintos; ya que unos venden un servicio, un producto intangible (la captación), en tanto que los otros venden un producto físico (los inmuebles). Y al ser tan distintas sus actividades, los vendedores de uno y otro ámbito comercial tendrían que estar trabajando de distinta manera. ¿No crees?».

Leandro García, el empresario, el API propietario de esta agencia inmobiliaria, reconoce en su fuero interno que el consultor tiene razón, pero no sabe cómo poner en práctica esta nueva idea. Tiene 23 vendedores en la calle (vendedores que hacen las dos funciones: captar propietarios y vender inmuebles) y no sabe por dónde empezar a modificar la estructura de su personal, si les tiene que pagar a todos lo mismo o diferente, o si el sistema de su organización debe ser el mismo o distinto. Está hecho un pequeño lío. ¿Podéis ayudar a Leandro con este asunto?

Las pautas de trabajo a seguir son las siguientes:

a) Nivel de salario y de comisiones de unos vendedores y de otros que le sugerís. No hablad tanto de cantidades sino de conceptos. ¿Creéis que deben ser salarios y comisiones diferentes? ¿O iguales?
b) Cualidades principales (personales y profesionales) que deben tener ambos grupos de vendedores; por separado, claro. Cualidades y características de unos y de otros.
c) Forma de vestir que aconsejaríais a cada uno de estos grupos, no en detalle, sino: informal, formal, casual, corbata, etc. Mirad en algunas webs inmobiliarias y veréis que la ropa de sus vendedores es importante para esta actividad.
d) Organización aproximada de un día cualquiera de trabajo.
e) Maneras de comunicarse con cada uno de los clientes: propietarios de pisos, por un lado; y compradores de pisos, por otro.

Se trata de pensar un poco racionalmente y de sacar algunas conclusiones. Escribid en dos páginas vuestros razonamientos (por si os animáis, alguna página más no estorbaría), que serían más que suficientes para que Leandro pueda ya empezar a tomar sus primeras decisiones. Podéis pedirle que os pague por ello, claro.

Actividades finales

Visita virtual

Visita las siguientes páginas web de empresas que se dedican al asesoramiento y a la venta o al alquiler de bienes inmuebles y ordénalas según tu criterio de confianza personal; es decir, piensa en qué orden las situarías en tu particular lista si pretendieras obtener ayuda de ellas para vender un piso de tu propiedad. Más abajo te indicamos un pequeño esquema de trabajo:

- Vivienda 2.
- Look & Find.
- Remax.
- Realia.
- Solvia.
- Vallehermoso.
- Knight Frank.
- Engel & Völkers.
- Agencia Negociadora del Alquiler.
- Fotocasa.
- Idealista.

Como guía, te facilitamos a continuación algunas «ideas» de trabajo:

- Califica a cada página web de 1 a 9, siendo 1 el nivel más bajo de tu confianza y 9, el máximo nivel de tu confianza.
- Selecciona a las tres primeras (según esta calificación) y señala los motivos de tu confianza en cada una de ellas.
- Introduce en tu trabajo algunas fotos relevantes y cualquier dato que aclare tus decisiones en este sentido.
- Califica sobre estas tres páginas web de 1 a 9 los tres aspectos siguientes:
  - Creo que esta agencia venderá mi piso con rapidez.
  - Creo que obtendré por la venta el precio que me interesa.
  - Creo que no tendré problemas con los trámites ni con los papeleos burocráticos de la compraventa.
- Con estos elementos, elige finalmente la agencia que prefieras para ayudarte en tus objetivos.

Visita presencial

Visitad en grupos de tres o cuatro personas una agencia inmobiliaria. Presentaros previamente y contadles que tenéis que hacer un pequeño trabajo sobre cómo funciona una agencia inmobiliaria y decidles que no les vais a entretener mucho.

Como pistas de actividad (podéis trabajar ya con la agencia precisamente con ellas) os damos las siguientes preguntas que podéis ya hacerles:

a) ¿Cómo tenéis establecidas vuestras redes comerciales?

b) ¿Hay dos divisiones, una de vendedores especializados en captar personas que quieran vender sus inmuebles y otra, de vendedores especializados en venderlos?, o ¿todos los vendedores hacen de todo?

c) ¿Se usa el teléfono como vía de contacto? ¿También internet?

d) ¿Cuáles son los factores principales para vender un inmueble con éxito?

e) ¿Cuál es la importancia relativa o absoluta del precio en la venta de inmuebles?

f) ¿Cuál es la situación del mercado en la actualidad?

Es importante que podáis repasar el índice de contenidos de la unidad para elaborar un guion con los puntos principales a tener en cuenta a la hora de preparar la redacción. Os dará una idea general de lo que podéis incluir en vuestros comentarios.

Finalmente, podéis completar el documento de trabajo incluyendo algunas fotografías de cada apartado.

Actividades finales

Tus ideas sobre... Los mensajes publicitarios en el sector inmobiliario

Como pistas de trabajo te damos las siguientes:

a) Repasa esta unidad y haz antes de nada un pequeño sumario de los puntos que vas a tratar.

b) Pon en cada punto el número de líneas escritas que le vas a dedicar. Con dos o tres páginas es suficiente. No importa tanto la cantidad, sino la calidad del texto escrito.

c) Escribe lo que a te parecen los mensajes publicitarios en este sector, sus ventajas y sus inconvenientes y saca unas conclusiones finales para rematar el documento.

No olvides la forma estética del documento. Un buen contenido con una presentación atractiva, dan como resultado un trabajo excelente.

Pasatiempos

Crucigrama

Resuelve el siguiente crucigrama en el que encontrarás distintos términos sobre la preparación de acciones promocionales de bienes inmuebles.

	1	2	3	4	5	6	7	8	9	10
1			■				■			
2						■				
3				■						
4									■	
5							■	■		
6				■						
7		■			■	■				
8							■	■		
9			■							■
10									■	

Horizontales

1. Personaje de película. Al revés, en francés, loco. Al revés apellido de escritor estadounidense nacido en Boston. 2. Al revés, pequeñas y medianas empresas. Sujetar con cuerdas, ligaduras o nudos. 3. Siglas de una famosa escuela náutica catalana. Cesta grande con asas. 4. Al revés, tipo de inmueble. Símbolo de la principal unidad de longitud del Sistema Internacional de Unidades. 5. Licitador que ofrece precio en una subasta. Letra del alfabeto griego. 6. Nombre de mujer. Al revés y familiarmente, hacen broma o burla de alguien. 7. En matemáticas, letra que designa los números reales. Interjección que indica risa. Derecho que tiene una persona para impedir algo. 8. En el sector inmobiliario, persona que intermedia en una operación de compraventa o alquiler. Al revés, dios egipcio. 9. Infusión. Al revés, juntáis, volvéis a unir. 10. Al revés, casa o local. Símbolo químico del fósforo.

Verticales

1. Espacio exterior acristalado en una agencia inmobiliaria. 2. Fibra que une un músculo a un hueso. Jabón semilíquido. 3. Contenido de la comunicación publicitaria. Letra con la que se designa la Segunda División de fútbol. 4. Interjección que demuestra dolor físico agudo, vergüenza o asombro. Al revés, pronombre personal. Pequeña población francesa cercana a Lyon. 5. Fórmula especial del contrato de arrendamiento que da derecho al inquilino a optar por la compra del inmueble. Carné universitario de la Universidad de Alicante. 6. Símbolo químico del flúor. Al revés, dispositivo de búsqueda de víctimas de avalanchas en la nieve. Escuela Naval Militar de la Armada Española. 7. Siglas con las que se les conoce a los agentes de la propiedad inmobiliaria. Al revés, mira, percibe con los ojos. Siglas en inglés de la ONU. 8. Al revés, persona que compone obras poéticas. Nota musical. Al revés, siglas de Internet Explorer. 9. Al revés, banda estadounidense de *metalcore,* surgida en 1993, en el seno de un grupo de jóvenes de una iglesia evangélica. Dar vueltas alrededor de un eje. 10. En el sector inmobiliario, figura que fomenta y promueve la comercialización de bienes inmuebles. Decimotercera consonante del alfabeto español.

Actividades finales

Sopa de letras

Localiza doce palabras relacionadas con el mercado inmobiliario en la siguiente sopa de letras. Pueden estar situadas tanto en vertical como en horizontal o en diagonal y tanto al derecho como al revés.

M	E	N	S	A	J	E	U	M	O	C	C	L	C	A	E	E
I	C	A	E	U	E	J	Y	Y	P	S	O	X	F	M	X	X
C	N	H	H	G	W	U	E	Q	C	V	M	L	U	E	F	C
I	O	M	R	J	U	X	F	V	I	E	P	R	Q	Q	X	L
I	G	N	O	O	A	O	F	M	Ó	O	R	T	U	V	R	U
E	H	O	S	B	J	G	S	Y	N	A	A	P	G	M	W	S
A	S	T	T	T	I	Y	Z	P	O	Y	V	K	O	X	E	I
C	P	C	Q	C	R	L	E	K	D	C	E	V	G	E	V	V
A	R	E	A	L	Q	U	I	L	E	R	N	G	C	P	T	I
G	O	K	I	P	E	U	C	A	N	I	T	O	X	A	J	D
E	M	R	N	X	A	U	L	T	R	C	A	I	M	N	P	A
N	O	Y	M	A	O	R	C	U	O	I	Y	A	Y	Q	R	D
C	T	O	U	T	R	A	A	T	E	R	A	I	N	P	S	W
I	O	I	E	J	O	A	U	T	Y	U	Y	F	X	K	E	T
A	R	V	B	W	E	P	G	C	E	N	C	I	S	O	P	I
W	U	Y	L	A	S	H	I	E	Y	A	V	C	Y	D	A	N
I	P	V	E	E	H	G	G	I	S	I	W	K	N	V	I	R

Jeroglífico

Responde a la pregunta y descubrirás la solución al jeroglífico.

JEROGLÍFICO

Existe

Prenda de vestir suelta y sin mangas

En inglés, tarifa

Cristalera exterior en una agencia inmobiliaria

Desarrollo de actividades relacionadas con el proceso de venta de inmuebles

Objetivos

- Distinguir los diferentes tipos de inmuebles existentes y saber diferenciar una vivienda libre de una vivienda de protección oficial (VPO) y de una cooperativa de viviendas.
- Conocer la normativa reguladora vigente para las operaciones inmobiliarias y entender la Ley de Arrendamientos Urbanos (LAU) y el resto de normas autonómicas y estatales sobre VPO.
- Reconocer los principales esquemas de la acción comercial inmobiliaria y aprender qué es la función de intermediación y cómo se desarrollan sus principales pasos, sobre todo, los que se refieren a la presentación, a la visita y a la demostración del producto inmobiliario, a la visita a los inmuebles en cartera y a los motivos de compra.
- Identificar las figuras profesionales que intervienen en las operaciones inmobiliarias: arquitectos, abogados, notarios, gestores, etc., y los organismos e instituciones en las que estas operaciones se apoyan.
- Diferenciar claramente los principales documentos que se utilizan en las relaciones comerciales inmobiliarias y los contratos que las recogen.
- Determinar cuáles son las ayudas más importantes para los alquileres y para la adquisición de viviendas VPO y las fórmulas más habituales para financiar y garantizar estas operaciones.
- Reconocer los documentos legales y los registros obligatorios en este tipo de transacciones y los costes derivados de su realización, así como los impuestos y demás cargas y gravámenes que estas operaciones legalmente soportan.

Contenidos

INTRODUCCIÓN

Hay una fuerte tendencia a considerar que cuando se habla de inmuebles se habla solo de casas, pisos, chalés y plazas de garaje; que los muebles son solamente cosas; y no es exactamente así. La clasificación legal de los bienes muebles y de los bienes inmuebles va mucho más allá y especifica con claridad qué son unos y otros, lo que no quita para que en esta unidad nos centremos en las viviendas y en los inmuebles urbanos del mismo tipo y estudiemos sus características y sus circunstancias principales.

Por ello, en esta unidad trataremos de profundizar en los diferentes tipos de viviendas y en la normativa legal que regula las operaciones inmobiliarias referidas a ellas; más especialmente en la Ley de Arrendamientos Urbanos (LAU) y en alguna legislación concreta estatal y autonómica sobre las viviendas de protección oficial (VPO), dada su importancia económica y social.

Como para que estas operaciones inmobiliarias puedan realizarse con fluidez y eficacia se necesita el apoyo técnico, legal y comercial de los intermediarios y mediadores que hemos analizado ya en la unidad anterior, en esta unidad estudiaremos cómo estos profesionales realizan sus visitas de venta y los documentos que en ellas manejan (en especial los documentos de reserva de compra o de alquiler) y cómo presentan y demuestran a los clientes potenciales el producto inmobiliario que venden y la prioridad o la preferencia con la que gestionan los inmuebles de su cartera; deteniéndonos brevemente en las causas (los motivos) por los cuales los clientes se sienten atraídos (o no) por las propuestas comerciales que se les presentan y por la manera en que ellos orientan después sus preferencias compradoras.

6.1. Tipos de inmuebles: de precio libre, de protección oficial y en cooperativa

El Código Civil español, en su artículo 333, dice que todas las cosas que son o pueden ser objeto de apropiación se consideran **bienes.** Y aclara que estos bienes pueden ser **muebles** o **inmuebles,** estableciendo después una determinación de lo que son cada uno de ellos. Señala luego algunas pautas para su posible calificación como de un tipo o de otro; calificación que, como veremos, no siempre es sencilla.

Para determinar con más precisión el tipo de cada bien, habría que ver, asimismo, si pueden o no ser objeto de registro, o si pueden o no constituirse como garantía de una hipoteca, por poner solo un par de ejemplos.

Para empezar, el Código Civil dice que son muebles todos los bienes que no pueden ser considerados como inmuebles; y, por ello, como es lógico, da de estos últimos una clasificación algo más exhaustiva. Veámosla de manera resumida.

El código dice que son bienes inmuebles (rústicos y urbanos, o los que lo sean por su propia naturaleza, por incorporación, o por cualquier otro criterio) los siguientes (Figura 6.1):

- Las tierras, edificios, caminos y construcciones de todo género adheridas al suelo.
- Los árboles y plantas y los frutos pendientes.
- Todo lo que esté unido a un inmueble de una manera fija, de suerte que no pueda separarse de él sin quebrantamiento de la materia o deterioro del objeto.
- Las estatuas, relieves, pinturas u otros objetos de uso u ornamentación, colocados en edificios o heredades por el dueño del inmueble.
- Las máquinas, vasos, instrumentos o utensilios destinados por el propietario de la finca a la industria o explotación que se realice en un edificio o heredad.
- Los viveros de animales, palomares, colmenas, estanques de peces o criaderos análogos.
- Los abonos destinados al cultivo que estén en las tierras donde hayan de utilizarse.
- Las minas y las canteras mientras su materia permanezca unida al yacimiento.
- Las aguas vivas o estancadas.
- Los diques y construcciones que estén destinados por su objeto y condiciones a permanecer en un punto fijo de un río, lago o costa.
- Las concesiones administrativas de obras públicas y las servidumbres y demás derechos reales sobre bienes inmuebles.

A efectos de los contenidos de esta unidad, todos estos bienes inmuebles podrían ser objeto de compraventa o alquiler y son (o pueden ser) objeto de algún tipo de transacción, pero nosotros, para comprender mejor los planteamientos de su contenido y para facilitar la comprensión exacta de los conceptos, nos vamos a centrar en las operaciones inmobiliarias relativas a bienes inmuebles urbanos, entendiendo por tales los inmuebles que se encuentran en las zonas así catalogadas por los ayuntamientos, tales como: casas, edificios, naves, locales, plazas de garaje y otros bienes inmuebles similares.

Figura 6.1. En contra de lo que cabría esperar, bajo la categoría de inmuebles encontramos una variada tipología de bienes que no solo responden a los ejemplos típicos de viviendas, garajes o trasteros: minas, árboles, diques, estatuas o caminos son algunos ejemplos incluidos también en esta categoría.

Nota técnica

El Código Civil dice que son bienes muebles los bienes susceptibles de apropiación que no están comprendidos en el apartado correspondiente a los bienes inmuebles. Aunque añade que en general, se consideran bienes muebles los que se pueden transportar de un punto a otro sin menoscabo del inmueble al cual estuvieran unidos.

Las **viviendas libres** (también denominadas **viviendas de renta y precio libre**) son las que están promovidas por una empresa privada y cuyo precio solo depende de las fluctuaciones del mercado y no de los precios estipulados por las autoridades públicas; es decir, que el precio se sujeta directamente a las cantidades que libremente acuerden el propietario de la misma y el comprador o el arrendatario, en el momento de formalizar el contrato de compraventa o de alquiler. Este precio podrá ser pagado según convengan las partes, si bien, normalmente, la fórmula más frecuente en las compraventas es a través de un crédito hipotecario (Figura 6.2).

Figura 6.2. El precio de la vivienda libre no está sujeto a ningún tipo de restricción: depende exclusivamente del mercado y, fundamentalmente, de la voluntad de las partes (acuerdo libre al que lleguen vendedor y comprador).

Recuerda que

Aunque inicialmente parezca que la distinción entre bienes muebles e inmuebles no es importante, la diferenciación nos muestra el régimen jurídico diferente que se aplica a cada tipo de bien. Ello influye, por ejemplo, en los distintos modos de transmisión que la ley señala para unos y para otros.

Las **viviendas de protección oficial** o **viviendas de protección pública** (conocidas por sus siglas más habituales como viviendas **VPO** o viviendas **VPP**) son viviendas que cumplen una serie de características sobre sus dimensiones máximas y su ubicación, cuyo precio (de venta o de alquiler) se marca desde el Estado y las comunidades autónomas donde se encuentran situadas. Este precio, que es más bajo que el precio de mercado, suele variar según sea la evolución anual del IPC (índice de precios al consumo) y es revisado cada año expresamente por el Consejo de Ministros. Este tipo de vivienda permite que el comprador se acoja a ayudas financieras (facilidades para entrada del piso, deducciones en los intereses, etc.), si cumple una serie de condiciones, como tener un nivel de ingresos inferior a una cantidad que oficialmente se determina en cada caso, destinar el piso a domicilio habitual y permanente suyo y de su familia y aceptar las reglas de un uso regulado durante el tiempo que dure la protección, como por ejemplo, la imposibilidad de venderla o alquilarla como vivienda de precio libre durante un plazo convenido de antemano. Estas condiciones dependen siempre del tipo de protección que tenga la vivienda, del municipio donde se encuentre la misma y de la legislación en vigor en el momento en el que la vivienda ha obtenido la calificación provisional como VPO (Figura 6.3).

Figura 6.3. Bajo el epígrafe de viviendas de protección oficial (VPP) encontramos una serie de inmuebles que presentan unas características comunes en cuanto a superficie y ubicación, pero cuyo precio está tasado y fijado por un ente de naturaleza pública (Estado o comunidades autónomas) y revisado anualmente.

Sabías que

Aunque las viviendas VPO han sido casi siempre objeto primordialmente de compraventa, los últimos planes oficiales se han centrado más en apoyar el alquiler que en la compra, para favorecer el desarrollo de ese mercado.

Para que el comprador de una vivienda VPO pueda venderla antes de que hayan pasado 10 años desde su compra (este suele ser el plazo medio en la mayoría de las diferentes zonas geográficas españolas), deberá pedir autorización expresa a la comunidad autónoma que se la concedió y, asimismo, devolver las ayudas que previamente haya obtenido.

Nota técnica

Incluso a partir de los 10 años previstos y mientras dure el periodo en el que la vivienda está calificada como protegida —periodo que actualmente es de 30 años, según el plan de vivienda estatal actualmente en vigor para el periodo 2013-2016, su precio de venta será el que corresponda en el momento de la venta a una vivienda protegida del mismo régimen de protección y en la misma ubicación; estará sujeto a los derechos de tanteo y retracto, es decir, a unos derechos preferentes de compra por parte de la administración autonómica que se la concedió, que podrá adquirir la vivienda antes que cualquier otro interesado.

Sabías que

Algunas comunidades autónomas, como Madrid o Andalucía, fijan oficialmente con carácter periódico un precio máximo legal de venta para las VPO, lo que sirve para facilitar su transmisión.

Las comunidades autónomas pueden fijar requisitos adicionales para optar a una vivienda protegida, pero, con carácter general, los requisitos recogidos en el plan estatal 2013-2016 son los siguientes:

a) Estar inscritos en un Registro de Demandantes, creado y gestionado públicamente por cada comunidad autónoma.
b) No superar un nivel determinado de ingresos familiares.

c) No haber tenido una vivienda protegida con anterioridad, ni tener una vivienda libre en propiedad.
d) Aceptar un precio máximo de venta o una renta mensual de alquiler máxima.
e) No haber obtenido ayudas financieras de planes estatales o autonómicos de vivienda en los últimos 10 años.

En la actualidad existen ya empresas promotoras de VPO que permiten a los demandantes conocer previamente el proyecto y elegir la vivienda que les interese, como si fuera una vivienda del mercado libre.

Actividad propuesta 6.1

Entra en este enlace y verás una curiosa paradoja: a causa de la crisis de los últimos años de la primera década del siglo XXI, la VPO es a veces más cara que la vivienda libre.

https://www.idealista.com/news/inmobiliario/vivienda/2016/11/30/744470-121-provincias-en-las-que-la-vpo-es-hoy-mas-cara-que-en-plena-burbuja-inmobiliaria

Escribe en unas diez o quince líneas (en una hoja) lo que este artículo te sugiere.

Te recomendamos que lo leas dos o tres veces antes de ponerte a redactar y que tomes notas en un cuaderno sobre lo que te llama más la atención de cada una de las circunstancias que en él se mencionan. Después, redacta siguiendo las notas que hayas tomado.

En el ámbito inmobiliario, una sociedad cooperativa es una entidad sin ánimo de lucro que se constituye por un grupo de personas, con el fin de construir a costa de sus socios (que actúan como promotores y como compradores) un número previamente determinado de viviendas que cada uno de los cooperativistas pagará según su cuota aceptada, a precio de coste, de acuerdo con el régimen de adjudicación que se haya formalmente planificado por el conjunto de los mismos. Esencialmente, la construcción de **viviendas en régimen de cooperativa** busca así obtener un precio menor al del mercado, al dejar a algunos intermediarios (promotores y agencias, por ejemplo) fuera de los procesos de construcción y de venta del inmueble (Figura 6.4).

Este tipo de sociedades se regulan de manera participativa y democrática por sus propios estatutos, por sus instituciones internas (Asamblea de Socios, Consejo, etc.) y por la legislación nacional o la existente en cada comunidad autónoma. La Ley 27 /1999, de 16 de julio, de las Cooperativas, de ámbito nacional, incluye entre los diferentes tipos de cooperativas las cooperativas de viviendas.

Figura 6.4. En el ámbito inmobiliario, una cooperativa está conformada por un grupo de individuos que se ponen de acuerdo para construir un número determinado de viviendas, actuando en calidad de socios, como promotores y compradores. De esta manera obtienen un precio más asequible al descartar los gastos de otros intermediarios en el proceso habitual de compra (promotoras y agencias, entre otros).

Una ventaja importante, aparte de la que hemos citado del menor precio (y de las diferentes fórmulas de pago que se obtengan) es que, en una cooperativa de viviendas, el cooperativista socio participa de las decisiones del proceso de la edificación de las mismas y puede influir en su desarrollo y aportar mejoras a lo largo del proceso.

Recuerda que

Los socios gestionan las cooperativas de viviendas por el sistema de las mayorías democráticas. En este sentido, los cooperativistas pueden ser elegidos para los cargos de la sociedad y elegir ellos mismos a quienes les representen en los órganos rectores de la misma.

6.2. Normativa reguladora de las operaciones inmobiliarias

Las leyes que regulan este sector son: el Código Civil, la Ley de Arrendamientos Urbanos, la Ley de Propiedad Horizontal y la legislación específica que regula las operaciones de las viviendas de protección oficial (VPO). Veamos algo más en detalle algunas de ellas.

En el mes de junio de 2013 entró en vigor la **Ley de Medidas de Flexibilización y Fomento del mercado del Alquiler de Viviendas,** que modificaba la Ley de Arrendamientos Urbanos (LAU), en vigor desde 1994. Como no fue posible elaborar un texto refundido más adecuado, el resultado de todo ello es que hoy hay cinco diferentes tipos de legislación, según sean los contratos de arrendamiento, anteriores o posteriores a determinadas fechas.

Los aspectos más importantes de la reforma de la Ley de Arrendamientos Urbanos giran alrededor de los siguientes puntos:

- Libertad de pactos para los arrendamientos de viviendas.
- Cambios en los plazos de duración obligatoria.
- Trasferencia del contrato de arrendamiento en los casos de separación, divorcio o nulidad.
- Renuncia a la subrogación por causa del fallecimiento del arrendatario.
- Reforma, rehabilitación y mejoras de la vivienda a cambio de incrementar la renta.
- Derecho de adquisición preferente por el arrendatario.
- Otros aspectos relacionados con el registro de los contratos, de la fianza, etcétera.

Otras disposiciones relacionadas con los arrendamientos urbanos son el Real Decreto sobre la Inscripción de los Contratos de Arrendamientos Urbanos en el Registro de la Propiedad, la legislación pertinente sobre la eficiencia energética de los edificios, que establece la etiqueta energética obligatoria para los inmuebles que se pongan a la venta o que se ofrezcan en alquiler (Figura 6.5) y algunos otros códigos y normas relacionadas con los arrendamientos.

Las principales normas estatales que regulan las operaciones de Viviendas de Protección Oficial (VPO) son el Reglamento de 24 de julio de 1948, el Real Decreto 2060/1976, de 12 de noviembre, que refunde la legislación referente a este tipo de viviendas y el Real Decreto 727, de 1993, que liberaliza el precio de las anteriores viviendas, junto con dos Reales Decretos de 1978 sobre las políticas aplicables a este tipo de viviendas. Sobresale por encima de todas estas normas el primero de estos RD, por el que se aprueba el Reglamento para la aplicación de la Ley sobre Viviendas de Protección Oficial.

Figura 6.5. Entre las novedades introducidas recientemente en la legislación inmobiliaria encontramos la obligación de aportar los certificados de eficiencia energética de los bienes que se pongan a la venta o alquiler.

En su desarrollo, la ley establece las normas que deberán regir, tanto en los ámbitos de aplicación como en los procesos de su realización. Además, marca los beneficios posibles a obtener y los requisitos para ello en forma de: exenciones y bonificaciones tributarias, préstamos con interés, anticipos sin interés, reintegrables a largo plazo, subvenciones y primas a fondo perdido, o el derecho a la expropiación forzosa de los terrenos.

En caso de duda conviene acudir a un experto (existen entidades gestoras de VPO especializadas) o profundizar más en los contenidos de estas complejas leyes nacionales y autonómicas.

6.3. Presentación, visita y demostración del producto inmobiliario

En el proceso de vender o arrendar un bien inmobiliario se dan varias etapas que conviene detectar y gestionar correctamente. Una de ellas es la **presentación del producto;** y otra la **visita al inmueble** y la **demostración** de sus características. En todas ellas el cliente puede presentar ya sus objeciones y plantear dudas que el agente inmobiliario debe resolver, pues sus respuestas van a influir en el resultado final (positivo o negativo) de la operación.

La presentación del bien inmueble a vender y la visita al mismo son elementos esenciales del mix de marketing de las agencias inmobiliarias, cuya eficacia condiciona la decisión de compra de sus clientes. Por eso, las agencias inmobiliarias preparan a sus agentes para que planifiquen correctamente sus presentaciones y sus visitas al inmueble y les adiestran sobre los aspectos más relevantes a destacar (Figura 6.6).

Figura 6.6. Junto con la presentación, la visita al interior del inmueble constituye el elemento diferenciador y clave a la hora de que el comprador dé una respuesta positiva a la operación. Por tanto, la planificación previa y la cualificación del agente resultan fundamentales en la decisión final del cliente.

Actividad propuesta 6.2

Eres un agente inmobiliario. Acabas de concluir sin éxito una posible venta de un piso de 100 metros cuadrados en el centro histórico de una ciudad importante. Tu jefe te pide que le des algunas de las razones por las que crees que se ha producido este fracaso comercial.

Te damos algunas pistas sobre ello. Deberías analizarlas una a una y poner al lado de cada una de ellas un breve comentario sobre tu acuerdo o tu desacuerdo con lo que en ellas se señala.

- El propietario creía que su piso valía más de lo que el comprador estaba dispuesto a darle.
- El comprador pensaba que el piso no valía lo que el propietario pedía por él.
- Ambos estaban dispuestos a un acercamiento, pero ninguno de los dos ha dado el primer paso.
- El agente (es decir, tú) tampoco ha sabido canalizar estos deseos.
- El agente se ha sentido incapaz de asesorar a ambas partes, porque no tenía información sobre el precio o el valor real del inmueble en el mercado.
- El agente no ha sabido argumentar las ventajas de realizar esa inversión para el comprador.
- El agente no ha sabido argumentar sobre las ventajas de una venta rápida al propietario.
- En realidad, ninguna de las partes quería realizar la operación. Solamente, se estaban tanteando, a efectos de ver lo que «se cocía» en el mercado.

Nota técnica

Todos los que queremos vender, comprar o arrendar una propiedad inmobiliaria necesitamos satisfacer un problema particular en un momento específico. Sin embargo, dicha necesidad pocas veces es manifestada abiertamente por las partes en una operación comercial de compraventa o de arrendamiento ante el agente Inmobiliario. Para este, no es lo mismo ofrecer un bien inmobiliario de modo estándar (con argumentos de aparente «validez universal»), que explicar en detalle a un posible vendedor o a un potencial comprador los beneficios específicos que van a satisfacer sus necesidades particulares, acomodando con exactitud las ventajas de la oferta a sus necesidades. Sería preciso saber extraer estas necesidades de la mente de los clientes, para así asegurarnos de que nuestros argumentos son los más viables y los más seguros para el buen fin de la operación.

Entendemos por **necesidades** (en un sentido muy amplio) el conjunto de resortes que, en uno u otro sentido, mueven y orientan la voluntad compradora de los ciudadanos. Estos resortes (necesidades) son de varios tipos:

- Necesidades de tipo **físico** (Figura 6.7).

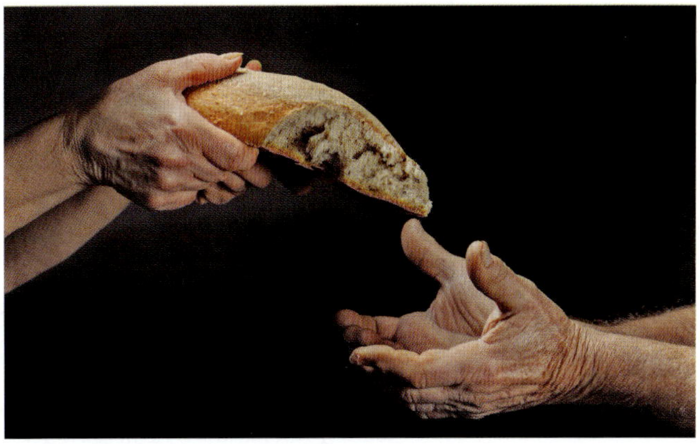

Figura 6.7. Las necesidades de tipo físico hacen referencia a las demandas más primarias de los individuos, como la comida, la vestimenta o la vivienda.

- Deseos o necesidades de tipo **psicológico** (Figura 6.8).

Figura 6.8. Un deseo hace referencia a un anhelo o necesidad psicológica del individuo y, por tanto, pertenece a una esfera subjetiva e interior de este.

- **Creencias.** Aquello que es creído por los ciudadanos y que condiciona, a favor o en contra, la acción compradora de los mercados (Figura 6.9).

Figura 6.9. Los diferentes credos religiosos pueden condicionar en una enorme medida la decisión compradora de las personas en la medida que el producto en cuestión vaya o no en consonancia con lo que dichas creencias propugnan.

- **Objetivos.** Sean de los particulares o de las empresas y tanto de tipo vital, como social, como profesional y otros (Figura 6.10).

Figura 6.10. La satisfacción de una necesidad se convierte en el objetivo en sí mismo de cualquier acción que implemente un individuo.

- **Sentimientos.** El amor, el odio, el miedo, son elementos que sensibilizan mucho la voluntad de los compradores (Figura 6.11).

Figura 6.11. El sentimiento de amor de una madre por su hijo es tan fuerte que esta nunca adquirirá un producto susceptible de generarle potencialmente algún perjuicio, incluso aunque dicha decisión pueda ir en contra de sus propios intereses personales o profesionales.

Recuerda que

La venta es un proceso en que el vendedor transmite confianza a su cliente. El mercado inmobiliario no es una excepción; más bien al contrario. En este sector la confianza que el cliente tenga en el agente inmobiliario es un factor fundamental que se debe cuidar por encima de todo.

En general, hay tres grupos de resortes que mueven o bloquean la voluntad compradora:

a) El grupo de resortes que nos impide comprar cuando, en realidad, teníamos un cierto interés en hacerlo. «*Tengo interés en comprar, pero, al final, no compro*».
b) El grupo de resortes que nos anima a comprar cuando en realidad no teníamos mucho interés en hacerlo. «*No tenía mucha intención de comprar, pero he terminado comprando*».
c) El grupo de resortes denominados **criterios de compra** que unas veces nos animan a la compra y otras nos la bloquean, tales como: criterios técnicos, legales, de imitación, de adaptación, sociales, etc., y, por supuesto, los criterios económicos.

En concreto, estos resortes son motivaciones para comprar (o no comprar) a los que generalmente los clientes llaman: beneficio, utilidad, orgullo, emulación, miedo, amor, etc., que orientan en un sentido o en otro la voluntad compradora de los clientes. En cualquier mercado —incluyendo, claro, el mercado inmobiliario, todas las compras pueden considerarse siempre como una situación de aproximación y de retroceso a estos resortes, pues en todas ellas hay factores (Figura 6.12) que invitan a acercarse a la compra del producto (atractivos) y otros factores que invitan a lo contrario (disuasorios).

Figura 6.12. Los resortes son las motivaciones positivas (atracción o persuasión) o negativas (disuasión) que activan o bloquean la voluntad de compra del individuo. Cuanto más se aproxime la persona al resorte, mayores serán las posibilidades de que la compra sea ejecutada.

Actividad propuesta 6.3

Selecciona y califica de 1 a 9 los siguientes motivos de compra por los que la gente en general se compraría un apartamento en la playa. Es conveniente que para la calificación pienses en qué atrae y qué disuade a la hora de comprar este producto concreto. Pon un pequeño comentario de por qué calificas con esa nota cada motivo.

- Por salud.
- Por cercanía con la familia.
- Por presumir ante los amigos.
- Porque tienen unos ahorros que desean invertir.
- Porque es una moda.
- Porque creen que así mejora su estatus social.
- Para hacer un regalo a su pareja.
- Para que los hijos disfruten.
- Por cercanía con los amigos y compañeros de trabajo.
- Para obtener ahorros fiscales.
- Otros motivos (especificar).

6.4. Función de intermediación. Contrato de comisión

Las operaciones inmobiliarias requieren casi siempre la ayuda de profesionales expertos que prestan en ellas sus servicios de intermediación, de asesoramiento y de gestión. La remuneración por esta función de intermediación se fija en un documento que determina los detalles de la misma y que regula el mandato que el propietario o el comprador hacen al agente inmobiliario.

En muchas ocasiones, este documento se denomina **contrato de intermediación inmobiliaria,** un contrato atípico que no está contemplado así expresamente, en ninguna ley, pero que sí se apoya en numerosa jurisprudencia: las sentencias judiciales más relevantes sobre este tema, que son las que le dan una cierta consistencia jurídica.

Llámese como se llame, la relación agente/cliente suele ser un encargo del propietario del inmueble, para que el agente inmobiliario lo comercialice (trate de venderlo, arrendarlo, según cada caso) en unas determinadas condiciones económicas (el precio del bien inmueble, por ejemplo), a cambio de unos honorarios que el cliente pagará siempre que la operación inmobiliaria resulte finalmente exitosa.

Por el contrato de intermediación inmobiliaria, el cliente (normalmente, el propietario o un representante legal) encarga al agente (en una **nota de encargo**, también llamada **hoja de encargo,** que ya vimos en la unidad anterior en la Sección 5.2.5.) la comercialización de un inmueble en determinadas condiciones jurídicas y económicas, comprometiéndose a pagar los honorarios según lo pactado (Figura 6.13).

Figura 6.13. Un intermediario inmobiliario es un profesional que, a cambio de una remuneración pactada, debe comercializar un inmueble en unas determinadas condiciones económicas y jurídicas, atendiendo con ello a la voluntad expresa del propietario del bien.

Recuerda que

Según la frecuente jurisprudencia, los encargos inmobiliarios no se rigen por la legislación del contrato de agencia. Este contrato solamente regula las condiciones entre empresas y agentes comerciales.

Sabías que

Al ser el contrato de comisión un compromiso que se basa fundamentalmente en la confianza entre las partes, es imposible por ello la cesión de sus contenidos a terceros.

En su texto, la nota de encargo debe integrar todas las cláusulas del mandato y cualquier otro compromiso formal que sirva para regular las relaciones entre el cliente y el agente: objeto del contrato, datos de las partes, honorarios del agente, exclusividad o no del pacto, vigencia del compromiso, condiciones económicas y otras.

Estos documentos de intermediación son contratos de colaboración comercial y de prestación de servicios de gestión de intereses cuyo objetivo es buscar, localizar y aproximar a futuros contratantes; por ello, suelen incluir siempre:

a) Los datos personales de ambas partes: nombre, apellidos, edad, estado civil, nacionalidad, NIF o CIF, domicilio, profesión, etcétera.
b) Tipo de servicio (concreto o general) que se va a prestar.
c) Zona geográfica donde se llevarán a cabo los servicios.
d) Sector o tipo de cliente al que habrá de dirigirse.
e) Autorización formal expresa al agente para poder concluir negocios en nombre del cliente.
f) Duración del contrato.
g) Derechos y obligaciones derivadas.
h) Retribución y forma de pago
i) Causas de extinción del contrato.

Este tipo de contrato está muy relacionado con otras figuras jurídicas afines, como el de **contrato de comisión mercantil,** un contrato por el cual una persona (el comisionista) se obliga a participar en una transacción mercantil por cuenta de otra, de la cual recibe un cierto tipo de mandato.

Las diferencias a destacar entre el contrato de comisión y el contrato de agencia son (Figura 6.14):

- El contrato de comisión está regulado en el Código de Comercio, en tanto que el contrato de agencia se rige por una ley especial propia y el contrato de intermediación carece de regulación legal expresa.
- En el contrato de comisión, el comisionista actúa por cuenta de otro, pero actúa en nombre propio, por lo que asume los posibles riesgos de la operación, cosa que no sucede en el contrato de intermediación Inmobiliaria ni en el contrato de agencia.

Figura 6.14. La principal diferencia entre el contrato de agencia o intermediación y el de comisión es que en este último el profesional actúa en nombre propio y por cuenta de otro, de forma que debe absorber todos los riesgos inherentes a la operación.

Actividad propuesta 6.4

A continuación, puedes ver un modelo de contrato de intermediación inmobiliaria en forma de nota de encargo. Trata de hacer una lista de los 10 puntos que consideres indispensables en el contenido global de un documento de este tipo.

En el apartado 1 te damos ya un ejemplo de la manera en la que puedes enunciar cada uno de ellos:

1. La identificación de las partes.
2.
3.
4.

5.
6.
7.
8.
9.
10.

CONTRATO DE INTERMEDIACIÓN INMOBILIARIA

NOTA DE ENCARGO

D./Dña. ...., de estado civil ...., mayor de edad, con domicilio en la ciudad de ...., en la calle .... número .... C.P. ...., con DNI .... y actuando en su propio nombre y derecho, declara ser el propietario del inmueble situado en la calle ...., número .... y confirma en este documento su deseo de venderlo.

Para ello, formaliza el siguiente contrato de intermediación inmobiliaria, en forma de nota de encargo a nombre del agente:

D./Dña ...., como representante de la agencia inmobiliaria ...., con domicilio en la ciudad de ...., en la calle .... número ....

C.P. ...., de acuerdo con las siguientes:

ESTIPULACIONES

1. Ambas partes se reconocen mutuamente su buena fe y su capacidad para establecer compromisos jurídicos expresos.
2. El objeto del encargo es la intermediación con carácter de exclusividad.
3. El inmueble objeto de este encargo está ubicado en la calle .... número ...., piso .... que se encuentra inscrito en el Registro de la Propiedad de .... , con el número ...., en el tomo ...., folio ...., libro ...., hoja .... y que está libre de cargas y obligaciones legales y fiscales.
4. El precio de venta que se fija es de .... euros (.....................), que serán pagados por el comprador en dos plazos diferenciados:
   a) Una señal de .... euros (...), en concepto de arras, a la firma del contrato privado de compraventa.
   b) El resto en el mismo momento de la firma de la escritura pública, contra la entrega de las llaves del inmueble y antes de su inscripción en el Registro de la Propiedad.
5. El vendedor declara que el inmueble objeto de este contrato está al corriente del pago de los gastos de comunidad y libre de arrendatarios u ocupantes. Y que cuenta con el correspondiente certificado de eficiencia energética, según lo establece la legislación vigente.
6. Todos los gastos que se deriven de la transacción objeto de este documento serán a cargo del comprador, excepto el Impuesto de Plusvalía.
7. Se pacta expresamente que el agente recibirá .... euros (..) si finaliza con éxito el encargo encomendado. Para ello, la operación inmobiliaria deberá estar terminada en todos sus trámites y será preceptivo el envío por el agente al vendedor de la correspondiente factura, incrementada con el IVA legal correspondiente.
8. El presente contrato de intermediación vencerá automáticamente, sin más trámites, el día............... de.............................. de............, salvo que las partes decidan libremente prorrogarlo, para lo cual deberán hacerlo constar expresamente por escrito en un documento que se anexará necesariamente a este contrato.

En prueba de conformidad, las partes lo firman en la ciudad de.. el día............... de.............................. de............

El propietario vendedor

....

El agente inmobiliario

....

6.5. Equipo de colaboradores: arquitectos, abogados y asesores

Las operaciones inmobiliarias son operaciones complejas para las cuales el ciudadano corriente no está suficientemente preparado. Necesita, casi forzosamente, la implicación activa de expertos que le aconsejen en los trámites y en la gestión que le van a permitir finalizar con éxito la operación y lograr sus expectativas.

En el ámbito de lo estrictamente físico (la construcción del edificio y su situación técnica) los **arquitectos** pueden ayudar a los interesados y a las agencias inmobiliarias en todos aquellos aspectos que se incluyen en lo que hoy se denomina **consultoría inmobiliaria** (Figura 6.15):

- Compraventa de inmuebles.
- Gestión de patrimonios.
- *Proyect management* (gestión de proyectos).
- Rehabilitación y restauración de edificios.
- Reforma de viviendas.
- Licencias de actividad de oficinas y locales comerciales.
- Levantamientos y mediciones.
- Informes, peritaciones y tasación de viviendas.
- Certificados de calificación y clasificación energética.
- Infografías de arquitectura, etcétera.

Figura 6.15. La aportación fundamental de los arquitectos consiste en el apoyo en aspectos eminentemente técnicos vinculados a las primeras fases del proceso inmobiliario (construcción, rehabilitación y reformas), pero también serán imprescindibles en momentos posteriores del mismo (gestión de licencias, peritaciones y tasaciones, entre otras), actividades que quedan englobadas dentro de la consultoría inmobiliaria.

Estos trabajos se realizan sobre todo tipo de inmuebles, pero, preferentemente, en edificios de viviendas, viviendas unifamiliares, bloques, pisos, chalés, locales comerciales, edificios industriales, edificios de oficinas, hoteles, restaurantes, centros comerciales, tiendas, mercados, naves industriales, despachos, garajes e inmuebles asimilados (Figura 6.16).

Figura 6.16. La labor de consultoría inmobiliaria es realizada por los arquitectos en proyectos de diversa índole, desde los más pequeños (oficinas, viviendas o naves industriales) hasta los que cuentan con presupuestos mucho más elevados (como los aeropuertos o los rascacielos). Por tanto, su participación es necesaria, con independencia de la naturaleza (pública o privada) del propio proyecto.

Los **abogados** son también parte importante de las operaciones inmobiliarias, en las que actúan como especialistas y asistentes expertos en derecho inmobiliario, tanto para las empresas constructoras, como para las compañías promotoras, para estudios de arquitectura y para los usuarios o los clientes finales del sector Inmobiliario.

Su misión es asesorar legalmente a sus clientes (compradores o vendedores) en las negociaciones relacionadas con la venta de la propiedad inmobiliaria (y de todo tipo de operaciones con forma jurídica similar a la compraventa: arrendamientos, permutas, etc.), así como en los trámites para la adquisición de la documentación necesaria para llevar a cabo dichas negociaciones y, asimismo, para gestionar la protección de los derechos de posesión y de propiedad ante la jurisdicción inmobiliaria, civil o fiscal, especialmente, en:

- Dirección letrada de procedimientos judiciales: acciones de responsabilidad, impugnación de acuerdos y reclamaciones frente a aseguradoras.
- Asesoramiento en la compraventa, el arrendamiento y la permuta de viviendas, locales y suelos.
- Revisión de contratos inmobiliarios: arrendamientos, permutas, construcción, etcétera.
- Asesoramiento a cooperativas de viviendas, juntas de compensación, promotores inmobiliarios, consumidores, comunidades de vecinos, etcétera.
- Reclamación judicial de defectos constructivos.
- Asesoramiento fiscal y judicial en operaciones inmobiliarias (Figura 6.17).

Figura 6.17. La singularidad y complejidad del negocio inmobiliario hace prácticamente obligatoria la presencia de abogados encargados tanto de la función de asesoramiento dentro del ámbito de la negociación como de defensa ante reclamaciones judiciales.

Al margen de abogados y arquitectos, hay **otros asesores expertos** que ayudan a sus clientes en este tipo de operaciones. Fundamentalmente, los siguientes:

a) Gestorías especializadas en la tramitación de operaciones inmobiliarias.
b) Gestores de patrimonios inmobiliarios.
c) Asesores de negociación (*personal shoppers*).
d) Asesores para la recuperación de aportaciones y otras cantidades anticipadas en cooperativas de viviendas fallidas o paralizadas.
e) Informadores de precios inmobiliarios y de movimientos del mercado.
f) Asesores fiscales expertos en la gestión de los gastos a pagar en las transacciones inmobiliarias

Nota técnica

Se entiende por derecho inmobiliario el conjunto de normas, reglas y leyes que tienen por objeto un bien al cual la legislación le da la calificación de bien inmueble. En este mismo sentido, el derecho inmobiliario es también el conjunto de normas que rigen el nacimiento, la modificación, la transmisión, la adquisición y la extinción de los derechos de propiedad y de las obligaciones derivadas sobre bienes inmuebles y sobre aquellas actividades complementarias que pueden ser objeto de controversia o transacción jurídica en el sector Inmobiliario. Las principales normas de este sector son: la Constitución, las leyes, los decretos, los tratados y convenios internacionales (especialmente los de la UE), la costumbre y la jurisprudencia (como fuentes del derecho) y, asimismo, los reglamentos específicos dictados por los tribunales especializados en este sector.

6.6. Documentos de visita y documentos de reserva de compra o alquiler

Las operaciones inmobiliarias de todo tipo han de estar suficientemente documentadas, con el fin de conseguir una mayor clarificación de los trámites, de la gestión en general y de los procesos y las negociaciones. Los principales documentos que se usan en este ámbito son: la hoja de visita y el documento de reserva.

La **hoja de visita** (llamada también **nota de visita**) es solo una prueba formal de que el cliente ha visitado el inmueble que estaba en situación de venta o de arrendamiento. En este documento se deja constancia de la visita y se introducen algunas cautelas dirigidas a impedir que los esfuerzos comerciales de las agencias se vean alterados por circunstancias (casuales o no) que permitan la finalización exitosa de una operación inmobiliaria iniciada por ellas, sin su final intervención.

A veces, las agencias intentan probar con esta **hoja de visita** su intervención formal en el proceso comercial, con el fin de reclamar al cliente el pago de sus justos honorarios, si detectan que este ha llevado a cabo con el propietario del inmueble algunas acciones posteriores a su intermediación para adquirir o arrendar el inmueble visitado (Figura 6.18).

Figura 6.18. La visita al interior del inmueble queda registrada en la hoja de visita en la que, además de los datos básicos de la misma (fecha, hora, duración e identificación del inmueble y de los intervinientes), pueden incorporarse otros adicionales tendentes a acreditar que la participación de la agencia haya resultado fundamental en el proceso.

El objetivo es válido, pero hay que ser conscientes de que la única y verdadera finalidad de la hoja de visita es acreditar que el inmueble ha sido realmente visitado. Por tanto, no es lícito introducir en este documento (con la excusa de que está firmado por el cliente) cláusulas que encubran nuevas obligaciones contractuales para el cliente, distintas del mero reconocimiento de la visita. Los tribunales de justicia suelen considerar nulas (y, por ello, las dejan sin efecto) aquellas cláusulas de las hojas de visita por las que el comprador se compromete en determinados casos, con su firma, a pagar algún tipo de honorarios comerciales a la agencia.

¿Sabías que

La firma de la hoja de visita por el cliente no es estrictamente un documento contractual y no es legal introducir en ella cláusulas distintas del objetivo central que es demostrar que el inmueble ha sido visitado. El **contrato de intermediación** y la **nota de encargo** son los mejores documentos jurídicos para cualquier tipo de reclamación. La firma de estos documentos señalará que el responsable de los efectos del conflicto será el que figure en ellos (normalmente, el propietario del inmueble) como cuidador y como garante activo de la seriedad de la transacción.

La hoja de visita debe consignar necesariamente:

- Los datos inequívocos del inmueble visitado.
- Los datos del cliente que lo visita.
- Los datos de la agencia inmobiliaria y, en su caso, los del agente que acompaña al cliente en la visita.
- Los datos de la fecha y la hora de la visita.

La hoja de visita garantiza al agente una cierta seguridad al acompañar a personas desconocidas y garantiza, asimismo al propietario, que las personas que visitan su inmueble tienen un cierto tipo de control.

Actividad propuesta 6.5

A continuación, te mostramos un modelo de hoja de visita de una agencia inmobiliaria.

Se pide que la analices y que la mejores. ¿Cómo?... En el sentido de añadir (o quitar) información, logotipos, datos que faltan o que sobran, manera de redactar, etc. Tú decides cómo mejorarla. Se trata de que consigas un modelo de hoja de visita perfecto, que sirva a una agencia inmobiliaria como acreditación de la visita de un posible cliente.

HOJA DE VISITA

D D./Dña:.. ha visitado en el día de hoy, ... de............................ de............., el inmueble situado en la ciudad de................................ en la calle, ..., número............... piso.................... en el transcurso de una acción de tipo comercial que ha sido promovida por la agencia inmobiliaria............................... a la que el propietario del citado inmueble ha confiado formalmente la gestión de su compraventa/arrendamiento. ....

El visitante, o cualquier persona de su entorno de influencia, se compromete a no realizar operación comercial alguna ni a negociar condiciones de una posible transacción de compraventa o de arrendamiento de este inmueble, sin el conocimiento y la intervención de la agencia arriba mencionada.

El cliente/visitante ....

Por la agencia inmobiliaria ....

Nota importante

De acuerdo con la Ley Orgánica 15/1999, de 13 de diciembre, de Protección de Datos de Carácter Personal (LOPD) le informamos de que los datos personales suministrados por el cliente pasarán a formar parte del fichero de la agencia inmobiliaria, con la única finalidad de prestar servicios de promoción y de intermediación inmobiliaria, aspecto que el cliente consiente expresamente con la firma de este documento. Asimismo, la firma de este documento implica que el cliente conoce esta información adicional y que está conforme con que la agencia inmobiliaria ceda sus datos a otras empresas integradas en su red comercial inmobiliaria, con la misma única finalidad apuntada más arriba. En cualquier caso, el cliente podrá ejercitar en todo momento sus derechos de acceso, rectificación, cancelación u oposición dirigiéndose por escrito a la agencia inmobiliaria.

Recuerda que

No sirve de mucho incluir una cláusula como esta en las hojas de visita:

«*El visitante (o cualquier otra persona o entidad a él vinculada) se compromete a no realizar operación alguna ni negociar la transacción de los inmuebles visitados sin la intervención de la agencia que le ha acompañado a la visita. En el supuesto de que el visitante lleve a efecto una compraventa o un arrendamiento sin la intervención de la agencia inmobiliaria, esta entidad tendrá derecho a reclamar sus justos y correspondientes honorarios*».

Nota técnica

La inclusión del apartado **nota importante** en la parte inferior de la hoja de visita informa al cliente potencial visitante del destino de sus datos personales y del sometimiento de la agencia inmobiliaria a las condiciones de la LOPD. Como es lógico, si el cliente lo requiriera, está en su derecho de obtener una copia de la hoja de visita que ha firmado.

La reserva de un inmueble, sea para su compraventa o para su alquiler, es una acción comercial que puede tener consecuencias jurídicas de una cierta importancia para las partes. Por ello, el **documento de reserva** debe ser redactado con cuidado y, a ser posible, con la intervención de un experto, pues en su texto pueden existir determinadas condiciones que afecten a un posible contrato futuro.

El documento de reserva es una especie de precontrato, en el que una de las partes (el cliente potencial interesado en hacer la reserva del inmueble) hace entrega de una cantidad económica a la otra parte (el propietario del inmueble), como garantía recíproca de la futura firma de un contrato formal de compraventa o de arrendamiento (Figura 6.19).

Figura 6.19. La reserva de un inmueble se plasma en un documento de reserva que puede tener importantes consecuencias jurídicas para las partes implicadas, dado que en él se recogen las voluntades claras e inequívocas de los intervinientes de llevar a cabo la operación (alquiler, venta, etc.), de manera que si cualquiera de las dos desistiera posteriormente de manera voluntaria sería susceptible de ser penalizada de acuerdo con las cantidades aportadas (o recibidas), lo que en el ámbito del derecho se conoce como *arras penitenciales*.

A pesar de su aparente sencillez, el documento de reserva es un documento complejo, ya que señala que las partes están de acuerdo en reservar el inmueble y que reconoce tanto intereses económicos legítimos de ambas partes, como promesas formales a futuro y señala las posibles consecuencias que sobrevendrían para las partes en caso de incumplimiento. Por la implicación que puede tener en el desarrollo de la futura relación jurídica entre el propietario y el comprador o el arrendatario del inmueble, es sumamente importante que en este contrato (que debería ser siempre redactado por un experto) se haga constar expresamente lo que podría suceder en el caso de que una de las dos partes decidiera no llevar adelante la firma del contrato de compraventa o de arrendamiento en el plazo que se haya fijado de antemano.

Nota técnica

El contrato de arras (también denominado simplemente arras o anticipo) es un contrato privado en el que, para reforzar sus acuerdos iniciales, las partes pactan la reserva de un inmueble para su compra o su alquiler en unas fechas posteriores. Con esta finalidad, una de las partes (habitualmente, el futuro comprador o arrendatario) entrega a la otra (normalmente al propietario o a la agencia inmobiliaria si está expresamente facultada para ello) una cantidad de dinero determinada, en concepto de señal (o arras) de sus futuras intenciones. Es muy frecuente que las agencias inmobiliarias fundan en un único documento de reserva las intenciones detalladas de las partes y las cláusulas habituales de este tipo de contratos.

CONTRATO DE ARRAS O SEÑAL

De una parte:

D./Dña. ...., (en adelante El Propietario), de estado civil.........................., mayor de edad, con domicilio en la ciudad de ...., en la calle... número.......... C.P. (...........), con DNI.............................. y actuando en su propio nombre y derecho, declara ser el propietario del inmueble situado en la calle..., número............., propiedad libre de cargas e inscrita convenientemente en el Registro de la Propiedad Inmobiliaria, quien confirma en este documento su intención de venderlo.

Y de otra:

D./Dña..., (en adelante El comprador), de estado civil.........................., mayor de edad, con domicilio en la ciudad de.............. ...., en la calle... número......... C.P. (...........), con DNI............................. y actuando en su propio nombre y derecho, declara su voluntad expresa y firme de comprar el inmueble citado más arriba, en este mismo documento.

Ambas partes se reconocen mutuamente su buena fe y su capacidad para establecer compromisos jurídicos expresos y se reconocen capacidad legal para el otorgamiento del presente documento de acuerdo con las siguientes:

ESTIPULACIONES

1. El Propietario se obliga a vender al comprador (que se obliga a comprar) la vivienda descrita en el encabezamiento de este contrato, libre de cargas y de arrendamientos, como cuerpo cierto, con cuanto le sea principal, accesorio, integrante y dependiente y al corriente de contribuciones, impuestos y gastos de la comunidad, por el precio de .... euros (en letra poner la cantidad).

2. En concepto de arras o señal y a cuenta del precio de la futura compraventa, el Comprador entrega al Propietario la cantidad de................................... euros (en letra poner la cantidad)

3. Esta cantidad la perderá totalmente el comprador si incumpliera lo convenido en el presente documento, o tendrá derecho a percibirla multiplicada por dos, si el incumplimiento se produjera por parte del Propietario.

En prueba de conformidad, las partes lo firman en la ciudad de..........................., el día................, de.............................. de............

El Propietario El Comprador

....

En este sentido, en el texto de este documento de reserva se suelen incluir habitualmente:

- Los datos detallados de ambas partes.
- La ubicación del inmueble y su situación legal y fiscal: cargas y gravámenes.
- El concepto principal por el cual se efectúa la reserva.
- Los antecedentes de la situación contractual y las intenciones futuras de las partes.
- Los derechos y obligaciones de cada parte.
- La cantidad de dinero entregada y la forma en que se ha llevado a cabo el pago (adjuntando, en su caso, los justificantes correspondientes).
- La hora y el día exacto en que vencerá la reserva; es decir, su máximo plazo de duración.
- El lugar en que se firma el documento.
- Los tipos de penalización que deberá soportar cada una de las partes, en el caso de que alguna de ellas decida unilateralmente no formalizar el posterior contrato. Un posible texto de este acuerdo podría ser el siguiente. «*Quien figure en este documento como futuro comprador o arrendatario perderá la cantidad entregada como señal reseñada en el presente documento de reserva si incumple lo convenido en el mismo a favor del propietario; o tendrá derecho a percibir de este el doble de esta cantidad si el incumplimiento se produjera por alguna causa ajena a él y fuera debida al propietario del inmueble*».
- Las estipulaciones detalladas en las que ambas partes están de acuerdo para firmar este contrato. Adicionalmente, es posible adjuntar a este documento de reserva un borrador definitivo del modelo de contrato de compraventa o de arrendamiento que las partes se comprometen a firmar.
- Los gastos e impuestos que cada parte deberá soportar.
- La legislación y la jurisdicción aplicables.
- La consiguiente firma de ambas partes.

6.7. Escritura pública de la operación. Contenido de la escritura

La **escritura pública** de las operaciones inmobiliarias es un documento oficial que recoge los detalles de las mismas y que se realiza fehacientemente ante un notario que certifica su validez (cosa que no hace un documento privado). Este notario es quien proporciona seguridad a las partes y al proceso de formalización y quien permite (por su intervención formal en la redacción de la escritura) acreditar los detalles de las operaciones inmobiliarias ante terceros.

Figura 6.20. Los notarios son fedatarios públicos que acreditan la veracidad de los datos consignados en la escritura pública sobre la que se sustenta la transmisión de la propiedad de un inmueble.

Actividad propuesta 6.6

Selecciona dos páginas web de organismos o instituciones que tengan alguna relación con las operaciones inmobiliarias: bancos y cajas de ahorro, Registro de la Propiedad, Catastro, Colegio de Notarios o Registradores de la Propiedad, abogados expertos especializados en operaciones inmobiliarias, etc. Cuando las hayas seleccionado, deberás entrar en ellas para determinar qué tipo de sus actividades se refieren al mercado inmobiliario y qué te parecen estas actividades desde el punto de vista de un posible cliente de una transacción inmobiliaria. Para ayudarte en esta tarea te mostramos un posible esquema de trabajo (escribe dos o tres líneas para cada apartado con tus comentarios):

- Apariencia de la web.
- Facilidad de contacto y relación.
- Áreas de trabajo (pestañas con los apartados más relevantes) relacionadas con esta Unidad 6.
- Logotipo y eslogan principal.
- Facilidad de búsqueda.
- Conclusiones y calificación (de cero a diez) de cada web.

El notario comprueba la identidad, la titularidad y las capacidades legales del propietario y del comprador para llevar a cabo la operación inmobiliaria que se le plantea y acredita que el inmueble está libre de ocupantes y de otras cargas y servidumbres, por medio de la información que previamente se solicita al Registro de la Propiedad. Esta información le vendrá dada en un documento especial que se denomina **nota simple,** en la que se especifica quién es el propietario de la vivienda, si está libre de cargas o si pesa sobre ella algún tipo de embargo, hipoteca u otro gravamen.

Antes de formalizar la escritura el notario comprueba también que el propietario ha abonado los gastos de comunidad correspondientes, pudiendo exigir que el secretario de dicha comunidad lo certifique en un documento escrito. Pedirá asimismo la acreditación del número de referencia catastral, solicitando el último recibo del IBI, que deberá ser presentado por el propietario. El notario podrá así enviar después los datos del comprador al Catastro, para que los siguientes recibos del **IBI** (**Impuesto de Bienes Inmuebles**) se realicen ya a su nombre.

El notario también podrá pedir al propietario del inmueble que le demuestre que el inmueble tiene el **certificado de eficiencia energética** y hará constar en la escritura la forma y el momento en el que se ha realizado el pago de este documento; y si la compraventa está gravada con el IVA (Impuesto sobre el Valor Añadido) deberá comprobar e incluir igualmente cuándo y cómo se ha abonado este impuesto.

Por último, el notario (que actuará con imparcialidad ante las partes) deberá advertir al propietario de que tiene que pagar el impuesto de plusvalía y también el IBI del año completo, aunque esté vendiendo su casa al comienzo del año en curso.

Sabías que

En la nota simple ni en el certificado registral (porque la LOPD así lo señala) se pueden dar datos personales de los titulares ni ningún otro tipo de datos (los de sus cuentas bancarias, por ejemplo) que puedan afectar a su intimidad.

6.8. Gastos de formalización del contrato: notaría, registro y gestoría

Al comprar o vender un inmueble hay que considerar que, además de los impuestos (que estudiaremos en la unidad siguiente, donde veremos también algunos gastos derivados, como el del Registro), se van a generar unos costes que se tienen que calcular previamente.

Lo que cobra el notario que da fe de las escrituras públicas, el precio de la posible tasación del valor del inmueble que la entidad financiera encargará antes de conceder la hipoteca, los gastos del registro de esta escritura en el Registro de la Propiedad y otros similares son cantidades que incrementan el coste de la operación inmobiliaria y que las partes deben conocer. Veamos los más habituales:

a) **Tasación.** Una vez formalizado el contrato de arras o el de compraventa, el banco en que solicitemos la hipoteca requerirá la tasación de la propiedad para saber que el precio se ajusta a su valor. Su coste depende de varios factores, como, por ejemplo, el tipo del inmueble y su superficie.

b) **Notaría.** La transacción está acordada y la hipoteca concedida. Ahora el notario debe otorgar la escritura de compraventa, es decir, tiene que dar fe pública (ese es su trabajo) de que se ha efectuado un cambio expreso en la propiedad del bien inmueble. Sus honorarios dependen de lo que le señale un arancel que fija un tanto por ciento del valor del inmueble de que se trate y de otras peculiaridades de la operación inmobiliaria: copias necesarias, existencia de avalistas, tipo de hipoteca concedida por la entidad financiera, etcétera.

c) **Gestoría.** La gestoría a través de la que se formaliza la operación ayuda las partes a tramitar la gestión de la compraventa del inmueble. Y por ello, como es lógico, emite una factura.

En total, entre unos y otros gastos, se puede incrementar el coste de la operación inmobiliaria entre un 0,5 % y un 1 % del valor del inmueble, según casos y circunstancias.

El Registro de la Propiedad es el organismo en el que se inscriben los derechos de propiedad que afectan a bienes inmuebles y otros derechos que los gravan. Su objetivo es inscribir y dar publicidad a la propiedad de los bienes inmuebles y a los derechos que recaen sobre los mismos y dotar de seguridad jurídica al tráfico inmobiliario. Tiene la posibilidad también de emitir documentos como la nota simple o el certificado (o certificación) registral. Ambos documentos (que pueden ser obtenidos vía internet) tienen prácticamente la misma información; pero mientras que la nota simple tiene un mero valor informativo, el certificado registral (que se expide formalmente por un registrador de la propiedad) es un documento probatorio en juicio y está dotado de fe pública registral.

6.9. Obligaciones fiscales en la compra de inmuebles

Realizar operaciones inmobiliarias o ser propietario de un inmueble supone la posibilidad de que se activen una serie de efectos fiscales (derechos y obligaciones) que afectan de una manera u otra, pero siempre con carácter importante, a las partes o a los implicados en estas operaciones.

Las principales obligaciones fiscales y dinerarias, las más habituales cuando compramos, vendemos o alquilamos un bien inmobiliario, son:

a) El **Impuesto sobre el Valor Añadido (IVA)**. Es un impuesto que el comprador debe pagar a un tipo más alto o más bajo que varía según sea la comunidad autónoma en que se encuentre el inmueble y según sea la naturaleza del mismo: VPO o vivienda libre, por ejemplo.

> **Recuerda que**
>
> El pago del IVA solo afecta a las compraventas de viviendas nuevas, pero no a las de segunda mano. Estas viviendas se gravan por el Impuesto de Transmisiones Patrimoniales.

b) **Impuesto de Transmisiones Patrimoniales (ITP)**. Es un impuesto recaudado por los ayuntamientos que afecta a las operaciones de compraventa de los bienes inmuebles de segunda mano; inmuebles que, a cambio, no devengarán el pago del IVA. Los tipos impositivos de este impuesto son variables, ya que se aplican dependiendo de la comunidad autónoma en donde esté ubicado el inmueble. La reforma fiscal que entró en vigor a partir de 2015 ha afectado de forma importante al mercado inmobiliario. Conviene (año a año) ver en detalle los cambios legales, porque siempre tienen consecuencias (positivas o negativas) para el comprador, para el vendedor o para el inversor. Además, la legislación aplicada en cada comunidad autónoma puede establecer nuevas obligaciones o exenciones que se refieran a parte o al total de la deuda.

c) **Impuesto de Actos Jurídicos Documentados.** Este impuesto grava todos aquellos actos que tengan como soporte un documento público, como, por ejemplo, las compraventas o las hipotecas. El comprador tiene que pagarlo en la comunidad autónoma en donde se realice la compraventa o donde se formalice la hipoteca. Dependiendo de dónde esté registrada la vivienda el porcentaje a pagar será diferente. Este impuesto se recauda por el notario al inscribir en el Registro de la Propiedad las escrituras públicas de la compraventa y (en su caso) de la hipoteca.

d) **Impuesto sobre el Incremento del Valor de los Terrenos Urbanos.** Este impuesto, conocido más popularmente como **Impuesto de Plusvalía,** grava el incremento del valor que se produce por las operaciones de compraventa de inmuebles. Salvo que exista un acuerdo entre las partes (que deberá estar expresamente reflejado en la escritura de compraventa ante el notario) lo debe pagar el propietario que vende el inmueble. Su importe depende de diversos factores, tales como: años transcurridos desde la última liquidación de plusvalía, municipio en el que esté la vivienda y otros (Figura 6.21).

e) **Impuesto sobre Bienes Inmuebles (IBI)**. Grava directamente la propiedad del inmueble. El propietario lo paga cada año (a primeros del mes de enero) y su importe depende sobre todo de la base del valor que figura en el Catastro, base que está fijada por el Ministerio de Hacienda y Administraciones Públicas, según considere diversos factores: valor del suelo, bonificaciones específicas de los ayuntamientos, calidad de la construcción de la finca, etc. (Figura 6.22).

> **Sabías que**
>
> La Dirección General del Catastro (más conocida como el Catastro) es la sede de un registro administrativo del Estado (una especie de censo de inmuebles) en el que se describen los bienes inmuebles de todo tipo y se determina la extensión geográfica detallada y la riqueza del suelo de una zona. Este Registro sirve de también base para la liquidación de los impuestos referidos a la propiedad de los inmuebles o a las operaciones inmobiliarias que con ellos se realicen.

La descripción catastral de los bienes inmuebles incluye todas sus características físicas, jurídicas y económicas, entre las que se encuentran su localización, la referencia catastral, su superficie, su uso, a veces una representación gráfica, el valor catastral y los titulares catastrales del bien inmueble de que se trate.

Ayuntamiento de Palencia

CARTA DE PAGO
(EJEMPLAR PARA EL CONTRIBUYENTE)

AUTOLIQUIDACIÓN

IMPUESTO SOBRE EL INCREMENTO DEL VALOR DE LOS TERRENOS

DATOS DE LA ESCRITURA DE TRANSMISIÓN

FECHA DE LA ESCRITURA:

TÍTULO: (Compraventa,Herencia,Permuta, etc.) CLASE: FECHA DE LA TRANSMISIÓN:

Nº PROTOCOLO: NOTARIO D. DE:

DATOS DEL SUJETO PASIVO - CONTRIBUYENTE *(VENDEDOR, HEREDERO, DONATARIO, etc..)*

NOMBRE Y APELLIDOS O RAZÓN SOCIAL: DNI/CIF:

DOMICILIO FISCAL: en PROVINCIA:

DATOS DEL REPRESENTANTE

NOMBRE Y APELLIDOS O RAZÓN SOCIAL: DNI/CIF:

DOMICILIO FISCAL: en PROVINCIA:

Figura 6.21. La plusvalía o Impuesto sobre el Incremento de Valor de Terrenos de Naturaleza Urbana grava el incremento del valor que ha experimentado un suelo durante el tiempo que una persona ha sido propietaria de un piso, un local o un terreno y se liquida cuando se transmite la propiedad, como sucede en una compraventa. Se calcula sobre el valor catastral de la vivienda y el número de años que se ha tenido en propiedad.

IMPUESTO SOBRE EL INCREMENTO DEL VALOR DE LOS TERRENOS DE NATURALEZA URBANA

Pinseque AYUNTAMIENTO

Modelo **100**

Expediente Nº

Sello Registro de Entrada

El ☐ Transmitente ☐ Adquiriente ☐ Representante presenta declaración

a los efectos prevenidos en elArt. 111 de la Ley 39/88 de 28 de diciembre, Reguladora de las Haciendas Locales.

DATOS DEL TRANSMITENTE

Nombre / Razón Social * D.N.I./N.I.F*

Domicilio * C.P. *

Población * Provincia *

E-mail Teléfono * Móvil

DATOS DEL ADQUIRENTE

Nombre / Razón Social D.N.I./N.I.F

...e.es C.I.F. P5021000D

Figura 6.22. El IBI es un impuesto encuadrado en el sistema tributario local de España, de exacción obligatoria por los ayuntamientos, que grava el valor de la titularidad y otros derechos reales que recaen sobre bienes inmuebles localizados en el municipio que recauda el tributo. Su gestión se comparte entre la Administración del Estado y los ayuntamientos. Su carácter real se deduce del gravamen que hace sobre la titularidad de los inmuebles o sobre los derechos que recaen en los inmuebles, independientemente de qué sujeto ocupe su titularidad.

Recuerda que

El IBI se paga anualmente y que las cantidades a pagar dependen de las ordenanzas fiscales de cada ayuntamiento. Es un impuesto que debe ser conocido a la hora de adquirir un inmueble porque es el nuevo propietario quien debe hacerse cargo de su pago.

En el ámbito de las operaciones inmobiliarias o en el de la propiedad de los inmuebles es habitual que la Hacienda Pública establezca con carácter temporal desgravaciones o bonificaciones (tanto en caso de compraventas como de arrendamientos), según diversos criterios de política económica o fiscal. **Desgravar** significa en términos fiscales rebajar los impuestos sobre determinados objetos o descontar ciertas cantidades de la base impositiva fiscal de un tributo. Bonificar se usa para expresar que se concede a alguien (por un criterio o concepto determinado) un incremento en una cantidad a cobrar o una deducción en la que debería pagar. Como las desgravaciones o las deducciones no son establecidas para siempre, conviene, estudiar año a año las características de cada una de ellas, detalladamente.

Los criterios más utilizados por la Hacienda Pública (para deducir o para bloquear las bonificaciones y las desgravaciones) en el sector Inmobiliario son:

- El uso del inmueble como vivienda habitual.
- La situación legal de una pareja.
- Las deducciones concedidas por las comunidades autónomas.
- Los rendimientos del capital inmobiliario.
- Ciertas deducciones por gastos del inmueble.
- Deducciones varias por impagos, por costes de financiación, etcétera.
- Ciertos pagos de tasas de basuras, IBI o alumbrado.
- El coste de los suministros y de la conservación del inmueble.
- Las costas judiciales (en su caso).
- Los seguros del inmueble y los gastos de comunidad.
- Los alquileres de temporada o de la hostelería, etcétera.

¿Sabías que

Las cuotas que tendrá que pagar el prestatario en un préstamo convenido son constantes durante toda la duración del mismo y que el plazo mínimo de amortización es de 25 años.

6.10. Ayudas al alquiler. Ayudas para VPO

Lo mismo que sucede en el ámbito de las desgravaciones y de las bonificaciones para comprar, ocurre en el de las ayudas al alquiler. Cada comunidad autónoma establece sus políticas temporalmente, por lo que es conveniente analizar la situación detallada de cada caso antes de poner en marcha la operación inmobiliaria de que se trate.

Los criterios habituales para la obtención de estas ayudas al alquiler son:

- Personas mayores de edad (más de 65 años) que estén empadronadas y que tengan su domicilio habitual en el inmueble.
- Personas en situación de dificultad por separación o por divorcio.
- Familias con miembros en situación de desempleo o con problemas de salud.
- Familias con escasos recursos económicos.
- Familias con varios miembros en dificultad.

En lo referente a las VPO, la propia posibilidad de conseguir una vivienda protegida (aunque la oferta sea lógicamente limitada) es ya una ayuda para que determinadas personas puedan acogerse a ella y puedan obtener una vivienda de este tipo. Siempre conviene saber cuáles los requisitos para conseguirlas y qué tipo de ayudas hay.

Los requisitos habituales para solicitar la **ayuda al alquiler** (dependiendo de en qué comunidad autónoma se encuentre el inmueble) son:

- Ser titular de un contrato de arrendamiento de vivienda formalizado en los términos de la Ley 29/1994, de 24 de noviembre, de Arrendamientos Urbanos. La duración mínima de este contrato tendrá que ser, al menos, de un año.
- Que la vivienda arrendada o a arrendar, sea o vaya a ser la residencia habitual y permanente de la unidad de convivencia.
- Señalar las características de los ingresos de la unidad de convivencia, según el número y las circunstancias de las personas que la compongan.

Las ayudas son de tres tipos:

a) Los préstamos convenidos.
b) Las ayudas económicas directas.
c) Otras ayudas. Son fundamentalmente, ayudas para la financiación del pago de la entrada para la adquisición del inmueble.

6.11. Modalidades de financiación. Garantías reales y personales

Financiar las operaciones inmobiliarias significa para los compradores tener la posibilidad de obtener los fondos necesarios para adquirir (generalmente) un bien inmueble. Como es lógico, la financiación de este tipo de operaciones ha evolucionado desde los préstamos y créditos tradicionales hasta fórmulas más adecuadas a los nuevos tiempos. Del mismo modo, también ha cambiado el esquema de garantías que respaldan las operaciones, pasando de la habitual garantía hipotecaria a otras modalidades más modernas, si bien el sistema hipotecario español (a diferencia del de Estados Unidos y otros países) sigue anclado en el sistema de doble garantía.

Los esquemas principales de financiación para la compra de bienes inmuebles que existen en España.

Los **contratos de garantía** son aquellos documentos jurídicos cuya formalización entre las partes tiene por finalidad principal proteger a los acreedores frente al incumplimiento de sus obligaciones por los deudores. En el sistema jurídico español hay dos tipos de garantía:

a) **Garantías reales.** Cuando se afectan bienes inmuebles propiedad del deudor al cumplimiento del pago de las cantidades recibidas en concepto de préstamo.
b) **Garantías personales.** Cuando en la operación inmobiliaria se afectan bienes o ingresos futuros del propietario o cuando interviene un tercero que avala y asegura el cumplimiento de las obligaciones dinerarias del deudor.

Los contratos de garantía más habituales en el sector inmobiliario son: la hipoteca, el aval y la fianza:

La **hipoteca** es un contrato por el cual una entidad financiera (prestamista) presta una cantidad de dinero a una persona (prestatario) que se obliga a su devolución en un plazo pactado, añadiéndole los intereses. La entidad, por su parte, se garantiza el cobro de la deuda en función de la garantía hipotecaria que le permite la adjudicación del bien en caso de impago. Cuando la hipoteca recae en los bienes de un tercero y no solo de los del prestatario, estas figuras contractuales reciben el nombre de **fianza** o de **aval,** según sea cada caso. Dada su relevancia jurídica y económica, este contrato de hipoteca debe ratificarse en escritura pública ante un notario.

¿Sabías que?

A diferencia de otras legislaciones hipotecarias, que solamente toman en garantía el bien inmueble objeto del préstamo hipotecario los bancos, en España, además de resarcirse del impago del deudor recuperando el bien real afectado a la hipoteca (el piso, el local, la plaza de garaje, etc.), pueden también exigir además el resto de la deuda dineraria pendiente de pago.

En este tipo de contrato (aparte de las cláusulas no financieras que fijan y señalan los datos de las partes intervinientes y los del inmueble y los posibles pactos complementarios) las cláusulas más relevantes tienen que indicar necesariamente:

- El capital que se presta.
- La amortización o la duración del plazo en el que hay que devolver el préstamo.
- El número de cuotas a pagar, su importe, su periodicidad y las fechas de la primera y de la última.
- El tipo de interés aplicable a la operación.
- Las comisiones que, por la apertura del crédito, su modificación, su cancelación anticipada y por otras circunstancias cobrará la entidad bancaria que concede el préstamo.
- Los gastos de constitución de la hipoteca y los intereses de demora en los pagos.

Nota técnica

La hipoteca inversa es un préstamo hipotecario especial en el que el prestatario no paga ningún tipo de cuotas, sino que (al contrario) las recibe mensualmente, a cambio de soportar su inmueble una servidumbre futura que se debe consignar. Esta modalidad de hipoteca (cumpliendo unos determinados requisitos) permite a las personas que tienen un cierto patrimonio inmobiliario, pero que no disponen de una tesorería saneada, obtener unos ingresos regulares y periódicos durante una etapa de su vida que normalmente coincide con los años de su jubilación. Se trata, en realidad, de un préstamo hipotecario normal, en el que el desembolso de la cantidad que el prestamista presta no se hace de golpe inicialmente, sino que la entidad va compensando los intereses a cobrar con los importes que mensualmente paga. La hipoteca inversa está regulada por la Ley 41/2007, de 7 de diciembre, por la que se modifica la Ley 2/1981, de 25 de marzo, de Regulación del Mercado Hipotecario y otras normas del sistema hipotecario y financiero, de regulación de las hipotecas inversas y del seguro de dependencia.

Sabías que

Una de las posibilidades de concretar las características de los pagos de una hipoteca es fijar un período inicial de carencia durante el cual solamente se abonarán los intereses devengados y comenzar a amortizar el capital posteriormente.

Sabías que

Las modalidades de préstamo hipotecario que existen en el mercado son diversas y su gestión y su tramitación tienen que ver esencialmente con el tipo de inmueble de que se trate, con el destino del mismo, con las características personales del prestatario, con el tipo de interés (fijo, variable, etc.), o con los plazos a los que se concede la devolución de las cantidades prestadas.

El **aval** es una garantía emitida por una persona o por una entidad que se obliga a pagar por un tercero en caso de no hacerlo este. Los avales se dividen en:

a) Los **avales o fianzas** civiles (denominadas simplemente **fianzas**), que son compromisos contractuales por los cuales un tercero (el **fiador**) asume la condición de deudor subsidiario, para garantizar el pago de una deuda en el caso de que el deudor principal incumpla sus obligaciones. Es decir, que una persona se pone jurídicamente en lugar del deudor y se obliga a pagar al acreedor si el deudor no paga. Hay varios tipos de fianza, pero los más destacables son: la **fianza convencional,** la **fianza legal** y la **fianza judicial.**

b) Los **avales mercantiles** (llamados sencillamente **avales**), que son compromisos contractuales por los cuales un tercero (una persona física o una persona jurídica) se obliga solidariamente con el deudor, de modo que, si este último no paga o si no cumple sus obligaciones, el beneficiario del aval puede dirigirse directamente contra el avalista sin necesidad de reclamar primeramente el cumplimiento al deudor. Los avales mercantiles por excelencia son los avales bancarios.

Recuerda que

Un ejemplo claro de aval es cuando un arrendador desea asegurarse el cobro de las rentas derivadas de un arrendamiento, si el arrendatario no le paga.

En un aval bancario intervienen tres partes: el **avalista,** el **beneficiario** y el **avalado.**

Mapa conceptual

- **Desarrollo de actividades en la venta de inmuebles**
  - **Tipos de inmuebles**
    - De precio libre
    - De protección oficial
    - En cooperativa
  - **Normativa reguladora de las operaciones inmobiliarias**
    - Ley de Medidas de Flexibilización y Fomento del Mercado del Alquiler de Viviendas
    - Ley de Arrendamientos Urbanos
    - Real Decreto sobre la Inscripción de los Contratos de Arrendamientos Urbanos en el Registro de la Propiedad
    - Reglamento de 24 de julio de 1948
    - RD 2060/1976, de 12 de noviembre
    - RD 727, de 1993
  - **Presentación, visita y demostración del producto inmobiliario**
    - Necesidades del cliente
    - Resortes
  - **Función de intermediación del producto inmobiliario**
    - Contrato de comisión
    - Hoja de encargo
  - **Equipo de colaboradores**
    - Abogados
    - Arquitectos
    - Asesores

Mapa conceptual

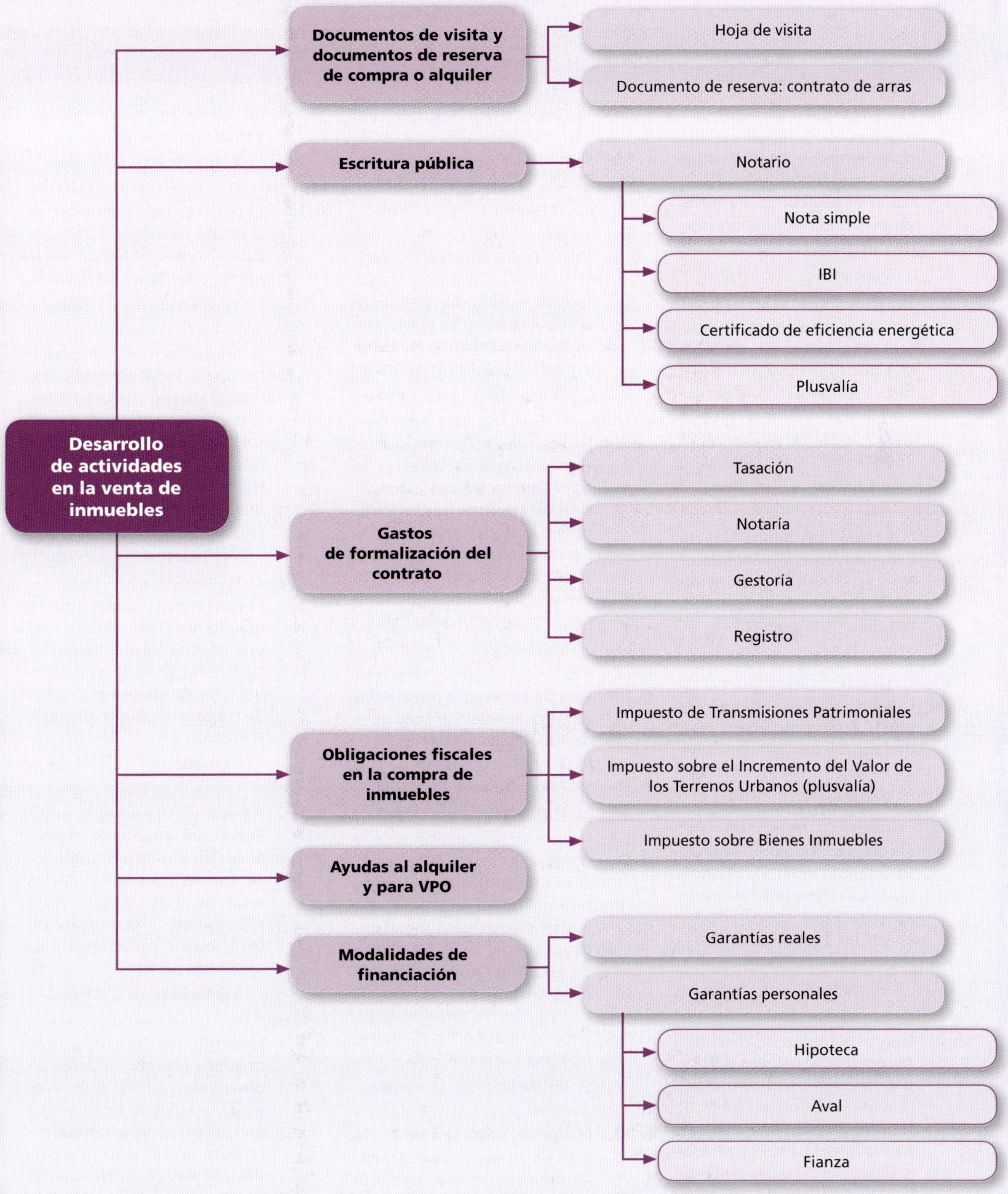

Actividades finales

TIPO TEST • Verdadero o falso

6.1. El Código Civil dice que son muebles todos los bienes que no pueden ser considerados como inmuebles; y, por ello, como es lógico, da de estos últimos una clasificación algo más exhaustiva.

☐ Verdadero. ☐ Falso.

6.2. Las máquinas, vasos, instrumentos o utensilios destinados por el propietario de la finca a la industria o explotación que se realice en un edificio o heredad no son bienes inmuebles sino muebles.

☐ Verdadero. ☐ Falso.

6.3. Los tipos más habituales de viviendas son: la vivienda libre, la vivienda protegida oficialmente y la vivienda en régimen de cooperativa.

☐ Verdadero. ☐ Falso.

6.4. Las VPO son viviendas en las que el Estado protege al vendedor para que pueda cobrar el precio que más le convenga.

☐ Verdadero. ☐ Falso.

6.5. El comprador de una vivienda VPO pueda venderla cuando quiera, sin necesidad de pedir autorización a nadie ni de devolver las ayudas que previamente haya obtenido.

☐ Verdadero. ☐ Falso.

6.6. Las cooperativas de viviendas se regulan de manera participativa y democrática por sus propios estatutos, por sus instituciones internas (asamblea de socios, consejo, etc.) y por la legislación nacional o la existente en cada comunidad autónoma.

☐ Verdadero. ☐ Falso.

6.7. Las leyes más habituales del sector Inmobiliario son: el Código de Comercio, el Código Penal y la Ley de Dependencia.

☐ Verdadero. ☐ Falso.

6.8. Tanto la Administración Central como las distintas comunidades autónomas han legislado sobre las VPO, por lo que no existe un régimen uniforme en todo el territorio nacional.

☐ Verdadero. ☐ Falso.

6.9. La crisis del sector inmobiliario, el exceso de oferta y la baja frecuencia de la concesión de créditos por las entidades financieras y bancarias han revitalizado la visita a la vivienda como un elemento esencial del mix de marketing de las agencias inmobiliarias.

☐ Verdadero. ☐ Falso.

6.10. Una de las etapas principales del proceso de comprar, vender o alquilar un inmueble es la presentación del producto; y otra la visita al inmueble.

☐ Verdadero. ☐ Falso.

6.11. Por el contrato de intermediación inmobiliaria, el cliente (normalmente, el propietario o un representante legal) encarga al agente (en una nota de encargo, también llamada hoja de encargo) la comercialización de un inmueble, pero normalmente el cliente no paga nada por ello.

☐ Verdadero. ☐ Falso.

6.12. El agente, una vez firmada la hoja de encargo, debe trabajar para vender o arrendar el inmueble, pero no tiene por qué ayudar en los trámites de la transacción, una vez convenidos los acuerdos.

☐ Verdadero. ☐ Falso.

6.13. El contrato de comisión, el contrato de agencia y el contrato de intermediación son la misma cosa; todos son iguales.

☐ Verdadero. ☐ Falso.

6.14. Al ser operaciones complejas, las operaciones inmobiliarias necesitan, casi forzosamente, la implicación activa de expertos que aconsejen a compradores y vendedores en los trámites y en la gestión, para que las finalicen con éxito y las partes logren sus expectativas.

☐ Verdadero. ☐ Falso.

6.15. El documento denominado hoja (o nota) de visita es solo una prueba formal de que el cliente ha visitado el inmueble que estaba en situación de venta o de arrendamiento. Nada más.

☐ Verdadero. ☐ Falso.

6.16. A pesar de su aparente sencillez, el documento de reserva es un documento complejo, ya que señala que las partes están de acuerdo en reservar el inmueble y reconoce intereses económicos legítimos de ambas partes.

☐ Verdadero. ☐ Falso.

6.17. La escritura pública de las operaciones inmobiliarias es un documento oficial que recoge los detalles de las mismas y que se realiza fehacientemente ante un notario que certifica su validez (cosa que no hace un documento privado).

☐ Verdadero. ☐ Falso.

Actividades finales

De comprobación

6.1. Señala un ejemplo de lo que no son bienes inmuebles:

a) Los viveros de animales, palomares, colmenas, estanques de peces o criaderos análogos.

b) Los abonos destinados al cultivo que estén en las tierras donde hayan de utilizarse.

c) Las aguas vivas o estancadas

d) Los tractores que se utilizan en la labranza de los cultivos.

6.2. Ya sabemos que hay varios tipos de viviendas. Elige cuál de estas respuestas es la correcta:

a) Viviendas de precio libre.

b) Viviendas de protección oficial.

c) Viviendas en cooperativa.

d) Todas las respuestas anteriores son correctas.

6.3. Para poder acceder a la adquisición de una VPO hay que cumplir una serie de requisitos. Señala la respuesta incorrecta:

a) Estar inscritos en un Registro de Demandantes.

b) Superar un determinado nivel de ingresos familiares mínimo.

c) No haber obtenido ayudas financieras de planes estatales o autonómicos de vivienda en los 10 últimos años.

d) No haber tenido una vivienda protegida con anterioridad, ni tener una vivienda libre en propiedad.

6.4. Las leyes más habituales del sector inmobiliario son:

a) El Código Civil.

b) La Ley de Arrendamientos Urbanos.

c) La Ley de Propiedad Horizontal.

d) Todas las respuestas anteriores son correctas.

6.5. En las operaciones inmobiliarias siempre hay gastos que incrementan el coste de la operación y que las partes deben conocer. Señala la respuesta incorrecta:

a) Tasación.

b) Notaría.

c) Gestoría.

d) Conserjería.

6.6. Además de las necesidades materiales, las personas tenemos otras necesidades que no son tan materiales, pero que tienen mucha influencia en las decisiones de comprar o no comprar. Señala la respuesta correcta:

a) Las necesidades psicológicas: los deseos o los afectos.

b) Las creencias. Creer que un ordenador es muy difícil de manejar.

c) Los sentimientos: el amor, el odio, el miedo, etcétera.

d) Todas las respuestas anteriores son correctas.

6.7. Uno de los documentos del sector inmobiliario que indicamos a continuación no es un documento principal en la gestión de las operaciones inmobiliarias en una agencia:

a) La hoja de visita.

b) El documento de reserva.

c) Los planos de los inmuebles.

d) La escritura pública.

6.8. A la hora de formalizar la escritura pública de la compraventa de un inmueble, el notario puede pedir al propietario:

a) Que le acredite haber pagado todos los recibos de la comunidad de propietarios.

b) Que le presente el último recibo del IBI.

c) Que le demuestre que el inmueble tiene el certificado de eficiencia energética.

d) Todas las respuestas anteriores son correctas.

6.9. En el sistema jurídico español hay varios tipos de garantías:

a) Personales.

b) Reales.

c) Transitivas.

d) Las respuestas a) y b) son correctas.

6.10. Los contratos de garantía más habituales en el sector Inmobiliario son:

a) La hipoteca.

b) El aval.

c) La fianza.

d) Todas las respuestas anteriores son correctas.

Actividades finales

Respuesta correcta

Escribe en tu cuaderno las respuestas correctas para completar las siguientes frases:

6.1. El Código Civil español, en su artículo 333, dice que todas las cosas que son o pueden ser objeto de apropiación se consideran bienes. Y aclara que estos bienes pueden ser ______________ o inmuebles.

6.2. Los tres tipos más habituales de viviendas son: la vivienda ______________, la vivienda protegida oficialmente y la vivienda en régimen de cooperativa.

6.3. Se considera bien inmueble todo lo que esté unido a un inmueble de una manera fija, de suerte que no pueda ______________ de él sin quebrantamiento de la materia o deterioro del objeto.

6.4. El precio de las VPO (de venta o de alquiler) se marca desde el ______________ y las comunidades autónomas en donde se encuentran situadas.

6.5. Para que el comprador de una vivienda VPO pueda venderla antes de que hayan pasado 10 años desde su compra deberá pedir autorización expresa a la comunidad autónoma que se la concedió y, asimismo, ______________ las ayudas que previamente haya obtenido.

6.6. En el mes de junio de 2013 entró en vigor la Ley de Medidas de Flexibilización y Fomento del mercado del Alquiler de Viviendas que modificaba la Ley de ______________ Urbanos (LAU), en vigor desde 1994.

6.7. Parece que es obvio que el inmueble que está listo para ser vendido necesita ser ______________ por los futuros compradores.

6.8. Hablando de los motivos de compra, hay un grupo de resortes denominados criterios que unas veces ______________ a la compra y otras la bloquean, tales como: técnicos, legales, de imitación, de adaptación, sociales, etc., y, por supuesto, los criterios económicos.

6.9. Por el contrato de intermediación inmobiliaria, el propietario encarga al agente la comercialización de un inmueble en determinadas condiciones jurídicas y económicas y comprometiéndose a pagar los ______________ según lo pactado.

6.10. El agente, una vez firmada la hoja de encargo, debe trabajar tanto para vender o arrendar el inmueble como para ______________ en todos los trámites de la transacción, una vez convenidos los acuerdos.

6.11. El contrato de ______________ está muy relacionado con el contrato de comisión mercantil, pero hay diferencias de matiz entre ellos que deben conocerse.

6.12. Los abogados son también parte importante de las operaciones inmobiliarias, en las que actúan como especialistas y asistentes ______________ en derecho inmobiliario.

6.13. Los tribunales de Justicia suelen considerar ______________ aquellas cláusulas de las hojas de Visita por las que el comprador se compromete en determinados casos, con su firma, a pagar algún tipo de honorarios comerciales a la agencia.

6.14. La escritura pública de las operaciones inmobiliarias es un documento oficial que recoge los detalles de las mismas y que se realiza fehacientemente ante un ______________ que certifica su validez (cosa que no hace un documento privado).

6.15. El notario también podrá pedir al propietario del inmueble que le demuestre que el inmueble tiene el certificado de eficiencia ______________ y hará constar en la escritura la forma y el momento en el que se ha realizado el pago de este documento.

6.16. Al comprar o vender un inmueble hay que considerar que, además de los impuestos, se van a generar unos ______________ que se tienen que calcular previamente.

6.17. El Impuesto de Transmisiones Patrimoniales es un impuesto recaudado por los ______________ que afecta a las operaciones de compraventa de los bienes inmuebles de segunda mano; inmuebles que, a cambio, no devengarán el pago del IVA.

6.18. Las VPO son inmuebles que tienen un precio menor del precio de mercado y que están ______________ por las distintas Administraciones del Estado.

Actividades finales

6.19. Financiar las operaciones inmobiliarias significa para los compradores tener la posibilidad de obtener los ______________ necesarios para adquirir (generalmente) un bien inmueble.

6.20. El sistema ______________ español (a diferencia del de Estados Unidos y otros países, en el que si el cliente no paga su deuda, la dación en pago del inmueble, su entrega formal, cancela del todo la hipoteca) sigue anclado en el sistema de doble garantía.

6.21. Los contratos de garantía son aquellos documentos jurídicos cuya formalización entre las partes tiene por finalidad principal ______________ a los acreedores frente al incumplimiento de sus obligaciones por los deudores.

6.22. Se llaman garantías reales a los compromisos que permiten afectar bienes inmuebles propiedad del deudor al ______________ del pago de las cantidades recibidas en concepto de préstamo.

6.23. Los ______________ convenidos son un tipo de ayuda al alquiler para las VPO.

6.24. En el contrato de hipoteca (aparte de las cláusulas no financieras que fijan y señalan los datos de las partes intervinientes y los del inmueble y los posibles pactos complementarios) una de las ______________ más relevantes que se tienen que indicar necesariamente es la concreción del capital que se presta.

6.25. La fianza es un compromiso contractual por el que un tercero (el fiador) asume la condición de deudor subsidiario, para ______________ el pago de una deuda en el caso de que el deudor principal incumpla sus obligaciones.

6.26. Los avales mercantiles por excelencia son los avales ______________. Son documentos muy confiables en los que una entidad financiera garantiza el cumplimiento de las obligaciones contraídas por uno de sus clientes ante un tercero.

Casos prácticos

Caso práctico individual

A continuación, mostramos (como ya hicimos en la Unidad 5) algunos ejemplos más de las diferentes variables que pueden influir en mayor o menor medida en las decisiones de compraventa o de alquiler de los bienes inmuebles por parte de los clientes. Así completamos la lista de variables de influencia más interesantes.

Como hiciste en la unidad anterior, tienes que calificar de 1 a 9 cada apartado (poner tu nota al lado de cada una de ellos) según la importancia personal que, subjetivamente les des a cada una. Las puntuaciones cercanas al 1 significan que la variable tiene **poca** influencia; las puntuaciones cercanas al 9 significan que la variable tiene **bastante** influencia. Las notas intermedias son asimismo válidas y pueden usarse. Pretendemos sumarlas todas al final y sacar juntos algunas conclusiones.

Variable	Calificación
La disponibilidad y la categoría de las terrazas del inmueble.	
La disponibilidad de ascensores.	
La limpieza de la zona donde se ubica el inmueble.	
El arbolado de la zona.	
Las instalaciones de alumbrado público.	
La orientación geográfica (norte, sur, este u oeste).	
El número de cuartos de baño.	

Actividades finales

Variable	Calificación
Las dimensiones del inmueble.	
La posibilidad de trastero.	
El aparcamiento privado en la propia finca o urbanización.	
El número de plazas de aparcamiento disponibles.	
La calidad de estas plazas y de las instalaciones del aparcamiento.	
La calidad de los materiales utilizados en la construcción del Inmueble: suelos, paredes, ventanas, etcétera.	
El nivel técnico de las Instalaciones: cocina, aire acondicionado, calefacción, etcétera.	
El nivel social de los vecinos.	
La simpatía personal del agente inmobiliario.	
Sus buenos consejos profesionales.	
La utilización de buenas técnicas de venta.	
La manera profesional de tratar al cliente.	
La cercanía al mar.	
La cuantía de la señal (las arras) de entrada.	
La rapidez con que se lleva a cabo la operación de compraventa.	
Los aspectos económicos en general.	
La complejidad de los trámites de la operación.	
La motivación del vendedor (nuestra propia motivación como agentes).	
La ausencia de problemas en la operación de compraventa.	
Las razones sentimentales y afectivas.	
La cercanía de su vivienda actual.	
La cercanía al trabajo.	
La cercanía del colegio de los niños.	
La posibilidad de piscina y jardines en la finca.	
Las posibles instalaciones deportivas.	
Que el inmueble tenga o no conserje o portero.	
Que la finca o la zona estén suficientemente vigiladas.	
Las cuotas mensuales de la comunidad de vecinos.	
La época del año en que se realiza la compraventa.	
La fase de la vida del cliente: juventud, madurez, vejez, etcétera.	
Su nivel de sus ingresos económicos.	

Actividades finales

Entre todas estas variables, probablemente se nos ha olvidado alguna interesante. Si las recuerdas, formúlalas ahora, por favor, en estos apartados que siguen y dales la calificación correspondiente:

- ______________________________
- ______________________________
- ______________________________
- ______________________________
- ______________________________

Caso práctico para trabajar en equipo

Neil Rackham, un experto en la conducta compradora y en las preguntas que los vendedores hacen habitualmente a sus clientes, es el autor del libro «SPIN *Selling*» («*Vender con el método SPIN*»), en el que reconoce tres cosas:

a) Que hacer preguntas adecuadas lleva a concluir exitosamente las operaciones comerciales.
b) Que los mejores vendedores son los que saben hacer las mejores preguntas.
c) Que los vendedores de más éxito son los que, además, saben escuchar lo que dicen sus clientes.

Esto es debido a que, curiosamente, son los clientes los que muchas veces nos aportan (aunque quizá de manera no muy transparente) las mejores soluciones a sus propios problemas.

Carlos Delgado es un agente inmobiliario que ha oído hablar de este método, pero no tiene ni idea de las preguntas que debería hacer a un importante cliente que ha visto (y le ha gustado mucho) un piso de los que Carlos vende cerca de la playa de La Malvarrosa, en Valencia, con el que tiene prevista una cita en el propio inmueble para dentro de pocos días.

¿Podéis hacer una pequeña lista de preguntas que ayuden a Carlos Delgado en su trabajo? A continuación, os damos algunas pequeñas pistas de preguntas (aunque algunas pueden no ser válidas del todo) para empezar a trabajar. Echadle un vistazo y elaborad una lista con unas ocho o diez preguntas en total, en los cuatro pasos del SPIN:

a) Preguntas para conocer la **situación** y la **capacidad** del cliente y las causas por las que desea comprar este piso. *¿Cuál es el precio que está dispuesto a pagar? ¿Qué prisa* tiene para conseguirlo? *¿Cuánto tiempo lleva* queriendo comprar un piso en esta playa? *Aparte de usted, ¿quiénes son las* personas clave para tomar las decisiones de compra?
b) Preguntas para centrar bien el **problema y las expectativas del cliente:** ¿tiene usted dificultades para obtener el dinero de la compra?, ¿Está satisfecho con sus inversiones inmobiliarias?
c) Preguntas para saber su actual nivel de **implicación y compromiso** en la operación inmobiliaria que se pretende: ¿cuántas oportunidades de compra ha perdido hasta ahora? *¿Qué efectos* tiene en sus finanzas el hecho de comprar este inmueble?
d) Preguntas para **compaginar sus necesidades con las soluciones** que le proponemos: ¿Qué beneficios tendría esta operación para usted si comprara rápido el piso y al precio que Usted pretende? ¿Por qué es importante para Usted comprar este piso? ¿Le parecería bien si le propongo soluciones alternativas?

Como veis, de lo que se trata es de encontrar preguntas SPIN (son las iniciales de cada fase):

- De **situación,** para establecer el contexto principal, el marco de la operación inmobiliaria que se pretende.
- De **problema,** para que el cliente revele sus verdaderas necesidades.
- De **implicación,** que hacen que el cliente sienta el problema en su correcta dimensión y se comprometa con la solución que se le aporta.
- De **necesidad/solución,** que permitan que Carlos señale al cliente los beneficios reales que obtendría con una compra rápida de este piso, sin problemas de gestión y al precio que le interesa.

¿Qué preguntas (estas y otras) recomendaríais vosotros a Carlos para que se las hiciera a este posible comprador del piso de su cliente, para avanzar positivamente en la venta del mismo? Haced una pequeña lista de unas 8 o 10 preguntas en total.

Actividades finales

Visita virtual

Visita tres de las siguientes páginas web de empresas, de profesionales o de instituciones que están directa o indirectamente implicados en los desarrollos de operaciones inmobiliarias y dinos qué te han parecido sus contenidos según el esquema que más abajo te indicamos:

- Bufete Velázquez.
- Abogados Cuota & Rioja.
- Pérez-Álvarez Abogados.
- Inmoabogados.
- Aguirre Newman.
- ACI (Asociación de Consultoras Inmobiliarias).
- Hernández Arquitectos.
- Registradores de España.
- Colegio Notarial de Madrid.
- Dirección General del Catastro.

Esquema de trabajo (para cada web):

- Describe el aspecto general (colorido, luminosidad, claridad, profesionalidad, facilidad de acceso, etc.) de la web.
- Muestra dos o tres fotos de la web que te parezcan importantes.
- ¿Cuáles te parecen las secciones más relevantes?
- ¿Qué te parecen los productos/servicios que ofrecen?
- Califica estas webs con una puntuación de 1 a 9, siendo 1 la nota más baja, la peor calificación, y 9, la más favorable, la que representa tener más calidad como página web.

Visita presencial

Visitad en grupos de tres o cuatro personas un despacho de abogados especializados en el sector inmobiliario o un estudio de arquitectura expertos en estos temas. Explicadles que tenéis que hacer un pequeño trabajo sobre cómo funciona un despacho o un estudio de este tipo y decidles que no les vais a entretener mucho. Como pistas de actividad (podéis trabajar ya precisamente con ellas desde el inicio de la visita) os damos las siguientes preguntas que podéis hacerles:

a) ¿Quiénes son vuestros clientes?
b) ¿Tenéis un departamento comercial?
c) ¿Cómo conseguís captar clientes y mantenerlos motivados?
d) ¿Se usa el teléfono como vía de contacto? ¿También internet?
e) ¿Cuáles son los factores principales para comprar, vender o alquilar un inmueble sin problemas?
f) ¿Son complejas la legislación y las técnicas que se usáis en este trabajo?
g) ¿Cuál es la importancia relativa o absoluta para ellos del precio del servicio que prestan?
h) ¿Cuál es la situación del mercado en la actualidad?

Es importante que podáis repasar el índice de contenidos de la unidad para elaborar un guion con los puntos principales a tener en cuenta a la hora de preparar la redacción. Os dará una idea general de lo que podéis incluir en vuestros comentarios.

Finalmente, podéis completar el documento de trabajo incluyendo algunas fotografías de cada apartado.

Actividades finales

Tus ideas sobre... El sistema hipotecario español

Para ayudarte con esta tarea, te señalamos que el periódico estadounidense *New York Times* dijo que el sistema hipotecario español era uno de los más severos del mundo, por el hecho de que el Código Civil español establece que el deudor responde del impago de su deuda, no solo con la entrega del inmueble (como sucede en Estados Unidos, en Francia, en Alemania, en Inglaterra y en el resto de los países avanzados de occidente, en los que la dación en pago del inmueble es ya suficiente para saldar la deuda) sino, además, con todos sus bienes presentes y futuros hasta su completa cancelación.

A pesar de que algunos partidos políticos llevaron al Congreso de los Diputados la propuesta de que se reformara la legislación vigente para instaurar el modelo estadounidense de única garantía real (la entrega del inmueble hipotecado), el Gobierno de Rodríguez Zapatero se opuso a ello (a modificar y anular este modelo de doble garantía: real y personal), con la excusa de que un cambio así sería perjudicial para el sistema bancario español en su conjunto, sin pensar si era o no beneficioso para los ciudadanos.

¿Qué opinas de esta situación? Puedes poner tu opinión en unas cuantas líneas, con lo que te parezca más conveniente.

No olvides tampoco la forma estética del documento. Un buen contenido con una presentación atractiva, dan como resultado un trabajo excelente.

Pasatiempos

Crucigrama

Resuelve el siguiente crucigrama en el que encontrarás distintos términos sobre la venta de inmuebles.

	1	2	3	4	5	6	7	8	9	10
1	■									
2				■						
3						■				
4									■	
5					■		■	■		
6		■								
7				■			■			
8				■					■	
9			■		■					
10		■								

Horizontales

1. Arrendatario. 2. Al revés, pequeño demonio menor de las leyendas germánicas y medianas empresas. Al revés, popularmente, toman tapas en bares y en tabernas. 3. Cantidad que paga mensualmente el inquilino al arrendador. Siglas de la Política Exterior y de Seguridad Común de la UE. 4. Al revés, institución donde se registran las operaciones inmobiliarias. Punto cardinal. 5. Siglas de la Plataforma Tecnológica Española del Agua. Abreviatura que significa electrónico, con la que se distingue esta modalidad de los correos. Nombre antiguo de la nota musical do. 6. Vocal. Al revés, realicen el ingreso de alguien en un hospital. 7. En inglés, fin. Al revés, nombre con que se conoce a la cantante y compositora danesa Karen Aagaard. En la lengua bable o asturiana, río. 8. Dos personas cantando. Vivienda. Título original de la novela firmada por Luther Blissett cuya primera edición en italiano fue publicada en 1999. 9. Persona que sobresale de manera notable en un ejercicio o profesión. Consonante. Al revés nombre de varón. 10. Lenguaje de programación desarrollado por Walter Bright. Derecho real que grava bienes inmuebles para responder del cumplimiento de una obligación dineraria.

Verticales

1. Inmueble que es objeto de dominio. 2. Siglas del Illinois Medical Emergency Response Team, un equipo estadounidense de asistencia en desastres naturales. Al revés, en inglés, sol. 3. Empresa japonesa internacional dedicada al mercado de los videojuegos. Símbolo químico del hidrógeno. 4. Personaje ficticio en las películas y en las novelas de James Bond. Al revés, en inglés, este. En números romanos, cincuenta y uno. 5. Nombre muy frecuente de origen vasco. Al revés, preposición. Decimoséptima letra del alfabeto español. 6. Siglas de Inteligencia Artificial. Alemán.

Actividades finales

7. Pueblo famoso de Huelva. Punto cardinal. Al revés, yunque pequeño que usan los plateros. 8. Siglas del documento que permite a las empresas identificar y evaluar peligros y riesgos. Prepare con astucia un engaño o una traición. 9. Al revés, apócope de santo. Al revés, perro, en japonés. Occitano, lengua romance de Europa. 10. Al revés, profesional que proyecta, diseña y dirige la construcción de viviendas y otros inmuebles.

Sopa de letras

Localiza doce palabras relacionadas con las operaciones inmobiliarias en la siguiente sopa de letras. Pueden estar situadas tanto en vertical como en horizontal o en diagonal y tanto al derecho como al revés.

A	C	M	Z	T	Y	V	H	A	J	Y	V	R	C	Y	A	U
H	R	O	S	A	P	O	P	M	R	E	F	O	O	G	Y	N
N	I	Q	M	Q	Z	N	E	O	Q	R	D	T	O	J	O	A
O	G	P	U	I	F	B	A	R	F	E	E	Y	W	S	V	D
T	P	G	O	I	S	A	X	J	Q	S	H	N	Y	O	Z	Z
A	C	S	S	T	T	I	B	N	E	C	O	I	D	G	Z	E
R	E	P	X	Z	E	E	O	I	Z	R	Z	N	U	A	H	E
I	S	Z	T	Y	C	C	C	N	J	I	F	T	M	B	R	I
O	Y	M	F	H	R	M	A	T	E	T	W	E	M	R	H	B
I	H	E	X	C	Y	A	Z	R	O	U	W	R	Y	P	S	N
Z	K	E	M	A	E	Y	C	E	M	R	M	M	U	X	N	N
P	N	K	R	K	B	K	I	G	I	A	O	E	A	Y	O	Y
N	M	J	I	D	C	C	E	I	R	P	S	D	K	K	G	R
Y	E	M	O	T	I	V	O	S	V	I	S	I	T	A	E	F
K	W	A	V	A	L	V	H	T	R	S	Q	A	Y	N	J	D
V	R	E	I	D	V	A	O	R	C	A	O	R	E	P	A	Y
X	E	P	N	M	M	C	S	O	M	G	Y	V	I	W	G	O

Jeroglífico

Responde a la pregunta y descubrirás la solución al jeroglífico.

JEROGLÍFICO

Convulsión del diafragma

Infusión

Interjección que denota incredulidad

Corriente de agua

Modalidad de crédito en el sector inmobiliario

7

Desarrollo de actividades de telemarketing

Objetivos

- Comprender el concepto de telemarketing, sus objetivos y sus funciones y ver cuál ha sido la evolución de la subcontratación de estas actividades en el tiempo y cómo ha sido la influencia en ellas de las nuevas tecnologías de la información y la comunicación (TIC).
- Reconocer cuáles son los factores de éxito que son importantes en esta actividad y en qué sectores se ha basado su actual desarrollo.
- Conocer el proceso productivo del telemarketing desde que el teleoperador identifica al público objetivo hasta el cierre de las operaciones, así como los factores de la selección de estos expertos y de las herramientas de apoyo que en su actividad utilizan, especialmente, de todo lo que se refiere a las características de su voz y de sus gestos de trato personal por el teléfono.
- Distinguir las diferentes pautas de trabajo en el marketing telefónico y aprender a controlar los aspectos emocionales en la entrevista, haciendo especial hincapié en la sonrisa telefónica.
- Identificar los diferentes tipos de clientes que existen y cómo se pueden gestionar, tanto en las entrevistas telefónicas de emisión como en las de recepción.
- Conocer las aplicaciones concretas de investigación del mercado que se pueden realizar a través del telemarketing y cómo se puede medir y evaluar la calidad de este tipo de actividades.

Contenidos

INTRODUCCIÓN

Para llevar a cabo ventas complejas (las ventas técnicas, como las hemos denominado en las distintas unidades de este libro), hay que contar con numerosas herramientas de apoyo que sean capaces de complementar la acción comercial y que puedan actuar como factores transversales (como elementos que influyen en todos los pasos y los momentos del proceso de venta) de las actividades que las empresas deben poner en marcha para conseguir el éxito que pretenden.

Una de las herramientas fundamentales de estas nuevas actividades es el teléfono, un elemento tecnológico avanzado que permite a los vendedores y a sus ayudantes contactar a distancia con sus clientes y relacionarse positivamente con ellos, tanto si son clientes reales, como si lo pueden llegar a ser en el futuro (clientes potenciales). En esta actividad, los clientes suelen estar segmentados (es decir, agrupados de acuerdo con comportamientos compradores similares) según diversas circunstancias individualizadas: las compras realizadas, el tipo de productos que compran, etc. Sus datos pueden ser captados, ya sea directamente, o comparados con las bases de datos de otras empresas (siempre dentro de las normas de la LOPD), u obtenidos de bases de datos públicas, tales como los listados de teléfonos, por ejemplo; de manera, que el universo de los clientes (actuales y potenciales) puede ya ser gestionado muy adecuadamente con las técnicas de telemarketing disponibles y con otros elementos remotos de relación y de contacto.

Junto con los demás medios y soportes que nos permiten conectar directamente a distancia con el mercado (como pueden ser la radio o la televisión; y, más recientemente, internet y las redes sociales), el teléfono se ha convertido en un elemento estratégico e interactivo de primer orden que muchas empresas emplean ya a diario, con resultados muy satisfactorios y en una de las bases más elementales del mix de marketing.

7.1. Concepto de telemarketing. Objetivos, características y funciones. CRM

Entendemos por **telemarketing** o **marketing telefónico** una manera especial y personal (por ser un contacto directo entre personas) de hacer marketing a distancia, mediante el uso del teléfono. En el telemarketing una persona se vale del teléfono para contactar con su mercado y para tratar de comercializar por esta vía ideas, ideas, productos y servicios.

¿Sabías que

Un *call center* (Figura 7.1) es una oficina centralizada cuya actividad consiste en gestionar y dirigir un equipo de profesionales expertos en telemarketing, para que emitan y reciban llamadas y comunicaciones a través del teléfono que servirán (generalmente) como apoyo a la acción de ventas de las empresas que los contratan.

Aunque sus detractores dicen que esta vía de comunicación no genera vínculos de confianza (porque el cliente no está delante de quien vende el producto o el servicio), lo cierto es que el telemarketing (o marketing telefónico) es una vía muy versátil de con-

Figura 7.1. Un *call center* aglutina un equipo de asesores expertos en telemarketing, los cuales utilizan el teléfono o cualquier otro medio de comunicación para contactar con clientes potenciales y comercializar los productos y servicios.

tacto y de relación comercial, que actúa en muchos casos como una variable estratégica esencial del mix de marketing de muchas empresas y que gana cada día nuevos adeptos (Figura 7.2).

Figura 7.2. La evolución en los medios y redes de telecomunicaciones ha permitido la expansión exponencial del telemarketing como alternativa de venta directa, hasta llegar a convertirse en una variable estratégica esencial de la actividad comercial de numerosas empresas.

¿Sabías que

La primera campaña seria y profesional de telemarketing fue realizada para la empresa estadounidense de vehículos Ford a principios de los años 60, para contactar con más de 20 millones de personas.

En este sentido, el telemarketing sirve a las empresas para lograr los siguientes **objetivos:**

- Extiende las áreas de cobertura geográfica comercial de las empresas (Figura 7.3).

Figura 7.3. Una de las principales ventajas del telemarketing es que permite extender las áreas geográficas de influencia de las empresas sin necesidad de afrontar grandes inversiones.

- Disminuye los gastos de venta, al reemplazar las visitas personales por llamadas telefónicas.
- Especializa y concentra a los vendedores en las técnicas de cierre, ya que a través del teléfono se pueden realizar muchas de las tareas previas a esta fase del proceso de venta.
- Incrementa el margen de las operaciones comerciales, al reducir su coste global (Figura 7.4).

Figura 7.4. El telemarketing permite ampliar el margen comercial de las empresas debido a la reducción de costes globales de implantación o de publicidad.

- Permite abrir nuevas oportunidades no cubiertas expresamente por las anteriores estructuras comerciales de las empresas.
- Optimiza la atención a los clientes, porque los contactos pueden ser más frecuentes y más directos.
- Compensa los gastos de publicidad y permite un reconocimiento más exhaustivo de los diferentes segmentos de clientes.
- Mejora las oportunidades promocionales de la acción de marketing.
- Sigue y controla mejor las relaciones comerciales con los clientes
- Reactiva oportunidades con los clientes inactivos.
- Responde más rápidamente a los ataques de la competencia.

¿Sabías que

Las empresas de telemarketing tienen que acomodar forzosamente sus expectativas comerciales a la legislación de Protección de Datos (en España, la LOPD), que les exige contar con la expresa autorización del receptor de las llamadas para establecer con él contactos promocionales o de venta.

Las principales **características** del telemarketing son:

- La rapidez de la comunicación con los clientes.
- Su alto nivel de interacción, que permite resolver individualmente las preguntas y las objeciones de los clientes (Figura 7.5).

Figura 7.5. Tanto la agilidad como la interacción en la comunicación con los clientes se encuentran dentro de las características principales del telemarketing.

- Su utilidad como herramienta complementaria de apoyo comercial.
- Su amplia flexibilidad para introducir ajustes en la relación comercial (Figura 7.6).

Figura 7.6. La adaptabilidad y la flexibilidad del telemarketing posibilitan la introducción de ajustes en la relación comercial.

- Ser una oportunidad de conseguir ventas adicionales.
- Su alto poder indicativo e informativo de ventajas y utilidades para el cliente.
- Su elevada capacidad de conocimiento de las actitudes y comportamientos compradores de los clientes.

El telemarketing cumple así con las siguientes **funciones** (Figura 7.7)

- Es un medio para optimizar las relaciones con los clientes.
- Es una herramienta de información y de contacto con el mercado.
- Fomenta el consumo.
- Sirve para realizar análisis y estudios de mercado.
- Es una vía apropiada para la introducción del *e-commerce* (venta por teléfono o, más estrictamente, venta por internet o comercio electrónico).
- Es un moderno canal de distribución.
- Capta nuevos clientes y sirve de enlace entre ellos y la empresa.
- Es muy apropiado para llevar a cabo acciones de marketing social.

Figura 7.7. Entre las funciones del telemarketing no solo encontramos la de fomentar el consumo mediante la optimización de las relaciones con los clientes, sino también la de erigirse en un moderno sistema de distribución basado en la absorción de información suministrada por el propio contacto con el mercado.

Nota técnica

El *e-commerce* (*electronic commerce*) o comercio electrónico es una manera de establecer vías de negocio a través de internet. El contenido del *e-commerce* se centra en la compra y la venta de productos o de servicios a través de medios electrónicos (Figura 7.8). El teléfono es una herramienta de apoyo muy apropiada para este tipo de transacciones. Por tanto, el telemarketing es una actividad que para las empresas cobra cada día más importancia.

Figura 7.8. El *e-commerce* se refiere principalmente a la venta de bienes y servicios a través de internet, usando como forma de pago medios electrónicos, tales como las tarjetas de crédito.

El CRM (o *customer relationship management*) es una forma de optimizar la acción comercial de una empresa que se basa en la gestión orientada de toda la organización, en aras de la satisfacción constante del cliente (Figura 7.9).

Figura 7.9. El CRM supone la orientación de la organización y la focalización de toda su gestión comercial en aras de la protección y la satisfacción continua del cliente.

Entre los diversos componentes del CRM existentes podemos encontrar elementos que sirven para administrar las ventas, para optimizar el telemarketing, para gestionar los tiempos de relación con el mercado, para establecer esquemas de información interna o para la toma de decisiones, por mencionar solo algunos ejemplos (Figura 7.10).

Figura 7.10. Como vemos en la imagen, el CRM depende de múltiples variables y está conformado por variados elementos. Únicamente a través de la correcta conjunción de los mismos podremos ser capaces de implementar una satisfacción continua del cliente.

7.2. Evolución hasta el BPO (*business process outsourcing*)

Las empresas no pueden cargar innecesariamente sus estructuras de organización y de recursos humanos con procesos que se pueden gestionar mejor externamente.

El ***business process outsourcing*** (llamado asimismo **BPO** o **subcontratación externa de los procesos de negocio**) es una actividad que consiste en contratar estos procesos a proveedores expertos que los van a gestionar más directamente, ya sea desde fuera de la empresa o bien instalando sus estructuras de trabajo en el seno de la propia organización del cliente que les ha contratado. El cliente logra así una mejor gestión (ya que va a ser realizada por personal especializado) y consigue, además, un sensible abaratamiento de los costes. La subcontratación de las campañas de telemarketing es una muestra de ello (Figura 7.11).

Figura 7.11. El BPO o externalización se define como el proceso por el cual una empresa o institución encomienda la realización de una parte de sus tareas o servicios a otra empresa. De esta manera, no solo consigue abaratar costes, sino que le permite en las áreas fundamentales o estratégicas de su negocio.

Recuerda que

Algunas de las actividades que (entre otras) son hoy subcontratadas vía BPO son:

- El servicio de atención al cliente o *call center*.
- Las acciones de telemarketing y de *e-commerce*.
- La gestión financiera, fiscal y contable.
- El sistema informático y las plataformas de *e-learning*.

El proceso de subcontratar campañas de telemarketing con empresas implantadas en otras ciudades del mismo país es conocido como ***nearshore***; en tanto que al proceso de subcontratación de estos servicios con empresas de otros países se le conoce como ***offshore*** (o **deslocalización**).

Entre las numerosas ventajas de esta *externalización* (que así también se le llama a esta subcontratación) está la de proporcionar un apoyo constante a la correcta gestión de los clientes. Por tanto, la elección entre *nearshore* y *offshore* (teniendo en cuenta que estamos tratando de gestionar algunos de los más importantes activos de la empresa, como son sus clientes y su imagen de marca) no solo se basará en el ahorro económico, sino en otros aspectos tales como: las similitudes culturales y sociales, los antecedentes geográficos y políticos, la historia y las características de la empresa subcontratada, etc. (Figura 7.12).

Figura 7.12. La decisión sobre optar por procesos *nearshore* y *offshore* no solo dependerá del nivel de abaratamiento de costes, sino también de otras variables culturales íntimamente relacionadas con el perfil del cliente (historia de la empresa subcontratada, similitudes culturales, de lenguaje, etcétera).

7.3. Ventajas y factores de éxito del telemarketing

Si la actividad de telemarketing está bien organizada y si se desarrolla con calidad, su uso tiene muchas ventajas para las empresas. Entre otras, podemos apreciar las siguientes:

- La comunicación con los clientes es siempre personalizada.
- Las respuestas a sus dudas y problemas son inmediatas.
- El coste por contacto útil es mucho más bajo que el de la venta presencial.
- La respuesta es inmediata y cuantificable al instante.
- Es posible cubrir un amplio mercado desde cualquier punto geográfico del planeta.
- Si se complementa esta actividad con otras herramientas del marketing, sus resultados suelen ser exitosos.
- Se pueden aprovechar mejor los momentos de contacto y de relación: rebajas, fechas señaladas, etc. (Figura 7.13).

Figura 7.13. Tal como hemos visto, la utilización del telemarketing comporta numerosas ventajas para la empresa: desde la comunicación personalizada con el cliente hasta la cobertura geográfica total, pasando por el ahorro de costes por contacto útil.

El éxito que se busca al activar una campaña de telemarketing se basa en ciertos factores que se denominan **factores críticos de éxito (FCE)**. Con estas siglas se resume todo aquello que, dentro de una empresa, tiene que funcionar forzosamente para lograr los objetivos que han sido previamente determinados. Se suelen expresar en forma de lista exhaustiva comentada en la que se define perfectamente su contenido y la manera perfecta de ponerlos en práctica. Para ello:

a) Hay que definir antes los objetivos más relevantes de la empresa (Figura 7.14).

Figura 7.14. La primera decisión que se debe adoptar es la de definir de manera concreta cuáles son los objetivos s conseguir.

b) Hay que señalar con claridad cuáles van a ser las unidades de medida de los logros (Figura 7.15).

Figura 7.15. Para que un objetivo sea realizable es imprescindible que también resulte fácilmente medible, es decir, que sea susceptible de cuantificar. En el supuesto de que dicha cuantificación no sea posible, los objetivos están mal definidos, de manera que habrá que iniciar un nuevo proceso.

c) Se tienen que identificar también los elementos más importantes que van a contribuir a la consecución de los objetivos (Figura 7.16).

Figura 7.16. Debemos asimilar el éxito a un puzle compuesto por un número determinado de piezas. Por tanto, si desconocemos el número exacto de las mismas o no disponemos de todas ellas, seremos incapaces de montarlo y, en definitiva y por analogía, tampoco lograremos el éxito.

d) Hay que establecer cuál es la relación causa-efecto entre los objetivos y los factores clave (Figura 7.17).

Figura 7.17. Un factor clave de éxito solo tendrá tal consideración en la medida que sea susceptible de contribuir directa y fundamentalmente al cumplimiento de objetivos marcados.

Sabías que

Hay una diferencia entre los factores del éxito (las metas hacia las que se dirige la empresa) y los factores críticos del éxito. Los segundos son críticos porque su cumplimiento es esencial para los objetivos de la empresa. Por eso, una lista voluminosa de factores críticos de éxito desvirtúa la esencia de esta fórmula para gestionar correctamente una organización, ya que no es posible centrarse en muchos factores a la vez. Muchos y también intensos es una clara contradicción.

Nota técnica

Las principales **desventajas** del telemarketing son:

- No es de fácil acceso. Los horarios, el trabajo, la vida familiar, etc. complican el contacto entre interlocutores.
- Invisibilidad: al interlocutor no se le ve; el único vínculo recíproco es la voz.
- Posibilidad de rechazo: el interlocutor se molesta y rechaza el contacto.
- Defectos de la comunicación: ocasionan malas interpretaciones.
- Defectos técnicos: conexiones defectuosas y complicadas.
- Llamadas inoportunas: ocasionan rechazos.

7.4. Sectores económicos que han facilitado el desarrollo del telemarketing

Hay muchos productos y servicios (cada día más; sobre todo los que son fáciles de explicar a distancia y aquellos cuyo precio de venta no permite ni requiere grandes inversiones en tiempo ni en dinero, como sí las requiere una visita comercial presencial) que se venden por teléfono. Las tendencias nos dicen que el marketing telefónico se implantará de forma generalizada en muy poco tiempo. En este sentido, el telemarketing (como herramienta de transmisión de confianza comercial) es ya uno de los sectores económicos con más proyección de futuro en los próximos años.

El sector de las telecomunicaciones es el que más servicios de telemarketing genera (Figura 7.18).

Figura 7.18. A la vanguardia de los sectores que mayor demanda de servicios de telemarketing genera encontramos el de las telecomunicaciones, básicamente definido por las empresas de telefonía.

Le siguen, la banca y los servicios financieros, las empresas de tecnología y las de informática, los seguros y las distintas Administraciones Públicas.

7.5. Proceso de la venta telefónica. Identificación del público objetivo

Como todo proceso de venta, el proceso de la venta telefónica se divide en varias etapas. Estas etapas (sobre todo en las llamadas que se denominan **de emisión**, por contraposición a las llamadas **de recepción**) pueden resumirse globalmente en tres grandes apartados.

a) **Antes** de la entrevista comercial, el experto en telemarketing debe.
   - Analizar sus listas de clientes y prospectos.
   - Identificar el público objetivo al que va a dirigir sus llamadas.
   - Planificar formalmente sus llamadas.
   - Señalar los objetivos principales que persigue.
   - Preparar a fondo los guiones de trabajo y los documentos de relación y de control.
   - Concertar las visitas. Conseguir la cita telefónica.
   - Revisar la información disponible del cliente potencial.
   - Concentrarse y preparar su ánimo para cada entrevista comercial expresamente.

¿Sabías que?

El público objetivo (también denominado con la palabra inglesa *target*) es aquel conjunto de personas dentro de un mercado que tienen ciertas características comunes entre sí. A estas personas son a las que una empresa pretende dirigir sus acciones comerciales y de comunicación para tratar de orientar en su propio favor (en el de la empresa) sus preferencias compradoras.

Figura 7.19. Definimos público objetivo o *target* como el conjunto de personas que reúnen unas características similares. Identificar este *target* es fundamental para que las acciones comerciales estén bien encaminadas, lo cual exige una labor de análisis y planificación que resultará más o menos complejo en función del perfil del cliente al que nos queramos dirigir.

b) **Durante** la entrevista comercial, el experto en telemarketing debe:

- Identificarse con claridad. Tomar contacto.
- Saludar al interlocutor.
- Estar atento a la eficacia del primer minuto porque es un momento crucial para causarle al interlocutor una buena primera impresión.
- Comunicar al interlocutor más válido posible el propósito de su llamada.
- Suscitar la atención del interlocutor y suministrarle credibilidad y confianza.
- Recordar sus datos sin cometer errores.
- Hacerle preguntas de sondeo que permitan detectar información relevante para los objetivos previstos en relación con las necesidades del interlocutor.
- Proponer soluciones y dar argumentos frente a las objeciones. Prepararse para ello.
- Comunicar beneficios que el interlocutor admita y entienda.
- Aplicar técnicas de cierre.
- Confirmar compromisos acordados.
- Despedirse del interlocutor con amabilidad y corrección.

Figura 7.20. Uno de los principales inconvenientes a los que se debe enfrentar el telemarketing es la ausencia de contacto directo con el cliente. Por tanto, el agente debe ser capaz de generar un ambiente que propicie la continuidad del proceso de venta telefónica mediante el trato cordial y correcto, la pulcra exposición del objeto de la llamada y la aplicación de técnicas de cierre y la confirmación de los compromisos y contraprestaciones pactados.

c) **Después** de la entrevista comercial, el experto en telemarketing debe:

- Comparar el resultado de sus llamadas con los objetivos previstos.
- Establecer sistemas de corrección y ajuste de sus esquemas de trabajo.
- Entrenar planes de optimización y mejora.
- Hacer seguimiento posventa.
- Informar de sus resultados.

Actividad propuesta 7.1

De las tres etapas del proceso de la venta telefónica que acabamos de estudiar, selecciona dos de sus actividades en cada una de ellas y haz unos breves comentarios según lo que cada una de ellas te parezca.

Por ejemplo, puedes decir algo así en las acciones que selecciones: «*Saludar al interlocutor es una de las acciones esenciales de esta etapa, porque, si no le saludamos al inicio de la conversación, el interlocutor nos puede decir que no sabe con quién está hablando y puede interpretar esta falta de saludo como una desconsideración hacia su persona; con lo que el resto de la entrevista será ya mucho más complicada y el resultado no será bueno*».

En telemarketing, se le llama **servicio posventa** al conjunto de acciones que la empresa vendedora (en nuestro caso el vendedor telefónico que emite o recibe llamadas de teléfono) realiza después de la venta, para satisfacer absolutamente al cliente y para asegurarse posibles compras repetidas en el futuro.

El servicio posventa del telemarketing permite (Figura 7.21):

- Conocer la opinión de los clientes sobre la compra realizada.
- Identificar oportunidades de mejora.
- Evaluar la satisfacción del cliente y la probabilidad de su fidelidad a la marca en el futuro.

Figura 7.21. El servicio posventa de una empresa de telemarketing no solo persigue la evaluación de la satisfacción del cliente y sus probabilidades de fidelización a la marca, sino también recabar un *feedback* constructivo de la labor realizada para identificar posibles ámbitos de mejora.

Un buen servicio posventa permite mejorar continuamente la competitividad de la empresa vendedora, satisfacer al cliente, tomar mejores decisiones de marketing telefónico y prevenir errores para nuevas operaciones.

7.6. Profesiograma del teleoperador. Tipos de llamadas

El **profesiograma** es una representación gráfica que sirve a las empresas para mostrar y establecer las circunstancias profesionales, las aptitudes y las capacidades de un puesto de trabajo, en relación con las tareas que desde ese puesto se deben realizar. Este documento gráfico debe recoger la denominación del puesto de trabajo, la descripción profesional técnica y orgánica del mismo (en inglés, *job description*) y las demás características complementarias que el puesto pudiera requerir (Figura 7.22).

Figura 7.22. El profesiograma debe recoger la *job description,* que hace referencia a la descripción técnica y orgánica de un determinado puesto de trabajo.

Los parámetros, los criterios, las circunstancias y las cualidades específicas más relevantes para establecer el profesiograma del candidato más adecuado en una actividad de telemarketing (como es lógico, cada caso requerirá de unas características diferentes) son:

- Características personales:
  - Sexo. No es relevante.
  - Edad. Entre 20 y 40 años. Según necesidades del cliente.
  - Formación en FP. Suele ser muy aconsejable.
- Características psicofísicas:
  - Memoria. Alta capacidad de retención.
  - Capacidad media-alta de concentración en un trabajo bajo presión.
  - Buen observador. Alta precisión perceptiva.
  - Atención. Nivel medio de rapidez perceptiva.
  - Capacidad alta de escucha activa.
- Características mentales:
  - Alto nivel de intuición.
  - Alto nivel de imaginación.
  - Con sentido creativo. Alta capacidad de improvisación.
  - Con facilidad para la asimilación. Elevada capacidad de aprendizaje de nuevos conocimientos.
- Inteligencia:
  - Alto nivel de comprensión.
  - Alto nivel de comunicación y de uso del lenguaje.
  - Alto nivel de capacidad de análisis y de relaciones espaciales.
  - Sentido lógico. Nivel medio de razonamiento lógico.
  - Alta capacidad de asociación de ideas.

- Recursos vitales:
  - Disciplina. No se distrae con facilidad.
  - Voluntad. Siempre termina lo que empieza.
  - Interés. Le gusta mucho lo que hace.
  - Alto nivel de equilibrio emocional.
- Aptitudes profesionales (nivel medio):
  - Cálculo matemático. Razonamiento numérico.
  - Redacción escrita. Gramática y sintaxis.
  - Idiomas. Según necesidades del cliente.
  - Dotes de organización.
  - Conocimientos comerciales.
  - Formación complementaria en ventas y negociación.
  - Meticulosidad y orden organizativo.
  - Asunción de responsabilidades.
  - Capacidad de relación en equipos humanos.
- Habilidades sociales (nivel medio-alto):
  - Don de gentes.
  - Extroversión. Habilidades sociales.
  - Afabilidad.
  - Espíritu de decisión.
  - Capacidad de adaptación a los cambios.
- Otros parámetros
  - Experiencia en telemarketing.
  - Empatía.
  - Intuición.
  - Persuasión.
  - Comunicación.
  - Pensamiento práctico.
  - Sentido común.
  - Sentido de la oportunidad.
  - Capacidad organizativa.

PROFESIOGRAMA

PROFESIOGRAMA	PROFESIOGRAMA	1	2	3	4	5	6	7	8	9
Psicofísicos	Memoria						X			
	Cap. concentración					X				
	Prec. perceptiva								X	
	Atención						X			
Mentales	Intuición								X	
	Imaginación							X		
	Creatividad							X		
	Cap. asimilación								X	
Inteligencia	Comprensión					X				
	Comunicador									X
	Cap. de análisis						X			
	Sentido lógico					X				
	Cap. de asociación					X				
	Razonamiento					X				
RR. vitales	Disciplina							X		
	Voluntad						X			
	Interés						X			
	Equilibrio emocional							X		
Aptitudes prof.	Cálculo matemático						X			
	Redacción escrita				X					
	Idiomas									X
	Dotes organizativas							X		
	Conocim. comerciales								X	
	Orden			X						
	Cap. de dirección								X	
Habilidades sociales	Don de gentes							X		
	Extroversión								X	
	Afabilidad				X					
	Dotes de mando								X	
	Decisión							X		
	Capacidad adaptación									X

Figura 7.23. Representación gráfica de un profesiograma: se muestran y establecen las circunstancias profesionales, las aptitudes y las capacidades exigibles a un candidato para un puesto de trabajo determinado.

Nota técnica

Puede parecer complicado ser seleccionado con tantas variables como las que aparentemente se exigen para el reclutamiento de un teleoperador. No es así. Esta es una lista muy amplia que integra muchas exigencias para que seamos conscientes de que el puesto de teleoperador es un trabajo de gran interés para las empresas. Por eso, incluyen tantos requisitos que quien quiera trabajar en este sector tiene que conocer.

Conviene leerla despacio, mirar hacia nuestras propias cualidades y ver en qué nosotros somos fuertes y en qué no lo somos tanto.

Lo mejor es calificarnos con sinceridad en cada una de ellas (o en muchas de ellas) de 1 a 9; así sabremos cuáles son nuestros puntos fuertes y cuáles nuestros puntos débiles, para potenciar los primeros y para aprender a atenuar los segundos y también para avanzar en el futuro hacia mejoras importantes de nuestras carencias, si es que pretendemos tener éxitos profesionales en nuestro trabajo.

Para dar comienzo a la comunicación telefónica entre los interlocutores en marketing telefónico hay dos posibles vías:

- **Llamadas de recepción.** Las que hacen los clientes de una empresa (son los expertos en telemarketing los que las reciben) para establecer consultas, para resolver problemas, o para saber más sobre un producto o un servicio (Figura 7.24).

Principales acciones en la recepción de llamadas

- Identificar al interlocutor
- Reconocer el motivo de llamada
- Contestar preguntas
- Argumentar frente a objeciones
- Seleccionar soluciones
- Proponer sugerencias
- Establecer cierre de la llamada
- Preparar acciones futuras
- Informar de la actuación

Figura 7.24. En el cuadro se recogen las principales acciones a realizar en la recepción de llamadas o llamadas provenientes del exterior.

- **Llamadas de emisión.** Las que se realizan por el personal experto en telemarketing para hacer encuestas, para fomentar el consumo, para gestionar el recobro o para cualquier otra acción comercial que el cliente desee activar (Figura 7.25).

Figura 7.25. Las llamadas de emisión son las realizadas por personal experto en telemarketing con una pretensión proactiva hacia la venta del producto al cliente.

Cuando el teléfono es nuestro elemento de trabajo, la voz es el medio por el cual nos relacionamos con los interlocutores. Por ello, si para cualquier ser humano la voz es uno de sus bienes personales más sensibles, para los profesionales del telemarketing la voz es su herramienta más preciada.

La velocidad con la que hablan los teleoperadores, el timbre de su voz, la forma de entonación de las frases, o la perfección de su vocalización es algo que las empresas de telemarketing tratan de mejorar constantemente, porque son conscientes de su importancia para los resultados positivos (o no) de sus actividades comerciales, por lo que forman a sus empleados en los aspectos siguientes:

- Una voz cálida, sincera y amistosa hará que el interlocutor se sienta cómodo y confíe en quien le atiende por teléfono.
- Aprender a sonreír por teléfono es crucial para una comunicación excelente.
- Hablar demasiado deprisa o demasiado despacio conlleva reacciones de confusión en quien escucha. Adaptarse al otro es un elemento esencial.
- La claridad de la voz es, asimismo, un factor clave. No se puede hablar mientras se hacen otras cosas con la boca.
- La voz tiene también su colorido. Subir o bajar el volumen o el tono y mostrar entusiasmo para en-

fatizar frases o palabras claves, evita un tono monocorde y aburrido.
- Una voz telefónica agradable debe sonar natural. Si no, la voz demostrará falta de sinceridad y de credibilidad.
- La voz telefónica debe conllevar una cierta dosis de autoridad (no de intimidación) que proyecte en su interlocutor una imagen de profesionalidad, de seguridad y de confianza.

7.7. Técnicas de atención personalizada. Captación y fidelización de clientes

Los clientes son cada vez más exigentes y el entorno actual es mucho más complejo y competitivo que el de hace unos años (las crisis y los demás avatares del mercado agravan esta circunstancia), lo que hace que la atención personalizada y la excelencia en la captación y la fidelización del cliente sean elementos clave del éxito empresarial.

Los **objetivos** que persiguen las técnicas de atención preferente y de optimización de la captación y el mantenimiento de los mejores clientes son los siguientes:

- Identificar a los clientes más importantes para la empresa.
- Captarlos y fidelizarlos en el tiempo.
- Satisfacer (o seducir) a los clientes más relevantes.
- Retenerlos para que repitan sus experiencias compradoras.
- Potenciar sus transacciones comerciales y convertirlos en la imagen satisfecha de la empresa.

Nota técnica

La fidelización de los clientes mejores (hacer que confíen en la empresa y que repitan sus compras) es una de las actividades más importantes de un negocio. Las empresas que saben manejar este factor diseñan estrategias y tácticas de atracción y mantenimiento (*inbound marketing*) que, desafortunadamente, a veces no obtienen los resultados deseables. Gestionar correctamente al antes, el durante y el después de la entrevista telefónica exitosa es uno de los elementos clave.

Actividad propuesta 7.2

Entra en este enlace, selecciona servicio de atención personalizada y verás cómo una empresa de telefonía gestiona la atención individualizada a sus clientes:

https://www.vodafone.es/c/empresas/es/por-que-vodafone/asesoramiento-y-soporte/atencion-personalizada

Escribe en unas diez o quince líneas (en una hoja) lo que este pantallazo de esa web te sugiere.

Te recomendamos que navegues por ella sin limitaciones y que tomes notas en un cuaderno sobre lo que te llama más la atención de cada una de las circunstancias que en ella se mencionan. Después, redacta lo que creas más conveniente. Si incluyes alguna foto, mucho mejor.

Nota técnica

Un conferenciante que lo pasa mal frente la idea de hablar en público se siente así porque interpreta sus nervios como algo negativo, como una señal que su cuerpo le envía para que salga corriendo del salón donde va a ofrecer la conferencia a sus oyentes. Sin embargo, otro conferenciante que sufre esa misma emoción, que también lo pasa mal previamente porque tiene que hablar en público, interpreta esos nervios como una excitación que le provoca un interés más fuerte para hacer bien su trabajo. No es difícil averiguar quién de los dos tendrá finalmente más éxito en su charla. En este sentido, conviene establecer con claridad que lo único que hacemos las personas es interpretar de diferente manera emociones similares.

Sabías que

Existen diversos tipos de emociones, tales como: el enfado, el miedo, el placer, la alegría, la tristeza, etc., y que unas son positivas y otras negativas; aunque sus consecuencias dependerán finalmente del temperamento de la persona que las disfrute o las padezca.

La gestión de lo emocional se basa en un conjunto de comportamientos, habilidades, cualidades y recursos personales que permiten que una persona pueda desenvolverse con eficacia en su entorno laboral, al manejar sus propias emociones (y a veces también las de sus interlocutores) y también las emociones que se generan alrededor de su ámbito de trabajo. Iniciativa, empatía motivación, angustia y estrés, trabajo en equipo, flexibilidad o autocontrol son algunas de estas cualidades.

El principal recurso para gestionar correctamente lo emocional, para reconocer y manejar sentimientos propios y ajenos (cosa muy importante en telemarketing), es la **empatía,** la capacidad de conocer realmente cómo se sienten los demás y de «meterse en su propia piel», para conocer lo que le preocupa y lo que necesitan y para aportarles soluciones positivas, una habilidad natural para muchos que, sin embargo, es susceptible de aprendizaje y de mejora (Figura 7.26).

Figura 7.26. La empatía o capacidad de ponerse en la posición del otro para conocer lo que le preocupa o necesita constituye una de las habilidades fundamentales del telemarketing.

Recuerda que

La comunicación ideal entre interlocutores debe ser capaz de solucionar problemas y no de generarlos.

Los seres humanos tenemos un único cerebro (no está muy claro lo de los diferentes hemisferios y su funcionamiento) con tres funciones típicas: la fisiológica, la racional y la emocional. Por eso, para simplificar, es por lo que se dice a veces que tenemos «tres cerebros»: reptiliano, límbico y neocórtex.

Lo lógico en el trabajo es usar tanto el primero (la parte más física) como el segundo de ellos (la parte más emocional); pero, a veces, las emociones nos desbordan de manera incontrolable y el cerebro fisiológico o el cerebro emocional bloquean al cerebro racional, se hacen dueños de la situación y nos conducen a errores difícilmente remediables. Saber controlar nuestra conducta en estos momentos (usar la parte racional, sobre todo en los momentos en que el cerebro emocional empieza a actuar sin control aparente) es un factor clave para nuestra propia salud mental y para el éxito en nuestro trabajo (Figura 7.27).

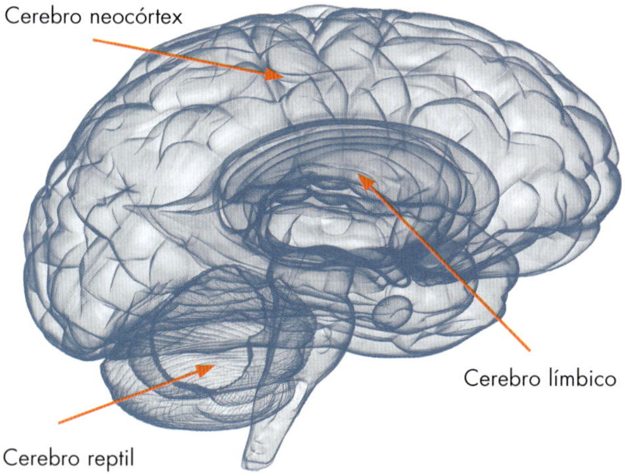

Figura 7.27. Tenemos un único cerebro, pero para diferenciar más claramente sus funciones, los expertos señalan que hay tres tipos de cerebro: el reptiliano o fisiológico, el límbico o emocional y el racional o neocórtex.

7.8. Pautas para la excelencia en la comunicación telefónica

La **entrevista personal** y el **teléfono** son las herramientas comerciales más utilizadas en el ámbito de las empresas y los instrumentos más importantes que se utilizan el mundo de los negocios.

Para resultar excelentes, los sistemas y los métodos de comunicación que emplean el teléfono como parte sustancial de su trabajo tratan de seguir unos protocolos de actuación cuya base se asienta en los siguientes principios:

- Las llamadas comerciales se deben realizar en horarios profesionales; no en horas de descanso o de reposo domiciliario.
- No se puede hablar al mismo tiempo con dos personas. Los interlocutores lo notan y se molestan.
- Extender la conversación innecesariamente no es un esquema aconsejable.
- No se debe dar más importancia a quienes están frente a nosotros que a quienes están al otro lado del teléfono.
- Cualquier sonido que producimos al teléfono le llega ampliado al que escucha.

- Hay que aprender a sonreír cuando se habla por teléfono. Aunque el interlocutor no nos ve, sí «escucha» nuestra sonrisa.
- Es bueno hacer comentarios (como: «*sí*», «*claro*»; «*de acuerdo*», etc.), que hagan saber a nuestro interlocutor que estamos siguiendo la conversación.

La sonrisa telefónica es una de las principales herramientas de los operadores del telemarketing. Por eso, los formadores expertos enseñan a los teleoperadores a sonreír cuando hablan por teléfono. Esta sonrisa contribuye a comunicar cordialidad y afecto en el ánimo del interlocutor y le demuestra capacidad de diálogo y de comprensión de sus problemas o de sus necesidades (Figura 7.28).

Figura 7.28. Las personas cuya actividad profesional principal es hablar por teléfono deben saber mostrar una sonrisa telefónica sincera y un tono de voz amable y cordial que el interlocutor pueda captar con facilidad.

Actividad propuesta 7.3

Eres un teleoperador profesional. Acabas de entrar a trabajar en una empresa de recepción de llamadas y tu nuevo jefe te pide que te organices tu propia jornada de trabajo y que le digas por escrito cómo la piensas organizar. Tienes que pensar en un día estándar (un día que puedas señalar como ejemplo y que valga para muchos días) y darle algunas de las razones por las que tú crees que esta forma de organizarse es la mejor.

Te damos algunas pistas sobre ello y te sugerimos que empieces por establecer el horario de trabajo y que dividas tu jornada de ocho horas de esta manera:

- 9:00: comienzo de la jornada.
- 10:00.
- 11:00.
- 12:00.
- 13:00.
- 14:00: comida.
- 15:30.
- 16:30.
- 17:30: fin de la jornada.

En cada hora indica a tu jefe por escrito lo que tienes previsto hacer. Emplea dos o tres líneas para ello. Si no, tu sistema de ordenación de tu tiempo diario quedará a sus ojos un poco escaso. Di, por ejemplo:

«A las 9:00 examinaré mi puesto de trabajo y ordenaré todo el material de gestión y el de apoyo que necesitaré para hacer las llamadas previstas en la campaña.

A las 9:30 analizaré en detalle la lista de clientes con los que debo contactar a lo largo del día y los clasificaré (si me es posible) conforme a su comportamiento telefónico previsto».

Organizarás tu trabajo siempre teniendo en cuenta, claro, que las llamadas se deben realizar en el horario adecuado (quizá las 9 de la mañana no es una hora adecuada en algunos casos), teniendo en cuenta también que el tiempo es oro y que nos pagan por ser eficaces y eficientes.

Repasa los protocolos del telemarketing que ya hemos estudiado y verás que te ayudarán mucho en la planificación de tu trabajo.

7.9. Tipología de los interlocutores

Toda **tipología** (o, lo que es lo mismo, toda clasificación de tipos) es una representación esquemática de una realidad más amplia. Quiere esto decir que es totalmente imposible encontrar una clasificación en la que uno de sus tipos sea el que representa todas las características de los clientes, desde un punto de vista universal (Figura 7.29):

- El cliente que **compra mucho**: mucho dinero o muchos productos. Es un buen cliente, pero hay que analizar si las prestaciones y el servicio que a cambio nos exige compensan su rentabilidad.
- El cliente que **deja un buen margen:** es muy rentable.

Figura 7.29. Teniendo en cuenta el carácter universal del ser humano, resultaría tremendamente complicado encontrar dos personas en las que coincidieran todas y cada una de sus preferencias, gustos, necesidades o preocupaciones. Por tanto, resulta imposible establecer una tipología de clientes en función de sus características, pero sí podemos aproximarnos si realizamos una diferenciación exhaustiva sobre su comportamiento o actitud hacia la compra.

- El cliente que **paga bien:** en tiempo y en forma.
- El cliente que está **en una zona geográfica de interés:** fácil acceso, ubicación adecuada, etcétera.
- El cliente impulsivo.
- El cliente **conocido** o al que nos unen relaciones familiares o de amistad. Por ello recibe siempre un trato especial.
- El cliente **que promete:** porque confiamos que en el futuro será buen cliente. Hay que aprender a sembrar y a tener una paciencia activa y esperanzada.
- El cliente que da **excelentes testimonios** de nuestra acción de ventas y de nuestra empresa: tener clientes así es un lujo.
- El cliente **específico:** solamente desea algo muy concreto
- El cliente que tiene **difícil cambiar de marca.**
- El cliente que está **mal informado:** nuestros esquemas de comunicación tienen que ser comprensibles y directos.
- El cliente que pretende ser **abusivo:** quien dirige la entrevista comercial es el vendedor; no el cliente. Corresponde, por tanto, a aquel, manejar sutilmente las claves y los tiempos para conseguir sus objetivos.
- El cliente **exigente** que nos demanda excesiva atención y mucho servicio: hay clientes que se instalan en la casilla: yo gano/tú pierdes. Tendremos mucho cuidado con ellos.
- El cliente adicto solo a las **ofertas promocionales.**
- El cliente con el que corremos **grandes riesgos** a corto o a medio plazo.
- El cliente **discutidor y polémico.**
- El cliente **afable y amistoso:** no es mala situación de partida, pero no podemos confundir los términos. Lo que desde las empresas se pretende es vender, con beneficio, durante el mayor tiempo posible; no hacer amigos, etcétera.
- El cliente **sumiso:** la sumisión (como la agresividad) es un estado de ánimo que a veces se confunde con una característica de la personalidad.
- El cliente **dominante, agresivo y autoritario:** el cliente es como es porque, a veces, le dejamos que lo sea. El cliente no siempre tiene razón y aunque la lleve, llevar razón no significa tener que ser agresivo, dominante o autoritario.
- El cliente **callado y reservado:** hay que entender que los clientes son todo un mundo de percepciones, de situaciones y de diferentes personalidades.
- El cliente **charlatán:** lo contrario que el anterior. Pero, a veces, con el mismo resultado.
- El cliente **aparentemente fácil:** no hay clientes fáciles. La venta empieza, curiosamente, cuando el cliente dice algún tipo de **no.** Si siempre dice que **sí**, no hay venta.
- El cliente **lento** en tomar sus decisiones: manejar los tiempos de la acción comercial es algo muy interesante para cualquier vendedor.
- El cliente **manipulador:** hay clientes a quienes les encanta manipular la realidad para que parezca que son ellos los que controlan la entrevista.
- El cliente **analítico y metódico.**
- El cliente **desconfiado:** no olvidemos nunca que vendemos confianza.
- El cliente **pesimista:** aquel que piensa que nada va a funcionar.
- El cliente **impulsivo:** compra rápido y acepta lo que le decimos con suma celeridad.
- El cliente **discutidor:** ya hemos señalado que es de suma importancia separar objeciones de pretextos.
- El cliente orientado a los **resultados:** es en realidad un cliente racional.
- El cliente **directo:** vayamos al grano.
- El cliente **pacífico y calmado.**
- El cliente **vacilante:** vacilar no es malo. Lo que no lleva a ninguna parte es vacilar siempre.
- El cliente **tímido:** hay clientes que parecen fáciles (sobre todo para ese tipo de vendedor que denominado con el anacronismo de agresivo), pero que esconden (bajo su manto de timidez) una fuerte personalidad.

- El cliente **estructurado:** conoce las claves de las entrevistas de venta y sabe cómo usarlas en su provecho.
- El cliente **miedoso.** —¿A Usted le cuesta mucho tomar decisiones? ...» preguntaba un vendedor a su cliente. —«*Bueno... Sí y no...Depende...*» respondía este.
- El cliente **quejica:** todo le va mal; nada le apetece, nada le conviene. Cualquier situación es negativa y le sirve para expresar sus abundantes quejas.
- El cliente **rutinario:** su vida no es que esté estructurada, es que está llena de rutinas que se repiten una y otra vez.
- El cliente **grosero y arrogante:** que los hay y que, como todo lo malo, abundan. Hay que tener paciencia y no dejarnos intimidar.
- El **no cliente:** si alguien no nos necesita, si no desea saber lo que se cuece en el mercado; o si no quiere mejorar una oferta que ya tiene. ¿Se puede saber qué pintamos ante este no cliente?

Hasta aquí la lista inicial de tipos de clientes más habituales. Cada operador de telemarketing debe ir recomponiendo cada apartado y debe intentar clasificar a sus clientes en alguna de estas categorías. Para cada uno debería estudiar cuáles son sus rasgos característicos, qué situaciones son las más habituales con cada uno de ellos y cuál debería ser el tratamiento comercial a aplicar.

Recuerda que

Para un teleoperador de telemarketing, fracasar ocho veces de cada diez llamadas telefónicas es vender el doble de aquel que fracasa nueve de cada diez. La tolerancia ante el fracaso más o menos habitual es una cualidad importante en este tipo de profesionales.

Actividad propuesta 7.4

Tienes que hacer una doble elección: selecciona de la lista de tipos de clientes que acabamos de estudiar los 5 que te parezcan más fáciles de tratar por teléfono (suponiendo seas el teleoperador que recibe llamadas desde fuera) y los cinco que te parezcan más difíciles.

En cada respuesta tienes que explicar brevemente (en tres o cuatro líneas para cada uno de los diez seleccionados) por qué has elegido cada uno de ellos y cómo harías si tuvieras que gestionar con ellos las llamadas que le hacen para pedirle información; es decir, las llamadas que hemos denominado de recepción.

7.10. Aplicaciones del uso del teléfono en operaciones comerciales

El teléfono tiene tantos usos como la imaginación del que lo utiliza. En cualquier caso, las actividades más básicas son la **emisión** y la **recepción de llamadas.** Hay algunas empresas de telemarketing (*call center* o *contact center*) que se especializan en alguna de estas facetas, en tanto que otras prestan sus servicios con carácter general o total.

Actividad propuesta 7.5

Has estudiado los contenidos esta unidad y te parece que estás capacitado para ser un excelente especialista de marketing telefónico.

Escribe una carta a una empresa imaginaria ofreciendo tus servicios como respuesta a un anuncio que dice más o menos esto.

«Importante empresa financiera busca teleoperadores con formación profesional de grado medio. No es necesaria experiencia. Salario sobre 16 000 euros brutos al año. Jornada laboral ocho horas diarias durante cinco días a la semana. Tipo de contrato: Indefinido (con un periodo de prueba de un mes). Plazas disponibles en varias ciudades españolas. Principales funciones: atención telefónica a clientes en llamadas de recepción y gestión de incidencias. Formación a cargo de la empresa. Posibilidad de acceder a otros puestos dentro de la empresa en el futuro».

Los requisitos principales que se piden a los candidatos son los siguientes:

- Disponibilidad inmediata.
- Interés por aprender una nueva profesión.
- Trato exquisito con las personas.
- Empatía.
- Capacidad para resolver problemas a distancia.
- Sentido del compromiso.
- Capacidad de organización.

Si estás interesado, escribe una carta con tus datos y tus comentarios sobre los requisitos a la atención de José Pérez, a la siguiente dirección postal: Calle Real, 34. 28000 Madrid

A continuación, damos una lista (siempre abierta) de posibles aplicaciones en el uso del teléfono en las empresas.

- Fomentar la venta directa (televenta) de productos o de servicios.
- Relanzamiento de productos.
- Atención de llamadas de recepción.
- Emisión de llamadas de consulta o de información.
- Optimizar las condiciones de las operaciones de compraventa.
- Generación de bases de datos.
- Activación de clientes inactivos
- Fidelización de clientes.
- Estudios de satisfacción de clientes
- Venta cruzada y venta promocional.
- Investigación y análisis el mercado.
- Relaciones con suministradores.
- Seguimiento de ofertas antiguas y presentación de nuevas.
- Seguimiento de la acción de ventas de cada vendedor.
- Apoyo a la red de vendedores. Seguimiento, administración y control.
- Captación y reclutamiento de vendedores
- Esquemas de cobro y recobro.
- Ayuda para la formación del cliente.
- Fomento de las visitas al punto de venta.

Figura 7.30. Como un perro conoce a su amo o una madre a su hija, el marketing *one to one* lleva hasta el extremo la personalización de la actividad de venta fundamentándola en un conocimiento exhaustivo de los hábitos y preferencias de los individuos.

El marketing ***one to one*** (expresión utilizada sobre todo en la emisión de llamadas) o **persona a persona** surge como una estrategia que busca personalizar la actividad de marketing hasta su más mínima expresión; se basa para ello en el conocimiento exhaustivo de las características, los hábitos de compra y las necesidades de los clientes, lo que lleva a poder aplicar estrategias concretas a segmentos muy determinados (Figura 7.30).

Entre las aplicaciones más relevantes de la recepción de llamadas en telemarketing están los **Servicios** de **atención al cliente** y las **actividades de asesoramiento y capacitación de los clientes** en el uso de los productos.

¿Sabías que

Al marketing ***one to one*** se le llama también **marketing personalizado** o **micromarketing**. Todos estos conceptos se integran en una estrategia que considera al **público objetivo** como una suma de micropúblicos o de segmentos muy específicos del **mercado.**

7.11. Investigación comercial por teléfono

Investigar el mercado es la base de la toma de las decisiones en una empresa. Sin los informes que proceden de esta actividad las decisiones tienen mucha probabilidad de resultar equivocadas, lo que va a perjudicar y a entorpecer el éxito futuro de la empresa.

Una fórmula más llevadera de investigar el mercado es acometer esta tarea por medio del teléfono. Como es lógico, este tipo de investigación tiene ventajas e inconvenientes. Merece la pena señalarlos.

Las **ventajas** de la investigación por teléfono son:

- Se puede obtener la información de una manera rápida.
- El entrevistado no necesita desplazarse, lo que permite abarcar mayor cobertura geográfica.
- La influencia del entrevistado sobre el entrevistador es menor, y viceversa.
- Este sistema ayuda a completar la información desde el mismo lugar de la acción comercial de forma inmediata.

Los **inconvenientes** de la investigación por teléfono son:

- No permite el contacto presencial entre interlocutores.
- El teléfono es un medio tecnológico que está sometido a fallos y a ruidos que dificultan la conversación.
- La comunicación gestual del otro no es fácil de valorar.
- Es complicado establecer el momento ideal para hacer una llamada a un cliente.
- La confianza que el interlocutor necesita debe transmitirse por el vendedor en pocos segundos.
- No es fácil abordar temas delicados: salud, ingresos familiares, etc.
- Implica el uso de un lenguaje sencillo y no forzado.

7.12. Medición de la excelencia: la calidad y la eficiencia del telemarketing

La **calidad** y la **excelencia** de un servicio no son fáciles de medir. Sin embargo, en telemarketing contamos con indicadores y *ratios* (es decir, la relación existente entre dos o más variables) que nos permiten evaluar si la actividad telefónica que estamos llevando a cabo cumple o no los mínimos aceptables de eficacia (logra los objetivos previstos) y de eficiencia (los consigue en menos tiempo y con menos esfuerzo).

Los contenidos para efectuar esta valoración son los siguientes:

- La capacidad y la velocidad de respuesta.
- La calidad de la atención al cliente.
- La cantidad de tiempo y de esfuerzo dedicada a esta atención.
- La empatía con las necesidades del cliente.
- La calidad de la comunicación.
- La interacción con el interlocutor.
- La afabilidad en el trato.
- Las posibilidades reales y la facilidad de acceso al servicio.
- Los resultados comerciales.

Medir con precisión estas situaciones significa estar en disposición de evaluar la calidad del servicio, para saber cómo es y para establecer ajustes en caso necesario.

Los indicadores de medición (unos cuantitativos y otros cualitativos) tienen que ver con:

- La rapidez de respuesta en la primera llamada. Porcentaje de llamadas resueltas que influye positivamente en la satisfacción del interlocutor y en los costes del servicio.
- Tiempo de respuesta. Viabilidad del acceso y número de personas necesarias para una respuesta.
- Tasa (porcentaje en tiempo) de abandono. El interlocutor se cansa y finaliza la llamada.
- Nivel de servicio y de satisfacción del cliente. Encuesta para conocerlo y para saber su disposición a recomendar el servicio a otras personas.
- Llamadas entrantes y llamadas atendidas. Porcentaje de llamadas atendidas sobre el total de llamadas entrantes. Nivel de eficacia. Promedios (en porcentajes) de cada situación.
- Tiempo improductivo. Este indicador debería tender siempre a cero. Facilita la gestión de las necesidades de personal.
- Tiempo promedio de conversación. Más tiempo, menos llamadas atendidas. Determinar el tiempo ideal en cada campaña.
- El número de operaciones de venta cerradas en cada campaña.
- La cifra de ventas obtenida. En términos absolutos y en relación con sus objetivos.
- El promedio de ventas comparativo con el resto del equipo.
- Los incrementos periódicos en las tasas de eficacia.
- La venta de promociones y la venta cruzada de otros productos.
- Sus índices de rentabilidad.

Para valorar con precisión todos estos parámetros las empresas cuentan con determinadas herramientas. Entre ellas podemos encontrar el buzón virtual de sugerencias, los paneles de clientes, las encuestas de satisfacción tras las llamadas, el contacto con los clientes perdidos o el *mystery shopper* o comprador secreto.

¿Sabías que

El comprador secreto o comprador misterioso (*mystery shopper*) es una técnica de control que las empresas utilizan para valorar la calidad de un servicio de atención al cliente. Suelen ser personas contratadas por las empresas y actúan como si se tratara de un cliente que desea comprar algo. Tras la transacción comercial (realizada o no) o tras la llamada de información o de consulta estos falsos compradores dan a la empresa un informe con las características de la experiencia. Estos compradores en telemarketing son profesionales entrenados para esta tarea y se comportan ante los teleoperadores como clientes interesados. Tras sus informes, las empresas toman sus decisiones para optimizar este tipo de servicios y para realizar los ajustes convenientes.

Mapa conceptual

- **Desarrollo de actividades de telemarketing**
  - **Concepto de telemarketing**
    - Objetivos
    - Características
    - CRM
  - **Evolución hasta el BPO**
  - **Ventajas y factores de éxito del telemarketing**
    - Comunicación personalizada
    - Respuesta inmediata a dudas y problemas
    - Respuesta es inmediata y cuantificable al instante
    - Amplitud de mercado
    - Combinable con otras acciones de marketing
    - Mejor aprovechamiento
  - **Sectores económicos**
    - Telecomunicaciones
    - Banca
    - Servicios financieros
    - Seguros
    - Administraciones Públicas
  - **Proceso de la venta telefónica**
    - Antes de la llamada
      - Analizar listas de clientes y prospectos
      - Identificar el público objetivo
      - Planificar llamadas
      - Señalar los objetivos
      - Preparar a fondo los guiones de trabajo y los documentos de relación y de control
      - Concertar las visitas
      - Revisar la información disponible del cliente potencial
      - Concentrarse y preparar su ánimo para cada entrevista comercial expresamente

Mapa conceptual

- **Desarrollo de actividades de telemarketing**
  - **Proceso de la venta telefónica (*cont.*)**
    - Durante la llamada
      - Tomar contacto
      - Saludar al interlocutor
      - Estar atento a la eficacia del primer minuto
      - Comunicar al interlocutor propósito de su llamada
      - Suscitar la atención del interlocutor y suministrarle credibilidad y confianza
      - Recordar sus datos sin cometer errores
      - Hacer preguntas de sondeo
      - Proponer soluciones y dar argumentos frente a las objeciones
      - Comunicar beneficios
      - Aplicar técnicas de cierre
      - Confirmar compromisos acordados
      - Despedirse
    - Después de la llamada
      - Comparar el resultado de sus llamadas con los objetivos previstos
      - Corregir y ajustar esquemas de trabajo
      - Entrenar planes de optimización y mejora
      - Hacer seguimiento posventa
      - Informar de los resultados
  - **Profesiograma**
    - Características personales
    - Características psicofísicas
    - Características mentales
    - Recursos vitales
    - Aptitudes profesionales
    - Habilidades sociales
    - Otros parámetros

Mapa conceptual

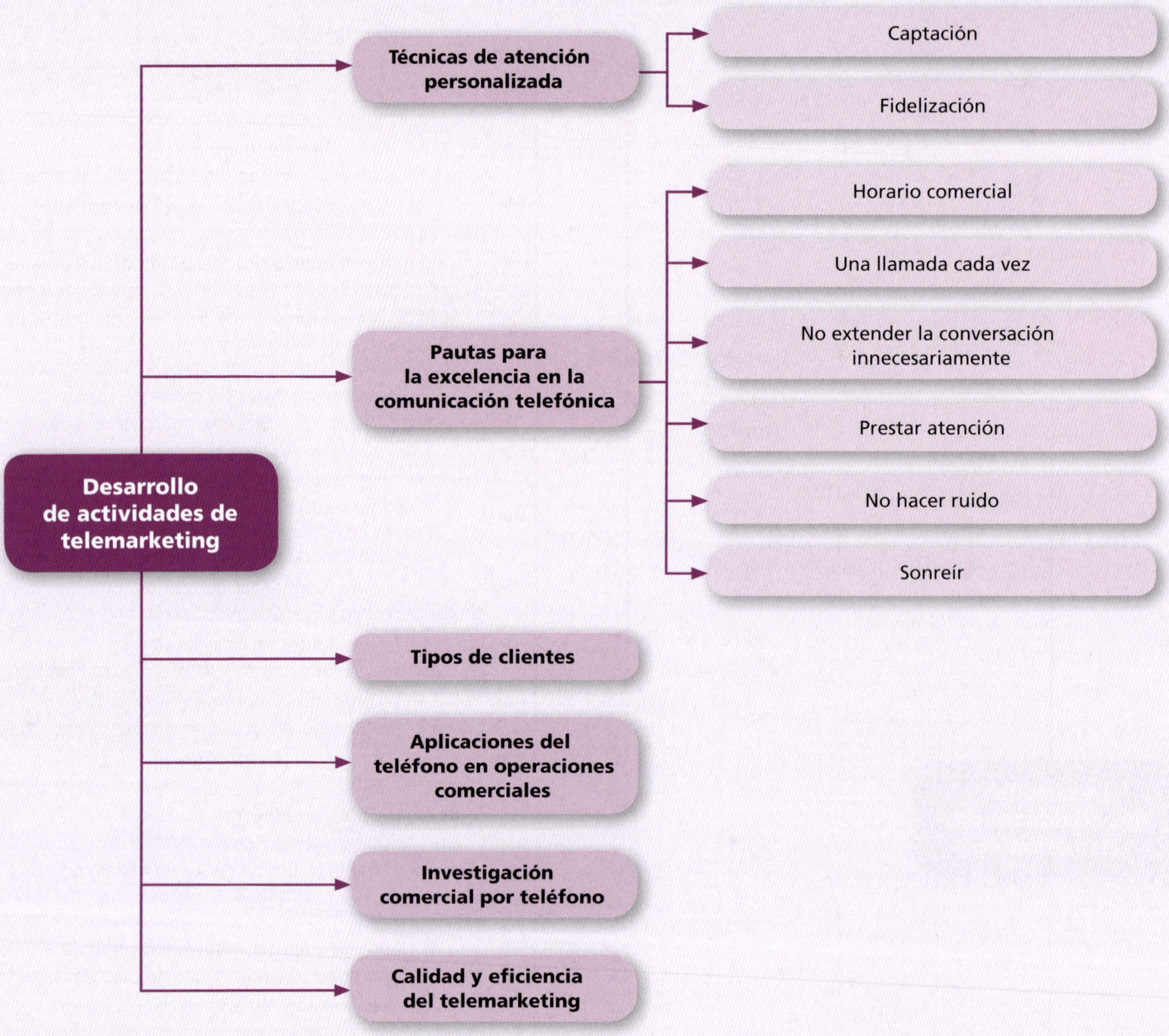

Actividades finales

TIPO TEST • Verdadero o falso

7.1. Entendemos por telemarketing una manera especial y personal de hacer marketing a distancia, mediante el uso de internet.

☐ Verdadero. ☐ Falso.

7.2. El telemarketing es una vía de contacto y de relación comercial que gana cada día nuevos adeptos.

☐ Verdadero. ☐ Falso.

7.3. El telemarketing disminuye los gastos de venta, al reemplazar las visitas personales por llamadas telefónicas.

☐ Verdadero. ☐ Falso.

7.4. El telemarketing es una vía muy apropiada para la introducción del *e-commerce.*

☐ Verdadero. ☐ Falso.

7.5. El CRM no sirve para optimizar la acción comercial de una empresa. Se basa, sobre todo, en la gestión orientada de la empresa para establecer fórmulas de cobro de las cantidades que no nos pagan los clientes.

☐ Verdadero. ☐ Falso.

7.6. El *business process outsourcing* consiste en contratar los procesos de relación telefónica a proveedores externos de servicios que los van a gestionar más directamente.

☐ Verdadero. ☐ Falso.

7.7. El sector de las telecomunicaciones es el que más servicios de telemarketing genera.

☐ Verdadero. ☐ Falso.

7.8. Si la actividad de telemarketing está bien organizada y si se desarrolla con calidad, su uso tiene muchas ventajas para las empresas. Una de ellas es que la comunicación con los clientes es directa y está personalizada.

☐ Verdadero. ☐ Falso.

7.9. Uno de los primeros pasos para establecer el procedimiento a seguir para concretar los factores de *éxito*, es elaborar una lista con los objetivos esenciales de la empresa.

☐ Verdadero. ☐ Falso.

7.10. Un buen servicio posventa permite mejorar continuamente la competitividad de la empresa vendedora, satisfacer al cliente, tomar mejores decisiones de marketing y prevenir errores para nuevas.

☐ Verdadero. ☐ Falso.

7.11. No es relevante si el profesiograma recoge o no la denominación del puesto de trabajo, la descripción profesional técnica y orgánica del mismo (la llamada *job description*) y las demás características complementarias que el puesto de teleoperador pudiera requerir.

☐ Verdadero. ☐ Falso.

7.12. Las llamadas de recepción son las que se realizan por el personal experto en telemarketing para hacer encuestas, para fomentar el consumo, para gestionar el recobro o para cualquier otra acción comercial que el cliente desee activar.

☐ Verdadero. ☐ Falso.

7.13. Durante la entrevista telefónica el experto en telemarketing no debe hacerle al interlocutor preguntas de sondeo sobre sus necesidades.

☐ Verdadero. ☐ Falso.

7.14. Interpretar las emociones de una manera positiva o de una manera negativa puede suponer un cambio importante en la manera que cada uno tenemos de vivir la vida personal y la profesional.

☐ Verdadero. ☐ Falso.

7.15. La entrevista personal y el teléfono son las herramientas comerciales más utilizadas en el ámbito de las empresas y son instrumentos importantes que se utilizan mucho en el mundo de los negocios.

☐ Verdadero. ☐ Falso.

7.16. A pesar de lo que digan los expertos en telemarketing, la sonrisa telefónica no contribuye a comunicar cordialidad ni afecto en el ánimo del interlocutor.

☐ Verdadero. ☐ Falso.

7.17. El marketing *one to one* se basa en el conocimiento exhaustivo de las características, los hábitos de compra y las necesidades de los clientes.

☐ Verdadero. ☐ Falso.

7.18. El *mystery shopper* o comprador secreto es una de las herramientas con que cuentan las empresas para valorar la calidad de un servicio (personal o telefónico) de atención al cliente.

☐ Verdadero. ☐ Falso.

Actividades finales

De comprobación

7.1. El telemarketing sirve a las empresas para lograr los siguientes objetivos:

a) Extender las áreas de cobertura geográfica comercial de las empresas.
b) Incrementar el margen de las operaciones comerciales, al reducir su coste global.
c) Optimizar la atención a los clientes, porque los contactos pueden ser más frecuentes y más directos.
d) Todas las respuestas anteriores son correctas.

7.2. El BPO o subcontratación externa de los procesos de negocio es una actividad que consiste en:

a) Comprar teléfonos móviles a todos los empleados de la empresa.
b) Subcontratar la limpieza de los muebles donde están instalados los teléfonos a empresas especializadas.
c) Contratar estos procesos a proveedores expertos que los van a gestionar más directamente.
d) Todas las respuestas anteriores son correctas.

7.3. Si la actividad de telemarketing está bien organizada y si se desarrolla con calidad, su uso tiene muchas ventajas para las empresas. Señala la respuesta incorrecta:

a) La comunicación con los clientes es siempre personalizada.
b) Las respuestas a sus dudas y problemas son inmediatas.
c) El coste por contacto útil es mayor que el de la venta presencial.
d) Es posible cubrir un amplio mercado desde cualquier punto geográfico del planeta.

7.4. El proceso de la venta telefónica se divide en varios grandes apartados:

a) Antes de la entrevista comercial.
b) Durante la entrevista comercial.
c) Después de la entrevista comercial.
d) Todas las respuestas anteriores son correctas.

7.5. Lo que un buen servicio posventa en telemarketing permite (una de las respuestas no es correcta) es lo siguiente:

a) Conocer la opinión de los clientes sobre la compra realizada.
b) Identificar oportunidades de mejora.
c) Hacer planos de los *call centers* a distancia.
d) Evaluar la satisfacción del cliente y la probabilidad de su fidelidad a la marca en el futuro.

7.6. Algunos de los criterios y las cualidades más relevantes para establecer el profesiograma del candidato más adecuado en una actividad de telemarketing en lo que se refiere a su nivel objetivo de inteligencia son:

a) Alto nivel de comprensión.
b) Alto nivel de comunicación y de uso del lenguaje.
c) Sentido lógico. Nivel medio de razonamiento lógico.
d) Todas las respuestas anteriores son correctas.

7.7. Para dar comienzo a la comunicación telefónica entre los interlocutores en marketing telefónico hay varias vías:

a) Llamadas de emisión.
b) Llamadas sin respuesta.
c) Llamadas de recepción.
d) Ninguna de las respuestas anteriores es correcta.

7.8. Las empresas de telemarketing enseñan a sus empleados:

a) A sonreír por teléfono.
b) A no hablar mientras hacen otras cosas con la boca.
c) A que su voz demuestre sinceridad y credibilidad.
d) Todas las respuestas anteriores son correctas.

7.9. El marketing telefónico, como una de las ramas del marketing general se basa fundamentalmente:

a) En el verbo conocer.
b) En cobrar a tiempo lo que se vende.
c) En navegar por internet.
d) En fabricar bajo pedido.

7.10. La calidad y la excelencia de un servicio de telemarketing puede medirse con la ayuda de ciertos indicadores de evaluación. Algunos de los factores que se pueden medir en el marketing telefónico son:

a) La capacidad y la velocidad de respuesta del teleoperador.
b) La empatía del teleoperador con las necesidades del cliente.
c) La calidad de la comunicación del teleoperador con el interlocutor.
d) Todas las respuestas anteriores son correctas.

Actividades finales

Respuesta correcta

Escribe en tu cuaderno las respuestas correctas para completar las siguientes frases:

7.1. Entendemos por telemarketing o marketing telefónico una manera especial y personal (por ser un contacto directo entre ____________) de hacer marketing a distancia, mediante el uso del teléfono.

7.2. El telemarketing es una vía muy versátil de ____________ y de relación comercial que actúa en muchos casos como una variable estratégica esencial del mix de marketing de muchas empresas y que gana cada día nuevos adeptos.

7.3. Entre otros objetivos el marketing telefónico sirve para reactivar nuevas ____________ comerciales con los clientes inactivos.

7.4. El telemarketing es una vía apropiada para la ____________ del *e-commerce* (venta por teléfono o por internet) entre las actividades de las empresas.

7.5. El CRM (o *customer relationship management*) es una forma de ____________ la acción comercial de una empresa que se basa en la gestión orientada de toda la organización, en aras de la satisfacción constante del cliente.

7.6. El BPO es una actividad que consiste en contratar estos procesos a proveedores ____________ en telemarketing que van a gestionar esta actividad más directamente.

7.7. El éxito que se busca al activar una campaña de telemarketing se basa en ciertos factores que se denominan factores críticos de éxito (FCE). Con estas siglas se resume todo aquello que, dentro de una empresa, tiene que ____________ forzosamente para lograr los objetivos que han sido previamente determinados.

7.8. Hay muchos productos y servicios que se ____________ por teléfono. Las tendencias nos dicen que el marketing telefónico se implantará de manera general en muy poco tiempo.

7.9. Como todo proceso de venta, el proceso de la venta telefónica se divide en varias etapas. Estas etapas pueden resumirse globalmente en ____________ grandes apartados.

7.10. Entre otras cosas, después de la entrevista comercial, el experto en telemarketing tiene que establecer sistemas de ____________ y ajuste de sus esquemas de trabajo.

7.11. En telemarketing, se llama servicio posventa al conjunto de acciones que la empresa vendedora realiza después de la venta, para ____________ absolutamente al cliente y para asegurarse posibles compras repetidas en el futuro.

7.12. El profesiograma es una representación gráfica que sirve a las empresas para mostrar y establecer las circunstancias profesionales, las ____________ y las capacidades de un puesto de trabajo, en relación con las tareas que desde ese puesto se deben realizar.

7.13. Las llamadas de recepción son las que hacen los clientes de una empresa para establecer ____________, para resolver problemas, o para saber más sobre un producto o un servicio.

7.14. La velocidad con la que hablan los teleoperadores, el timbre de su ____________, la forma de entonación de las frases, o la perfección de su vocalización es algo que las empresas de telemarketing tratan de mejorar constantemente.

7.15. Uno de los objetivos que persiguen las técnicas de atención preferente es identificar a los clientes más ____________ para la empresa.

7.16. Interpretar de una manera o de otra las emociones que afectan a nuestra vida profesional puede suponer un ____________ importante en la manera que cada uno tenemos de vivirla.

7.17. La entrevista personal y el teléfono son ____________ comerciales muy utilizadas en el ámbito de las empresas y los instrumentos más importantes que se utilizan el mundo de los negocios.

7.18. La sonrisa telefónica contribuye a comunicar cordialidad y afecto en el ánimo del interlocutor y le demuestra capacidad de diálogo y de ____________ de sus problemas o de sus necesidades.

7.19. Cuando hablamos de clasificar a los diferentes tipos de clientes, hay que ser conscientes de que es totalmente imposible encontrar una clasificación en la que uno de sus tipos sea el que representa todas las ____________ de los clientes, desde un punto de vista universal.

Actividades finales

7.20. Cada operador de telemarketing debería estudiar cuáles son los rasgos más característicos de sus clientes, qué situaciones son las más habituales con cada uno de ellos y cuál debería ser el ______________ comercial a aplicar.

7.21. El teléfono tiene tantos usos como la imaginación del que lo utiliza. En cualquier caso, las actividades más básicas son la ______________ y la recepción de llamadas.

7.22. Entre las posibles aplicaciones del uso del ______________ en las empresas está la de fidelizar a los clientes.

7.23. El marketing tiene su esencia en el verbo conocer. Conociendo bien a los clientes, a los competidores y sabiendo gestionar (con conocimiento) los productos, los precios, las ventas, la comunicación, etc., estamos en disposición de tomar mejores ______________ que se deberían traducir en éxitos constantes y en la mejora de los resultados de la empresa.

7.24. El marketing *one to one* (persona a persona) surge como una ______________ que busca personalizar la actividad de marketing hasta su más mínima expresión.

7.25. Investigar el mercado es la base de la toma de las decisiones en una empresa. Sin los informes que proceden de esta actividad las decisiones tienen mucha probabilidad de resultar ______________, lo que va a perjudicar y a entorpecer el éxito de la empresa.

7.26. En telemarketing existen indicadores y ratios que permiten evaluar si la actividad telefónica que estamos llevando a cabo cumple o no los mínimos aceptables de ______________ (logra los objetivos previstos) y de eficiencia (los consigue en menos tiempo y con menos esfuerzo).

Casos prácticos

Caso práctico individual

Las pymes se están dando cuenta cada día de que son muchos los beneficios del marketing telefónico. Vas a ver a continuación una serie de preguntas que quizá te van a señalar los pasos que parecen más necesarios para montar y poner en marcha una empresa de telemarketing, para dar servicio a todas estas empresas.

Analiza cada una de estas preguntas y responde no solo con un sí o un no, sino con un breve comentario con tus opiniones sobre ello. Señala además (en un breve apartado final de conclusiones recopilatorio de todo) si te parece que falta o sobra alguna pregunta.

a) ¿Crees que debes realizar en internet un estudio sobre cómo está resuelto este asunto en tu ciudad o en sus alrededores?
b) ¿Crees que esta actividad requiere de determinados permisos y licencias para cumplir con algún tipo de normativa?
c) ¿Piensas que habría que conocer previamente los diferentes precios de los equipos y de los servicios de apoyo: internet, líneas de teléfono y aparatos de uso habitual en este tipo de centros?
d) ¿Tendrás que decidir si montas un negocio generalista (hacer y recibir todo tipo de llamadas) o si te vas a especializar en algunas de ellas (emisión o recepción)?
e) ¿Tendrás que definir previamente la estrategia que vas a emplear para tener éxito, y los métodos para medir la productividad, la calidad, y la satisfacción de los clientes?
f) ¿Crees que es bueno para tu negocio redactar un plan de empresa que resuma las líneas maestras de tu futura actividad y sus principales factores de éxito, haciendo antes un pequeño Sumario de sus contenidos?
g) ¿Opinas que sería asimismo bueno también contar con un asesor experto?
h) ¿Deberías establecer los esquemas principales de los recursos (humanos, económicos y técnicos) que vas a necesitar o de las fórmulas para obtenerlos (bancos, familiares, amigos, socios, etc.), si no cuentas con ellos?
i) ¿Tienes que decidir asimismo dónde vas a ubicar tu negocio: en tu casa, en un local, en un vivero de empresas, o en un centro de negocios?
j) ¿Piensas que es posible contactar con facilidad con tus futuros clientes? ¿Cómo vas a hacer para captarlos?
k) ¿Cómo vas a contratar los equipos, los locales y las personas y qué tipo de formación vas a dar a estos últimos?
l) ¿Cómo vas a controlar el seguimiento de tu negocio, su rentabilidad y sus posibilidades reales de supervivencia en el futuro?

Actividades finales

Caso práctico para trabajar en equipo

Cada vez más las universidades españolas se han dado cuenta de que pueden (y deben) aplicar modernas técnicas de contacto y de relación con los estudiantes a los que ofrecen sus servicios docentes para que se matriculen y estudien en las diferentes carreras que constituyen su gama de servicios.

Los bajos índices de natalidad y la enorme competencia debida a la creación de nuevas universidades públicas y privadas ha acentuado mucho los niveles de la competitividad comercial del mercado de la enseñanza universitaria, por lo que a todas las universidades y centros de enseñanza cualificada (como los centros de FP) se les hace imprescindible emplear nuevos métodos de contacto con los estudiantes para convencerles (a distancia) de las bondades de sus ofertas.

Una de estas universidades ha contactado con un importante *call center* nacional para que se ocupe de atender en un amplio rango de horas al día las llamadas de emisión y de recepción, pero os pide que, como expertos que sois, les asesoréis un poco sobre cómo debería desarrollar esta actividad, con el fin de obtener los mejores resultados.

Si repasáis los contenidos de esta unidad seguramente podréis darles una lista con algunas sugerencias (ocho o diez, más o menos) de las cosas importantes que deberían tener en cuenta.

Ponedlas en un documento tipo carta, dirigida al Rector de esa universidad (podéis elegir una de vuestra zona geográfica) en la que le expliquéis en un par de páginas las más adecuadas acciones que en este asunto ellos deben considerar para tener éxito en sus objetivos. Creemos que están dispuestos a pagar bien estos consejos de experto.

Visita virtual

Visita tres de las siguientes páginas web de empresas que están directa o indirectamente implicadas en actividades de telemarketing y dinos qué te han parecido sus contenidos según el esquema que más abajo te indicamos:

- Atento.
- Contactel.
- Emergia Contact Center.
- Grupo GSS.
- Konecta BTO.
- MX Plan 21.
- Sellbytel.
- Sertel.
- Sitel.
- Telemark Spain.
- Teleperformance.

Esquema de trabajo (para cada web):

- Describe el aspecto general (colorido, luminosidad, claridad, profesionalidad, facilidad de acceso, etc.) de cada web.
- Muestra dos o tres fotos de la web que te parezcan importantes.
- ¿Cuáles te parecen las secciones más relevantes?
- ¿Qué te parecen los diseños de sus productos?
- Califica estas webs con una puntuación de 1 a 9, siendo 1 la nota más baja, la peor calificación, y 9, la más favorable, la que representa tener más calidad como página web, sin perder de vista que se trata de comentarios sobre operaciones del sector del marketing telefónico.

Actividades finales

Visita presencial

Visitad en grupos de tres o cuatro personas un *call center* de vuestra ciudad. Si no existiera cerca ninguno, contactad con alguna empresa que penséis que utilizan (o deberían utilizar) el teléfono como arma comercial y preguntadles (por teléfono) cómo resuelven ellos sus necesidades de telemarketing.

Para no estar dando vueltas innecesariamente, lo mejor es aprender a caminar andando. Llamad primero a varias empresas, explicadles que estáis haciendo un pequeño trabajo docente y decidles que, si os reciben, no vais a ocupar mucho tiempo su atención. Cuando encontréis una que os parezca interesante, cerrad la cita por teléfono (o mismo que si fuerais teleoperadores de marketing telefónico).

Lo que importa es que os cuenten cómo hacen ellos las llamadas de teléfono a sus clientes y qué tipo de llamadas son las más frecuentes. En la unidad que acabamos de estudiar tenéis suficientes pistas para preguntar y para poder redactar un trabajo importante. Pero, aquí van algunas preguntas relacionadas con el asunto de esta Unidad que ya podéis hacerles.

a) ¿Quiénes son vuestros clientes?
b) ¿Tenéis un departamento comercial específico para vender?
c) ¿Cómo conseguís captar clientes?
d) ¿Se usa el teléfono como vía de contacto?
e) ¿Cuál es la importancia relativa o absoluta del teléfono en la actividad que ellos realizan? ¿Y los esquemas de formación que han aplicado a las personas que se dedican a ello?
f) Sacad conclusiones finales sobre lo que os hayan dicho.

Es importante que podáis repasar el índice de contenidos de la unidad para elaborar un guion con los puntos principales a tener en cuenta a la hora de preparar la redacción. Os dará una idea general de lo que podéis incluir en vuestros comentarios.

Podéis completar el documento de trabajo incluyendo algunas fotografías de cada apartado.

Tus ideas sobre... Los *call centers* y *contact centers* en España

Para ayudarte a ello, te señalamos una web en la que se habla bastante de este tipo de empresas de marketing telefónico.

http://www.tmsystem.es/blog/call-center/contact-center-espana.

En internet hay asimismo abundante información sobre ellas. Por ejemplo:

http://www.elmundo.es/economia/2016/04/01/56ec3fbaca47419d7e8b45fa.html

Puedes poner tu opinión en unas cuantas líneas, con lo que te parezca más conveniente.

No olvides la forma estética del documento. Un buen contenido con una presentación atractiva, dan como resultado un trabajo excelente.

Actividades finales

Pasatiempos

Crucigrama

Resuelve el siguiente crucigrama en el que encontrarás distintos términos sobre el telemarketing.

	1	2	3	4	5	6	7	8	9	10
1	■								■	
2								■		
3						■	■			
4					■					
5			■					■		
6				■		■				
7			■						■	
8					■					
9			■							
10		■						■		■

Horizontales

1. De nombre desconocido o que se oculta. Decimonovena letra del alfabeto español. 2. Al revés, acción de llamar un operador telefónico. Al revés, interjección de ánimo o estímulo que denota alguna resolución de la voluntad. 3. Al revés, apellido de un cantante de tangos muy famoso en Argentina. Al revés, Centro Nacional de Inteligencia. 4. Al revés, siglas de la una famosa red de puntos de contacto contra la corrupción en Europa. Consiga información secreta sobre un país. 5. Personaje de película. Inflexión de la voz y modo de decir algo. Siglas de una banda británica pionera del *hard rock* y del *heavy metal.* 6. Capacidad de un actor para hacer reír. En números romanos, 50. Al revés, nombre de uno de los hijos de Adán y Eva. 7. Siglas utilizadas para denominar cadenas de televisión. En inglés, aprender. Vocal. 8. Adverbio que equivale a solamente. Estoy al servicio de alguien. 9. Pronombre personal. Tipo de llamada de teléfono a un cliente. 10. Símbolo químico del fósforo. Al revés, mineral reducido, principal componente de las playas. Última letra del alfabeto español.

Verticales

1. Al revés, servicio comercial que se proporciona a los ya clientes. 2. En plural, dícese de lo que empleado de forma repetida crea necesidad y hábito. 3. Flota trasladándose en el agua. Símbolo químico del azufre. Letra que en el alfabeto manual se expresa con los dedos índice y pulgar. Vocal. 4. Al revés, vasija que sirve para conservar la temperatura. Alaben. 5. Siglas para designar el ácido naftalenacético. Voz del flamenco para animar y aplaudir. Pronombre personal. 6. En números romanos, 49. Preposición. Coger algo con la mano. 7. Unidad de volumen equivalente a la milésima parte de un litro. Acción y efecto de sonreír. 8. Punto cardinal. Dirección que identifica, de manera lógica y jerárquica, una interfaz en red. Nota de escarnio, burla o afrenta. 9. Vive en un nido. Elemento personal más utilizado en las acciones de telemarketing. 10. Tipo de llamada entrante.

Sopa de letras

Localiza doce palabras relacionadas con el telemarketing en la siguiente sopa de letras. Pueden estar situadas tanto en vertical como en horizontal o en diagonal y tanto al derecho como al revés.

T	K	R	N	R	Y	R	R	H	U	C	S	E	F	T	T	R
T	E	L	E	V	E	N	T	A	L	U	E	M	Z	E	E	E
M	E	L	D	S	H	C	F	U	Q	P	E	I	E	L	L	P
C	O	E	É	R	O	C	E	T	E	E	K	U	A	E	E	I
N	O	B	Z	F	V	N	I	P	F	J	W	A	J	O	M	X
S	E	E	J	V	O	Q	R	A	C	K	E	A	A	P	A	U
U	M	C	E	E	Z	N	U	I	M	I	S	I	R	E	R	J
Z	I	E	H	L	C	M	O	E	S	Y	O	E	G	R	K	B
E	S	O	I	O	W	I	E	U	U	A	E	N	U	A	E	Q
G	I	H	P	H	R	K	O	S	W	S	K	N	M	D	T	L
F	O	Q	X	Z	L	I	V	N	C	Y	U	K	E	O	I	O
Z	N	X	W	K	T	A	X	C	U	U	E	H	N	R	N	Q
E	L	S	C	S	A	E	Y	T	H	N	C	L	T	A	G	Y
M	A	A	C	Y	E	B	Y	G	H	A	R	H	O	D	Y	I
Y	V	I	F	W	R	Z	U	W	O	K	V	B	A	E	J	A
E	A	T	O	S	O	A	Z	Q	B	I	B	A	Q	E	V	Y
T	I	L	I	Y	Z	P	Y	I	U	U	Z	E	Q	N	E	M

Jeroglífico

Responde a la pregunta y descubrirás la solución al jeroglífico.

JEROGLÍFICO

Popularmente, aparato electrónico doméstico

Navegador web de origen noruego

Personaje de dibujos animados

Persona que atiende al público por teléfono